Sabine Kraj

TABU
hinhören, hinsehen, besprechen

Mit einem Nachwort von
Carmen Thomas

Sabine Krajewski

TA

hinhören, hinsehen, besprechen
Mit einem Nachwort von Carmen Thomas

R.

Sabine Krajewski
TABU · hinhören, hinsehen, besprechen

© J.Kamphausen in J. Kamphausen Mediengruppe GmbH, Bielefeld

ISBN print 978-3-89901-826-4
ISBN E-Book 978-3-89901-995-7

Lektorat: Viviane Korn
Gestaltung: Kerstin Fiebig | ad department
Druck & Verarbeitung: fgb · Proost Industries, Freiburg im Breisgau

www.weltinnenraum.de

1. Auflage 2015

Bibliografische Information der Deutschen Nationalbibliothek:
Die Deutsche Nationalbibliothek verzeichnet diese Publikation in der Deutschen Nationalbibliografie; detaillierte bibliografische Daten sind im Internet über http://dnb.d-nb.de abrufbar.

Dieses Buch wurde auf 100 % Altpapier gedruckt
und ist alterungsbeständig. Weitere Informationen hierzu
finden Sie unter www.weltinnenraum.de.

Alle Rechte der Verbreitung, auch durch Funk,
Fernsehen und sonstige Kommunikationsmittel, fotomechanische
oder vertonte Wiedergabe, sowie des auszugsweisen
Nachdrucks vorbehalten.

ES GIBT **DINGE,** ÜBER DIE **SPRECHE** ICH **NICHT EINMAL** MIT MIR SELBST. **KONRAD ADENAUER**

TABU · HINHÖREN, HINSEHEN, BESPRECHEN

Entgleister Zug in Montparnasse, Paris, 1895

VORWORT UND DANKSAGUNG

Die Fettnäpfe dieser Welt sind unregelmäßig verteilt, und sie bewegen sich ständig hin und her, es ist ein Albtraum, um sie herumtanzen zu wollen und dann doch mittendrin zu landen. Es ist aber tröstlich zu wissen, dass es wohl niemandem gelingt, nie in eine peinliche Situation zu geraten oder etwas zu sagen oder zu tun, was andere für vollkommen unangemessen halten. Ähnlich schwierig kann es werden, wenn andere über ein Thema sprechen, das einem unangenehm ist, vor allem wenn man nicht einmal genau weiß, warum. Als ich vor Jahren meine Doktorarbeit über Krankenhausserien in verschiedenen Ländern schrieb, hat mein Doktorvater mir geraten, doch ein Tabukapitel zu schreiben, das biete sich bei den Themen Krankheit und Tod doch an. Es war ein guter Rat, das Kapitel gefällt mir immer noch, und ich kehre immer wieder mal zur Tabuforschung zurück. Im Grunde beschäftigen wir uns alle ein ganzes Leben lang mit Tabus, auf die eine oder andere Weise, denn niemand kommt an ihnen vorbei oder kann ohne sie leben. Je nach Sozialisierung lernen wir von klein auf, worüber man sprechen darf und worüber nicht, was man in welcher Situation tun oder lassen sollte und in welchen Situationen bestimmte Themen, Bilder, Wörter oder gar Gedanken nicht erlaubt sind. Mich interessiert, warum Menschen über bestimmte Dinge nicht sprechen oder worüber sie nur vorsichtig sprechen, was angetastet werden darf und was nicht oder nicht mit jedem. Schon bin ich mitten im Thema: Wie funktioniert Kommunikation über schwer Kommunizierbares von Mensch zu Mensch, innerhalb bestimmter Gruppen, zwischen Gruppen, durch Medien, und wie funktioniert sie eben nicht? Wirklich interessant wird es, wenn wir uns an einem anderen Ort befinden oder in einer anderen Gesellschaft, in der die Regeln, die wir als normal und gegeben internalisiert haben, plötzlich andere sind.

Wenn man über Tabus spricht oder schreibt, enttabuisiert man nicht, das Tabu wird nach wie vor da sein, scheinbar unberührt von den Bemühungen derer, die es verletzen oder ganz und gar loswerden wollen. Wenn es so einfach wäre, sie loszuwerden, gäbe es keine Tabus mit jahrhundertealter Tradition, und das Leben wäre auch unsagbar schwer, es müsste ungefähr so sein, als wenn Menschen die Gedanken anderer lesen könnten. Denkt man länger darüber nach, ist es sicherlich eine Gnade, dass es überall auf der Welt gewisse Schranken gibt, die Individuen oder auch Gruppen schützen und ihnen so etwas wie Privatsphäre geben. Leider sind diese Schranken nicht immer an den richtigen Stellen, oft schützen sie die Falschen, und wer kann überhaupt sagen, was

VORWORT UND DANKSAGUNG

richtig und falsch ist, das ändert sich schließlich auch ständig. Was tabu ist, hängt vom Ort ab, an dem man sich befindet, von der Zeit, in der man lebt, von persönlichen Umständen wie Geschlecht und Alter, Herkunft, Bildung, Religion, Sprache und vielen anderen Faktoren. Eine Auseinandersetzung mit Tabus kann sicher dazu beitragen, die Schranken zu verschieben, in einzelnen Köpfen und vielleicht auch im wirklichen Leben.

Dieses Buch ist mir, wie damals das Kapitel, irgendwie passiert oder angetragen worden. Wieder hat besagter Doktorvater, Prof. Hartmut Schröder, natürlich Tabuspezialist, seine Hände im Spiel gehabt. Er war im Januar 2013 von der Radiolegende Carmen Thomas zu einem Interview über Tabus eingeladen worden, wie ihm das so oft passiert. Da sie auch an einem Interview über internationale Tabus interessiert war, hat er mal eben meinen Namen weitergereicht, und ich verbrachte dann ein, zwei Stündchen neben Carmen Thomas, wir haben uns gut unterhalten. Nun fällt vielen zum Namen Carmen Thomas „Schalke 05" oder *Urin* ein, was ihr auch nicht so richtig gerecht wird. Ich denke dabei an meine ersten beiden Studienjahre in NRW, denn da habe ich ab und zu statt einer Vorlesung *Hallo Ü-Wagen* gehört, die Kultsendung mit Carmen Thomas. An die Themen erinnere ich mich nicht mehr, aber an die Stimme und die offene und scheinbar mühelose Moderation, die die Leute zur Diskussion und zum Mitmachen brachte. Die Liste der Themen, die Thomas in 20 Jahren moderiert hat, kann man nachschauen, und dort tauchen viele bekannte Tabuthemen auf, die sich auch in diesem Buch wiederfinden lassen. Viele Themenvorschläge hatte Carmen Thomas damals aus dem Publikum erhalten, so wie ich sie von meinen Gesprächspartnern erhalten habe. Sicherlich haben sich viele dieser Angelegenheiten gewandelt, vielleicht hat sich hier und da auf der Welt auch der Tabuisierungsgrad verändert. Doch psychische Krankheiten, Kindesmissbrauch, häusliche Gewalt oder Selbstbestimmung am Ende des Lebens sind auch heute noch schwierige und sensible Themen, hier und anderswo in der Welt.

Meine Reise in verschiedene Tabuwelten war dank der Menschen, die mir ihre Zeit geschenkt haben, erstaunlich entspannt und bietet einen Einblick in eine unendliche Geschichte. Ich möchte an dieser Stelle vor allem meinen Interviewpartnern danken, die die eigentlichen Autorinnen und Autoren dieses Buches sind. Jeder von ihnen ist zum Thema befragt worden, weil er über ein Land oder über ein bestimmtes Tabuthema sehr viel weiß und dieses Wissen auch anschaulich formulieren kann. Alle haben meine 14 generischen Fragen vorab zugeschickt bekommen (siehe Anhang), denn Definitionen und Beispiele von Tabus fallen einem nicht einfach so ein, es erfordert ein bisschen Arbeit, man muss länger darüber nachdenken. Auf viele Fragen wurde durchaus ähnlich geantwortet, und dann doch wieder nicht, denn die Beispiele unterscheiden sich, und jedes der ein- bis zweistündigen Interviews ist individuell durch die Erfahrung der Person, mit der ich gesprochen habe, geprägt. Deshalb ist auch jedes Kapitel etwas anders aufgebaut und reflektiert den Stil der Interviewten, den ich möglichst original (und z.T. ins Deutsche übersetzt) wiedergegeben habe. Ich brauchte nach jedem Interview, das ich transkribiert hatte, ein paar Tage zum Nachlesen und Informationenverarbeiten, zum Nachdenken und Verdauen, bevor ich mich einem anderen Thema zuwenden konnte, so beeindruckend und informativ war jedes einzelne Gespräch. Die meisten haben ihren eigenen Namen verwendet, einige ein Pseudonym, you know who you are – herzlichen Dank, Maya, Li, Cavan, Eta, Yuri, Gertrude, Cemil, Waruno, Chi, Maryse, Clarence, Emma Louise, Diana, Yousef und Telma!

Alle anderen in diesem Buch vorkommenden Personen, wie z.b. die junge Holländerin im Zug durch Java, die australische Touristin, die auf den Zug nach Kerala in Indien wartet, oder auch Jan und Rasha auf dem Weg nach Riyadh in Saudi-Arabien, sind frei erfunden. Sie sind, wie der *strassenfeger*[1]-Verkäufer in Berlin oder die Touristen auf dem Weg nach Istanbul, mögliche zufällige Begegnungen, wie sie auf Reisen so passieren.

Besonderer Dank für die Feinarbeit und den letzten Schliff am Text geht an Viviane Korn, die aus dem Rohling ein glänzendes Schmuckstück gemacht hat. Joachim Kamphausen danke ich für das Frühstück, bei dem er mich mit der Buchidee überfallen hat, und Anne Petersen für die lustigen Telefonate zwischen Sydney und Bielefeld.

An dieser Stelle danke ich auch meinem Kollegen Howard Gelman, der die Idee hatte, immer vom Hauptbahnhof loszufahren, damit die Reise in beliebiger Reihenfolge je nach Leserinteresse unternommen werden kann. Die Idee zum Streckennetz, der dem U-Bahn-Plan der nordkoreanischen Hauptstadt Pjöngjang ähnelt, stammt von meinem Sohn Miglio, der mir empfahl, nach 16 Kapiteln erst mal eine Reisepause einzulegen. Die Pjöngjang-Bahn hat 16 Haltestellen, mit der Londoner U-Bahn als Vorlage wäre ich wohl etwas länger unterwegs …

Nun bleibt mir nur noch ein fröhliches

MIND THE GAP!
  (London)

Achten Sie auf den Spalt zwischen Bahnsteig und U-Bahn-Türe!
  (Wien)

Vorsicht an der Bahnsteigkante!
  (Berlin)

ANLEITUNG
ZUM LESEN

Sicher gibt es auch in Ihrer Nähe einen Hauptbahnhof. Wo immer Sie sind, können Sie sich also ein Ziel aussuchen und von ihrem Hauptbahnhof losfahren. Wohin Sie fahren und in welcher Reihenfolge, liegt ganz bei Ihnen. Als Orientierungshilfe gibt es einen Fahrplan mit Ankunfts- und Abfahrzeiten, die Sie ebenso wenig ernst nehmen müssen wie die Karte mit dem Streckennetz. Sie ist dem U-Bahn-Plan von Pjöngjang in Nordkorea nachempfunden, und dieser enthält selbst Tabuisiertes: Ausländer dürfen gewöhnlich nur zwei Stationen begehen und zwischen ihnen fahren. So gab es schon das Gerücht, die anderen Stationen gebe es gar nicht wirklich. Es ist inzwischen kein Geheimnis mehr, dass die Stationen tief unter der Erde liegen – so dienen sie gleichzeitig als Schutzbunker, sollte es einen (atomaren) Anschlag auf die Stadt geben. Es gibt Spekulationen, nach denen die Tunnel mit Militäranlagen verbunden sind und dass es zusätzliche geheime

Strecken gibt. Die ersten Züge kamen aus China, und inzwischen fahren hier auch ausgesonderte schmalspurige Wagen, die bis 1993 in Ost-Berlin unterwegs waren[2].

Wer zunächst mehr über den Begriff „Tabu" wissen möchte, dem sei das Ziel Kealakekua Bay in Hawaii ans Herz gelegt, es ist der einzige Umsteigebahnhof. Hier endeten das Leben und damit die Exkursionen des großen Seefahrers Kapitän James Cook, der das Wort „Tapu" aus Tonga nach Europa mitgebracht hatte. Am Ende scheiterte Cook selbst an der Pragmatik des Tabus. Das Konzept „Tabu" hat sich in den letzten 200 Jahren verselbstständigt und wird anders verwendet und interpretiert als in Polynesien, bevor es mit den Europäern in Kontakt kam. Die auffallend häufige Verwendung des Wortes in der ganzen Welt steht der weit verbreiteten Annahme gegenüber, dass es heute „tabulose Gesellschaften" gebe, zumindest in westlichen Ländern.

Der Weg ist das Ziel – treten Sie die Reise an, fahren Sie an einen *verbotenen Ort* und sprechen Sie schon unterwegs mit einheimischen Mitreisenden, die sich mit ihren Begegnungen mit Tabus auseinandergesetzt haben und sich mit den Tücken des Erkennens und den Anstrengungen des Beachtens auskennen. Ihre subjektiven Erfahrungen aus verschiedenen Regionen der Erde wachsen zu einem Tabuteppich zusammen und zeigen ein spannendes Muster. Die Gespräche auf Reisen zeigen die Mehrdeutigkeit, manchmal sogar Gegensätzlichkeit und Kontextabhängigkeit der Tabuthemen in verschiedenen Teilen der Welt. Viele kulturelle Unterschiede entstehen durch unterschiedliche Religionen, die auch den Tabuisierungsgrad eines Themas mitbestimmen.

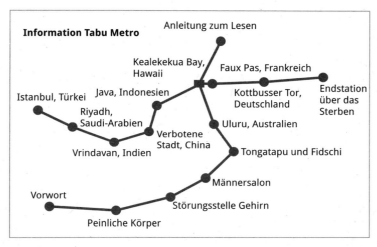

Dieser Plan basiert auf einer Touristenkarte von 1997, Pyongyang, Foreign Languages Publishing House.[3]

TABU · HINHÖREN, HINSEHEN, BESPRECHEN

Fahrplan

Bahnhof/Haltestelle	Datum	Zeit	
Hbf Kealakekua Bay, Hawaii	Sa, 09.11.15	ab 07:47 an 12:55	>>>
Hbf Uluru, Australien	Sa, 09.11.15	ab 00:48 an 14:35	>>>
Hbf Tongatapu und Fidschi	Sa, 09.11.15	ab 10:49 an 15:55	>>>
Hbf Java, Indonesien	Sa, 09.11.15	ab 21:30 an 06:30	>>>
Hbf Verbotene Stadt, China	Sa, 09.11.15	ab 07:47 an 15:55	>>>
Hbf Vrindavan, Indien	Sa, 09.11.15	ab 15:20 an 17:33	>>>
Hbf Riyadh, Saudi-Arabien	Sa, 09.11.15	ab 09:47 an 14:35	>>>
Hbf Istanbul, Türkei	Sa, 09.11.15	ab 13:20 an 20:43	>>>
Hbf Endstation. Über das Sterben	Sa, 09.11.15	ab 10:49 an 15:55	>>>
Hbf Kottbusser Tor, Deutschland	Sa, 09.11.15	ab 11:47 an 12:24	>>>
Hbf Faux Pas, Frankreich	Sa, 09.11.15	ab 19:06 an 07:19	>>>
Hbf Männersalon	Sa, 09.11.15	ab 09:47 an 14:35	>>>
Hbf Störungsstelle Gehirn	Sa, 09.11.15	ab 07:47 an 12:55	>>>
Hbf Peinliche Körper	Sa, 09.11.15	ab 08:49 an 13:32	>>>
Alle Details anzeigen		Drucken	
Spätere Verbindungen		Frühere Verbindungen	

Bei der Fülle des zu verarbeitenden Materials sind vereinzelte Druckfehler nicht immer vermeidbar.

ANLEITUNG ZUM LESEN

	Dauer	Umsteigen	Reise mit
>>>	1:08	Seite 19	Hawaiian Railway
>>>	14:15	Seite 33	Ghan
>>>	3:06	Seite 64	Great Southern
>>>	9:00	Seite 90	Argo Bromo Anggrek
>>>	8:08	Seite 108	China Railway High-speed
>>>	2:13	Seite 127	Island Express
>>>	4:48	Seite 145	Saudi Railway Organization
>>>	7:23	Seite 176	Bosporus Express
>>>	5:06	Seite 194	der abfahrende Zug
>>>	0:37	Seite 212	U1/U8
>>>	12:13	Seite 240	City Night Line
>>>	4:48	Seite 257	TranzAlpine
>>>	5:08	Seite 278	CTA Blue Line
>>>	4:43	Seite 299	ICE: Leonardo Da Vinci

Persönlicher Fahrplan	
Erste Fahrt	Letzte Fahrt

Eine rechtliche Gewähr für die Richtigkeit des Inhalts kann daher nicht übernommen werden.

KEALAKEKUA BAY, HAWAII ÜBER DAS JÄHE ENDE DES TABUENTDECKERS

»Als ich Kind war, las ich Bücher über die alten Hawaiianer und ihre Tabus. Es gab viele Dinge, die sie nicht tun oder über die sie nicht reden konnten. Wenn sie diese Tabus verletzt haben, wurden sie bestraft, manchmal getötet. Ich dachte, wie primitiv. Dann wurde ich erwachsen und erkannte traurig, dass auch wir in Amerika unsere eigenen Tabus haben. Einige von diesen Tabus mögen organisierten Religionen dienen, aber sie dienen nicht dem Individuum.«[4]

Am Samstag, den 20. Februar 1779 bekam Kapitän Clerke von den Hawaiianern ein großes Bündel überreicht, das in einen Umhang aus schwarzen und weißen Federn gewickelt war. Es wurde

Statue von Kapitän James Cook (Auckland, Neuseeland)

in der Kapitänskabine der „Resolution" ausgewickelt und vom Schiffsarzt dokumentiert:

»*Enthalten waren folgende Knochen mit etwas Fleisch daran, das Feuerspuren aufwies. Die Oberschenkel und Beine noch verbunden, aber nicht die Füße, beide Arme mit abgetrennten Händen, der Schädel mit all den Knochen, die das Gesicht formen, die Kopfhaut davon abgetrennt, die auch im Bündel war mit dem Haar darauf, kurzgeschnitten, beide Hände vollständig mit der Haut der Unterarme daran, die Hände waren nicht im Feuer gewesen, waren aber gesalzen, mehrere Einschnitte in sie geschnitten, um das Salz aufzunehmen. Obwohl wir keinen Zweifel bezüglich der Identität irgendeines im Bündel enthaltenen Teiles hatten, konnte jeder sich der Identität der Hände sehr sicher sein, da wir alle wussten, dass die rechte eine große Narbe aufwies, die den Daumen etwa einen Inch (2,5cm) vom Zeigefinger trennte. Die Ohren hingen an der Kopfhaut, die einen Schnitt von etwa einem Inch Länge aufwies, wahrscheinlich vom ersten Hieb, den er mit der Keule erhalten hatte, aber der Schädel wies keine Frakturen auf, so dass es wahrscheinlich ist, dass der Schlag nicht tödlich war.*«[5]

Am übernächsten Tag wurden Unterkiefer und Füße geliefert, zusammen mit den dazugehörigen Schuhen und einem Stück Hut. An diesem 22. Februar wurden die so zusammengetragenen Überreste von Kapitän James Cook dem Meer übergeben, mit allen

KEALAKEKUA BAY, HAWAII

Ehren, die in der Marine üblich sind. Die Schiffsflaggen hingen auf Halbmast, 20 Pistolenschüsse wurden abgefeuert, und schließlich rutschten sie feierlich über eine Planke in den pazifischen Ozean. Wie kam es dazu, dass ein großer Seefahrer, den die Ureinwohner Hawaiis überaus schätzten und dem sie großen Respekt entgegenbrachten, ein solches Ende nahm? Es geschah auf der dritten großen Entdeckungsreise des erfahrenen Briten, dass er die Insel, von der er nach einmonatigem Aufenthalt und guten Tauschgeschäften schon wieder abgereist war, ein zweites Mal besuchte. Ein Mast auf der „Resolution" war gebrochen, und so musste die Besatzung notgedrungen wieder zurück nach Kealakekua Bucht. Die Hawaiianer waren von der Rückkehr nicht begeistert, sie erschien ihnen verdächtig. Als die Einheimischen über Nacht eines der Boote mitnahmen, das an einer verankerten Boje festgemacht und für den Transport von Lebensmitteln wichtig war, gab es Streit zwischen den Engländern und den Hawaiianern. Kapitän Cook entschied kurzerhand, den hawaiianischen König Kalani'ōpu'u gefangen zu nehmen, bis das Boot wieder zurückgegeben würde. Die Hawaiianer konnten die Entführung ihres Oberhauptes nicht akzeptieren, und da die Engländer inzwischen zur Warnung einige Hawaiianer, darunter auch wichtige Stammesführer, getötet hatten, griffen sie Cook und seine Männer an, die sich schließlich auf den Strand zurückziehen mussten. Sie hatten sich mit der Mitnahme des Königs verkalkuliert, denn dieser hatte „Tabustatus". Um nicht von den Göttern bestraft zu werden, mussten die Ureinwohner Cook nun töten, was sie durch Erschlagen, Ertränken und Zerstückeln erreichten. Die Geschichte hat dadurch etwas Groteskes, denn

Cook, der das Wort „tapu" von seiner zweiten Reise aus Tonga mit nach Europa gebracht hatte, hätte es besser wissen müssen. Er sollte am eigenen Leib erfahren, was ein Tabubruch bewirken kann. Cook wusste, dass Stammesführer Tabus erlassen und aufheben konnten. Davon hatte er selbst profitiert, als er Kamehameha I. (auch Kamehameha der Große genannt, weil er als erster König von Hawaii ab 1810 die Inseln zu einem Staat vereinigte) bat, seine wissenschaftlichen Geräte und auch sein Schiff „Iphigenia" mit einem Tabu zu belegen.

Da die Inselbewohner Cook eigentlich schätzten, wurde ihm wenigstens posthum noch eine besondere Ehre zuteil: Sein Körper wurde den gleichen Ritualen unterzogen wie die Körper verstorbener Stammesführer und Ältester der Gesellschaft. Dem Körper werden die Organe entnommen, er wird gebacken, um das Fleisch leichter lösen zu können, und die Knochen werden vorsichtig gesäubert, um sie als religiöse Relikte zu erhalten, ähnlich wie man es mit europäischen Heiligen im Mittelalter machte. Die Tatsache, dass die Überreste, die am Ende den Briten zur Seebestattung übergeben wurden, Feuerspuren aufwiesen, führte zu dem Gerücht, Cook sei gekocht und teilweise gegessen worden.

Im 18. Jahrhundert wusste man noch nicht viel über die Kultur der Naturvölker im Pazifik und über die Tragweite des Begriffs „Tabu" im pazifischen Kontext eben auch nicht. Übersetzt bedeutet „tabu" so viel wie „stark markiert", „ta" bedeutet „markieren", „pu" ist ein Adverb der Intensität. Der Seefahrer und Entdecker Kapitän James Cook brachte das Wort zwei Jahre vor seinem Tod aus der Südsee mit, und es hat sich seitdem – mit geringen Abweichungen in der Schreibweise – überall auf der

Welt verbreitet. Die Bedeutung des *tapu* in der Südsee (*tapu* auf Tonga, *kapu* auf Hawaii, *tabu* auf Fidschi) ist allerdings eine andere als die des *Tabus* oder *taboo* im Englischen, wie wir es heute verwenden. Cook schrieb über den Begriff „Tabu":

»*Tabu hat eine sehr umfassende Bedeutung; aber, allgemein gesprochen weist es auf etwas hin, das verboten ist.*«[6]

Wenn es verboten war, etwas zu essen oder zu verwenden, dann war es *tapu*, und eine Überschreitung des unbedingten Verbotes konnte schwere Strafen nach sich ziehen. Im Prinzip haben Cook und seine Männer auch ein Tabu nach Polynesien gebracht, nämlich das des persönlichen Eigentums. In seinen Tagebüchern schreibt Cook darüber, wie zum Beispiel auf Hawaii alles bewacht werden musste, weil die Einwohner alles mitnahmen, was sie interessant fanden. Er spricht dabei nicht vom Stehlen, sondern vom „freien Nehmen" der Bewohner. Heute sieht man auf Hawaii das Wort „Kapu" auf Schildern, die Eigentum schützen. Es bedeutet dann schlicht *No Trespassing – Zutritt verboten*.

Die kulturellen Nuancen des ursprünglichen Begriffs konnte Cook allerdings nicht übersetzen und übertragen. Der Ausdruck hat sich verselbstständigt und wird im Vergleich mit Polynesien gern als „in modernen Gesellschaften" gebräuchliche Variante beschrieben, ist aber eigentlich eher eine eurozentrische Interpretation eines sehr alten Konzeptes, das nur im kulturellen Kontext verstanden werden kann.

Für die Menschen auf Hawaii waren die unumstößlichen Regeln Teil des täglichen Lebens und es bestand ein fester

Zusammenhang zwischen dem Regelwerk und der eigenen körperlichen und seelischen Gesundheit. Tabus werden von klein auf erlernt, sie sind schließlich so internalisiert, dass sie innerhalb einer Gesellschaft als natürlich angesehen werden und ihre Beachtung relativ mühelos ist. Wenn man ein systembildendes, wirkungsmächtiges Tabu hinterfragt oder gar verletzt, dann führt dies zwangsläufig zum Konflikt. Die Europäer, die auf die Ureinwohner in Hawaii und anderswo in Polynesien trafen, waren zunächst einmal Fremde, die außerhalb des komplexen Regelwerks standen. Es hat sich nichts daran geändert, dass Gesellschaften sich auf Regeln einigen, die für Außenstehende manchmal schwer nachzuvollziehen sind. Kapitän Cook und seinen Leuten waren die Begründungszusammenhänge, die es für jedes Tabu gibt, sicherlich nicht ersichtlich. Warum etwas tabu ist, ist den Mitgliedern moderner Gesellschaften auch nicht immer gegenwärtig, denn mit der Zeit kann es geschehen, das etwas noch tabu ist, der Grund dafür aber eigentlich gar nicht mehr besteht. Ein Beispiel: Seemännischer Aberglaube hat oft einen realen Hintergrund. Man soll sich etwa niemals eine Zigarette an einer Kerze anstecken, weil dann ein Seemann sterben muss. Viele Leute kennen diese Aussage, halten sie vielleicht für Aberglauben, befolgen den Rat aber vorsichtshalber trotzdem. Der Ursprung für diese Regel liegt darin, dass Seeleute, die nicht anheuern konnten und einen langen Winter an Land verbringen mussten, Geld brauchten. Sie stellten also Streichhölzer her und verkauften sie. Wer seine Zigarette an einer Kerze anzündet, spart das Streichholz, ergo muss der arme Seemann hungern.

Anthropologisch gesehen bezieht sich *tabu* auf Dinge, die kulturell vorgeschrieben sind. Es wird oft irrationalen Annahmen über Tod und Tote gleichgesetzt. In ihrem Artikel „Tapu and the invention of the ‚death taboo': An analysis of the transformation of a Polynesian cultural concept" (auf Deutsch so viel wie „Tapu und die Erfindung des ‚Todestabus': Eine Analyse der Verwandlung eines polynesischen kulturellen Konzeptes") vergleichen neuseeländische Forscher das *tapu* des Todes mit dem *taboo* oder Tabu um den Tod in der „modernen" Welt.[7] Sie kommen zu dem Ergebnis, dass der Tod in Polynesien durchaus nicht verdrängt wurde, sondern dass es sich bei den entsprechenden Ritualen eher um Ehrerbietung und Respekt vor den Verstorbenen handelte. Das *tapu* des Todes und der Toten erweiterte sich um die Orte, die mit dem Tod verbunden sind. Grabstätten zum Beispiel sind in Polynesien auch heute noch stark tabuisiert und sogar verbotene Orte, wenn es sich um die Gräber wichtiger Personen handelt. Der Grund dafür ist die Verbindung der toten Ahnen mit dem spirituellen Umfeld der Atua (Götter und Geister im polynesischen Raum). Tapu erkennt die Tragweite und Wichtigkeit des Todes, und die Anerkennung des Tapu ebnet heute den Weg zu einem neuen Verständnis vom Umgang mit dem Tod. Indigene und westliche Forscher müssen voneinander lernen, um die Bedeutung des Todestabus in verschiedenen Gesellschaften differenzierter erklären zu können.

In Polynesien ist das Tabu in die kulturelle Weltsicht eingebettet und stellt Menschen, Objekte, Plätze und Taten unter den Schutz der Götter. *Tapu* oder *tabu* bezieht sich auf verschiedene unerwünschte oder verbotene soziale Verhaltensweisen oder Themen, und da der Tabuisierungsgrad situationsabhängig ist, fällt es schwer, es allgemeingültig zu definieren. *Tapu* steht analog zu

Kraft und Macht und weist auf das Machtpotential hin, das in jedem Individuum, jedem Tier und jeder Pflanze, aber auch in Plätzen und Gegenden enthalten ist. Es ist fast austauschbar mit *Mana*, einer Art Macht. Es ist das Gegenteil des Gewöhnlichen und markiert bestimmte Personen oder Orte, Dinge oder Aktivitäten als abgegrenzt vom *Noa*, dem Alltäglichen. Dies kann ein permanenter oder auch ein vorübergehender Status sein. Tapu funktioniert als Ordner und Zusammenhalter der Gesellschaft und kann eingesetzt werden, um zum Beispiel natürliche Ressourcen zu bewahren, Teile der Gesellschaft vor Zerstörung zu schützen oder etwas zu isolieren und so zu bewahren. Die Macht des Tapu kann nur durch spezielle Rituale wieder aufgehoben werden.

Das alte Hawaii war klar durch *kapu*-Gesetze strukturiert. Nahrungsmittel, Orte, Gegenstände, Tiere und Personen, konnten alle zum Tabu erklärt werden, wenn sie als Sitz oder Träger von *Mana* galten. Bei den Speisen handelte es sich dabei im Prinzip um die Verteilung knapper Ressourcen; so wurde Frauen der Verzehr von Schwein, Meeresschildkröte und Hund sowie Bananen und Kokosnüssen grundsätzlich verboten, und diese Nahrungsmittel waren dadurch für die Männer ausreichend im Angebot. Wir kennen ähnliche Nahrungstabus, die religiös bedingt sind: So essen Hindus kein Rind, weil Kühe heilig sind (vor allem milchgebende Kühe, die als Verkörperung der Göttin Prithivi Mata, der Mutter Erde, gelten), und Muslime und Juden essen kein Schwein, weil Schweine unrein sind. In Deutschland stehen Insekten und Würmer wohl eher nicht auf der Speisekarte, obwohl viele im Prinzip essbar und sogar gute Eiweißquellen sind. Im alten Hawaii durften Männer und Frauen auch nicht gemeinsam essen, außer wenn es nicht anders ging, zum Beispiel auf Seereisen in kleinen Kanus. Da Frauen in Hawaii nur eine untergeordnete Rolle spielten, durften sie auch nicht fischen oder andere Dinge verrichten, die ihnen Zugang zu Dingen gegeben hätte, die es nicht im Überfluss gab. Ältere Frauen und weibliche Häuptlinge durften allerdings die Regeln in ihrer Region festlegen und auch männliche Rollen übernehmen.

Ein Tabu, das es auch in den modernen Gesellschaften noch überall gibt, ist das der Menstruation. Im alten Hawaii war Geschlechtsverkehr während der Menstruation verboten. In Indien, Indonesien und anderen Ländern soll eine Frau während dieser Zeit keine Tempel betreten, und in der Fernsehwerbung für Binden in den USA und Europa ist Menstruationsblut erfrischend blau. Wir kennen auch Worttabus wie im alten Polynesien, in deren Zusammenhang das Aussprechen bestimmter Wörter mit einem Verbot belegt sein konnte. Ein Beispiel hierfür, um beim Thema Menstruation zu bleiben, bietet eine australische Werbung für Slipeinlagen, in der zum ersten Mal das Wort „Vagina" ausgesprochen wurde und die damit einen Sturm der Entrüstung auslöste.[8]

Die gesellschaftliche Rangordnung war im alten Hawaii sehr effektiv durch Tabus geregelt. Rangniedrigere Mitglieder der Gemeinschaft durften zum Beispiel nicht über den Schatten eines Höhergestellten steigen oder diesem auf Augenhöhe begegnen. Wer gar in Gegenwart des Königs nicht kniete, seinen Schatten auf ihn warf oder in seinem Schatten stand, konnte dafür getötet werden. In vielen Gesellschaften lassen Begrüßungsrituale erkennen, wer der Ranghöhere ist: So deutet die Tiefe der Verneigung in Japan ebenso wie die Höhe der zum Gruß gegeneinandergelegten Hände in Thailand darauf hin, wer gesellschaftlich oder beruflich auf der höheren Stufe steht. Auch in Europa gibt es Regeln, wer wem zuerst die Hand gibt – der Ranghöchste wird zuerst begrüßt –, und dies ist in der Kommunikation und vor allem in internationalen (Geschäfts-)Kontexten durchaus wichtig. In China zum Beispiel ist ein Geschäftsessen sofort beendet, wenn der Gastgeber aufgegessen hat und sich erhebt. In mitteleuropäischen Ländern wird eher darauf gewartet, dass der Gast den richtigen Moment findet, sich nach einem Abendessen zu verabschieden.

Ein Unterschied zwischen einem Tabubruch in Polynesien vor dem ersten Kontakt mit den Europäern und in modernen Gesellschaften liegt wohl in der Konsequenz. So wurden Tabubrecher im alten Hawaii und auf anderen pazifischen Inseln oft getötet, und auch das Brechen der Knochen und das Herausreißen der Augen als Strafe waren üblich. Um diesen Strafen zu entgehen, gab es immerhin zwei Orte, die als Asylplätze (pu uhonua) galten: Tabubrecher fanden Schutz im Waipi-o-Tal an der nördlichen Hamakua-Küste. Dieser Ort, an dem König Kamehameha I. aufwuchs, galt als heilig. Ho naunau, südlich von N po opo o, galt ebenfalls als Zufluchtsort. Vor allem der heutige Puuhonua-O-Honaunau-Nationalpark bot besiegten Kriegern und Tabubrechern Schutz und heißt noch heute *City of Refuge*, Zufluchtsstadt. In modernen Gesellschaften kann die Strafe ein Ausschluss aus der Gesellschaft sein oder gar eine physische Verbannung an einen Ort, der dann zu einem verbotenen Ort für andere werden kann. In jedem Fall war das ursprüngliche Tapu ein kulturspezifisches Regelsystem, ein soziales und spirituelles Konzept das kulturell erfasst und verstanden wurde. Das *Tabu* ist im Vergleich eine eher vage Fassung gesellschaftlicher Konventionen.

Schon ein Blick in die Morgenzeitung bringt uns das Wort „Tabu" oder auch „das letzte", zuweilen „das allerletzte Tabu" auf den Schreib-, Nacht- oder Küchentisch. Wenn wir uns die Präsenz des Wortes in den internationalen Medien anschauen, scheint es auf der einen Seite ein unstillbares Interesse an Tabuthemen zu geben und auf der anderen Seite die Auffassung, dass es heutzutage kaum noch Tabus gibt. Wenn überhaupt, dann existieren sie wohl woanders, da westliche Gesellschaften weit fortgeschritten sind und wissenschaftliche Forschung auf Aberglauben und sinnentleerten Traditionen basierende Tabus aus dem Weg geräumt hat. Wäre es wirklich so, bräuchten wir nicht mehr darüber zu sprechen, und es gäbe auch nicht Jahr für Jahr wieder letzte und allerletzte Tabus in den Schlagzeilen, die so verkaufsfördernd sind. So viel eine Gesellschaft auch über Tabus reden mag, so sehr sie davon überzeugt sein mag, dass sie nicht von Tabus, sondern von Gesetzen und logischem Denken gelenkt wird, so sehr steht sie dennoch unter der anhaltenden Wirkung und Macht unausgesprochener Regeln.

Nachdenken über Tabus führt unweigerlich zum Nachdenken über Ethik und Moral. Wenn Ethik als theoretischer Diskurs über richtiges, also gutes Verhalten gesehen werden kann, so ist der Begriff der Moral als praktischer Ansatz eher negativ besetzt. Moral bezieht sich vor allem auf die Sicht und Bewertung anderer Menschen, und moralische Entrüstung besteht „nur zu 2 % aus Moral, zu 48 % aus Hemmungen und zu 50 % aus Neid"[9]. Es gibt schöne Beispiele für Doppelmoral und für eine Moral für sich selbst und eine für die anderen. Männer und Frauen, die viele Sexualpartner haben, werden unterschiedlich bewertet: Die einen sind Draufgänger, die anderen Huren. In der Politik müssen sich Frauen oft nach ihrem Aussehen oder ihrer Kleidung beurteilen lassen, während Figur oder Frisur männlicher Politiker eher selten kommentiert werden. Wenn Politiker nach außen hin von Sparmaßnahmen reden und sich selbst höhere Diäten genehmigen, ist das bigott. Wenn man also etwas Unmoralisches tut, ist es vielleicht eine Art Befreiung, etwas Unethisches widerspricht dagegen schützenden Gesetzen innerhalb einer Gesellschaft. Tabus in indigenen Kulturen sind immer im Übernatürlichen, Religiösen verwurzelt, doch auch in sogenannten säkularen Staaten, in denen Staat und Kirche getrennt sind und die Religion zumindest keinen Einfluss auf die Gesetzgebung haben sollte, sind die teilweise religiösen Wurzeln von Moral und Tabu erkennbar. Jedes Tabu hat einen Ursprung und einen Sinn. Manchmal bleibt dieser Grund sichtbar, manchmal verschwindet er – das Tabu aber behält seine Macht.

Mit den Eroberern, insbesondere aber später mit den Missionaren, kamen unaufhaltsame Veränderungen nach Hawaii. Der Glaube der Hawaiianer war in einigen Dingen dem Christentum ähnlich: Ihre Erzählung der Erschaffung der Welt klingt wie die der Genesis in der christlichen Bibel. Allerdings hatten sie vier wichtige Götter: Ku, Lono, Kane und Kanaloa. Es ist überliefert (aber nicht bewiesen), dass die Inselbewohner zunächst annahmen, dass Cook der zur Erde zurückkehrende Gott Lono sei, ein Sohn Kanes. Kane war ein liebender und vergebender Gott, dem alles Leben heilig war. Die Missionare sahen das Kapu-System als barbarisch und primitiv an, und so wurden alte Bräuche systematisch ausradiert. Der Hula-Tanz wurde zum Beispiel verboten, doch in dieser Zeit, Mitte des 19 Jahrhunderts, wurde er als Protest weitergetanzt und von den Liedern begleitet, die die Geschichte, Tradition und Kultur Hawaiis erzählen. Bis heute sind die *kumu hula* (Hula-Lehrer, oft homosexuelle Männer) für ihr Talent und ihre Kunst hoch angesehen. Die Missionare brachten jedoch nicht nur Schlechtes nach Hawaii, sie bauten auch Krankenhäuser und Schulen, und sie halfen bei der Alphabetisierung – bis 1820 gab es in Hawaii keine Schriftsprache. Die Inselgruppe blieb noch für einige Zeit eine Monarchie. 1891 gab es erstmals ein weibliches Oberhaupt, Königin Lydia Lili'uokalani Paki (die Schwester ihres Vorgängers). Doch sie wurde schon zwei Jahre später wieder entmachtet, weil das Land in einer Wirtschaftskrise steckte und sich wohlhabende Zuckerrohrplantagenbesitzer, die als US-Bürger auf Hawaii lebten, gegen die Monarchie aussprachen. 1894 wurde die Monarchie durch eine Republik ersetzt und 1898 folgte die Anbindung an die USA.

Im heutigen US-Bundesstaat Hawaii dürfen homosexuelle Paare seit November 2013 heiraten. Das mag progressiv klingen, doch waren die gesellschaftlichen Regeln des alten Hawaii in der Zeit, bevor Cook die Inselgruppe das erste Mal bereiste, in dieser Beziehung völlig unproblematisch. In ihrem Artikel „When Captain Cook met Kalani'ōpu'u" („Als Kapitän Cook Kalani'ōpu'u traf"[10]) interpretieren die Autoren Umstände, die Historiker nicht so gern erwähnen: Die Logbücher der Seefahrer belegen, dass Häuptling Kamehameha einen jungen Aikane[11] mit an Bord brachte, als er auf Cooks Schiff mitreiste. Es gab eine Tradition, nach der einige Kinder auf ihre Rolle als Aikane des Oberhauptes hin erzogen wurden. Zum Haushalt des Stammesführers gehörten neben seinen beiden Ehefrauen und mehreren Kurtisanen männliche Aikane, und er hatte auch intime Beziehungen zu hochrangigen männlichen Ministern. Die Autoren mutmaßen sogar, dass das Vertrauen zwischen den Europäern und Hawaiianern durch eine Eifersuchtsgeschichte verlorengegangen sein könnte: Als Kamehameha zum Lieblingsaikane des Königs erklärt wurde, könnte sein Rivale Palea aus Eifersucht das Verschwinden eines von Cooks Booten organisiert haben, woraufhin Cook die schon erwähnte Idee hatte, den König Kalani'ōpu'u gefangen zu nehmen und im Austausch das Boot zu fordern, das die Hawaiianer genommen hatten. Der König hatte aber Tabustatus, und so kam es zur blutigen Tötung Cooks. Wenn der Auslöser dieser Situation tatsächlich der Konkurrenzkampf zwischen den beiden Aikanen des Königs, Kamehameha und Palea, war, dann ist Cooks tragisches Ende mit homosexuellen Praktiken verbunden.[12]

Wie das Kapu der Hawaiianer wurden auch das Tapu der Tonganesen und das Tabu der Fidschianer von den britischen Missionaren systematisch verdrängt. Mitte des 19. Jahrhunderts wurde das Kapu-System nur unter Einheimischen, geduldet und es gab eine Weisung, die Ureinwohner im Zuge der Europäisierung zur freiwilligen Aufgabe dieser Bräuche zu bewegen. So sollten die „barbarischen Bräuche der Ureinwohner" nach und nach durch „zivilisierte Praktiken" ersetzt werden. Das koloniale Unverständnis und die Missachtung des Systems haben die bestehenden sozialen Strukturen abgewertet und die im Tapu-Konzept vorhandene wichtige Verbindung zwischen natürlichen und übernatürlichen Welten zerstört.

REISE NACH ULURU, AUSTRALIEN ÜBER ELEFANTEN UND KAMELE

Der Elefant im Raum (elephant in the room) ist ein klassischer Tabudiskurs: Ein überdimensional großes Thema steht mitten im Raum, alle wissen, was gemeint ist, aber niemand nennt es direkt beim Namen. In den siebziger Jahren kritisierte der Anthropologe W. E. H. Stanner das totale Schweigen über die koloniale Vergangenheit Australiens in historischen Büchern über das Land, er nennt es „das große australische Schweigen". Es finden sich nur wenige Nennungen der Urbevölkerung, und ihre Marginalisierung nach der Ankunft des weißen Mannes Ende des 18. Jahrhunderts wird systematisch durch Verschweigen und Trivialisieren verstärkt.

Alexis Wright, eine Aboriginal-*Waanji* aus Queensland, ist Schriftstellerin und Aktivistin für Rechte der Aborigines auf ihr Land. Auf einem Schriftstellerfestival in Tasmanien hat sie 1998 im Prinzip den Sinn der Tabus in Aborigine-Gemeinden zusammengefasst und ihn vom schlechten, zu brechenden Tabu des großen Schweigens in Australien abgegrenzt:

»*Was einem am Ende durch eine solche Veranstaltung bleibt, ist die Verstärkung von Kultur und dein Platz darin. Das Gefühl dafür, wie man sich richtig verhält. Es gibt Tabus über den Bruch von Verhaltensregeln. Dies beinhaltet das Verhältnis zu seinen Ältesten, zu anderen Menschen und ihrem Land und was als gutes Benehmen gesehen wird. Also, im Kontext meiner Kultur breche ich keine Tabus.*

Die Tabus die ich breche, haben mit der Art zu tun, in der sich dieses Land allgemein sieht in seiner Beziehung zu Aborigines. Ich mag die Art nicht, wie wir von einer Regierung nach der anderen behandelt werden, oder die Art, wie unsere Geschichte befleckt, verzerrt und versteckt wird oder für uns geschrieben.

Ich will, dass unser Volk Bücher hat, seine eigenen Bücher, in seinen eigenen Gemeinden und geschrieben von unseren eigenen Leuten. Ich will, dass die Wahrheit erzählt wird, unsere Wahrheiten, also in ersten Linie schreibe ich für die Leidtragenden in unseren Gemeinden. Lasst uns das nicht falsch verstehen: Leiden ist weit verbreitet in unseren Gemeinden. Ich schreibe keine Geschichten über Weiterleben und Irgendwie-Durchkommen.«[13]

Den Optimismus von „weiterleben und durchkommen" gestattet sie sich nicht. Sie sieht keinen Grund für positive

Geschichten, denn sie kennt solche, über die man nicht sprechen kann, weil es für sie keine Worte gibt:

»*Unsere Menschen sterben jung, zu oft, und viele sterben schlecht. Die Mehrzahl der Todesfälle von Aborigines hängt mit Armut und Vernachlässigung zusammen, während die Regierungen uns missbrauchen, weil sie keinen Anstand und keine Verantwortung haben. Unsere Geschichte handelt von unerfülltem Leben, unerfüllten Geschichten – das zieht sich über 200 Jahre. [...] Die Tabus die ich zu brechen versuche sind das Schweigen dieser Nation über die Rechte der Aborigines.*«[14]

NICHT WIR BESITZEN DAS LAND, DAS LAND BESITZT UNS!

Durch Krieg und Verfolgung von ihrem Land Vertriebene, Verschleppte, Geflüchtete gibt es überall auf der Welt. Edward Said schrieb über Araber im Exil, über den Verlust des Zuhauses, der Traditionen und kulturellen Horizonte, die mit Kontinuität und Verwurzelung zu tun haben. Said spricht vom „unterbrochenen Dasein im Exil", gekennzeichnet durch auferlegte Umstände und eingeschränkten Raum. Die Entwurzelung und Vertreibung der Aborigines fand in einem so großen Ausmaß statt, dass sie sich heute oft wie Fremde im eigenen Land fühlen müssen. Die Bedeutung, die Land und Erde für Aborigines haben, ist für die moderne australische Gesellschaft schwer nachvollziehbar. W. E. H. Stanner erklärte die symbolische und enigmatische Bedeutung so:

Aboriginal Art
© Darren Dickson
Dreamstime.com

»Kein englisches Wort ist gut genug, um die Verbindungen zwischen einer Aborigine-Gruppe und ihrem Land zu beschreiben. Unser Wort „home" (Heim), so warm und suggestiv es sein mag, ist nicht gleichzusetzen mit dem Aboriginal-Wort, das „Lager", „Herz", „Land", „ewiges Zuhause", „Totem Ort", „Lebensquell", „spirituelle Mitte" und vieles mehr alles in einem bedeutet. Unser Wort „Land" ist zu dünn und mager. Wir können es kaum verwenden, außer mit wirtschaftlichen Untertönen, wenn wir nicht gerade Dichter sind.

Ein Aborigine würde von Erde sprechen und das Wort in einer symbolischen Weise verwenden, um seine Schulter oder seine Seite zu bezeichnen. Ich habe einen Aborigine gesehen, der die Erde, auf der er lief, umarmte. Unsere Wörter „Heim" und „Land" zu „Heimatland" zusammenzufügen ist ein bisschen besser, aber nicht viel. Als wir genommen haben, was wir Land nennen, nahmen wir, was Ihnen Heimatland ist, die Quelle und der Ort des Lebens und die Ewigkeit der Seele.«[15]

REISE NACH ULURU, AUSTRALIEN

TEIL 1: CLARENCE AUF DEM WEG VON ADELAIDE NACH MANGURI

Clarence sitzt im Speisewagen des Ghan, auf dem Weg von Adelaide nach Darwin. Es ist die Strecke, die afghanische Kamelimporteure vor 150 Jahren genommen haben, daher ist auf dem Zug ein auf einem Kamel reitender Afghane zu sehen. Die Reise dauert 47 Stunden und ist 2979 km lang, genug Zeit für ein ausführliches Gespräch. Clarence ist ein Yaeglmann aus Bundjalung Country, das liegt ganz im Norden an der Küste von New South Wales. Er arbeitet als Ansprechpartner für Aborigines und baut Verbindungen zwischen einer Universität und den umliegenden Gemeinden auf, auch mit zukünftigen Aborigine-Studenten. Clarence erzählt, dass er in Guringai-Land wohnt, aber auf Darug-Land arbeitet:

> Im Aborigine-Australien gibt es 700 verschiedene Nationen, und innerhalb dieser Nationen gibt es verschiedene Stämme. Meine Nation ist die Bundjalung Nation, aber mein Stamm ist der Yaegl, und da unten in Sydney gibt es die Eora Nation, die wiederum eine Anzahl von Stammesgebieten enthält. So haben wir zum Beispiel die Guringai Nation und auch das Darug-Gebiet. Sie sitzen nebeneinander, und wenn du von einem Gebiet in das andere wechselst, dann gehst du auch von einer Nation in die nächste und von einem Stammesgebiet in das nächste.

Tabu ist für ihn etwas Heiliges, es gehört zu einer bestimmten Kultur oder kann zu mehreren Kulturen gehören. Tabu ist etwas, dem Respekt gebührt, andere Völker und ihre Kulturen sollen geschätzt und respektiert werden, auch ihre Tabus.

Wenn wir in der Aborigine-Kultur eine Sitzung haben, dann gibt es eine Frauenseite und eine Männerseite auf dem Versammlungsplatz, und das zeigt den gegenseitigen Respekt. Als Männer haben wir unsere eigenen bestimmten Normen und Werte, die unsere Geschäfte lenken. Die Frauen haben ihre eigenen Werte und Vorstellungen, und die müssen als Frauensache akzeptiert werden. Das heißt nicht, dass wir voneinander getrennt sind und dass wir nicht zusammenarbeiten, aber dass Männer und Frauen die gleichen Möglichkeiten haben, ihre Meinungen auszutauschen. Männer können über ihre Belange sprechen, am selben Ort und ohne zu denken, dass jemand das, worüber sie reden, nicht in Ordnung findet.

Bei einem *Corroboree*[16] sind die Männer auf der einen Seite, die Frauen auf der anderen. Aber wenn das Treffen fortschreitet, werden sie näher zusammenkommen, um Beziehungen einzugehen. Die Männer versuchen, die Aufmerksamkeit der Frauen zu bekommen, und die Frauen versuchen dasselbe. Es gibt bestimmte Tänze, die deine Stärke und deinen Mut zeigen, und die Männer werden wieder und wieder tanzen, um die Frauen zu beeindrucken. In einem heiligen Treffen geht es mehr um Diskussionen über den Tisch hinweg. Dann sind die Frauen wohl lieber unter ihresgleichen, unter Frauen, die ihre Ansichten teilen, und die Männer sind lieber mit Männern, du siehst also keinen Mann neben einer Frau sitzen und sich vielleicht von seiner Partnerin beeinflussen lassen. In der

Aborigine-Kultur haben wir kein Wort für Streit oder Kampf, doch die Dinge werden vehement diskutiert. Zwischen den verschiedenen Sprachen gibt es Überschneidungen, manchmal bedeuten Wörter aber auch Gegensätzliches. Ich war gerade auf einer Konferenz und unser Wort für „Fäkalien" ist anscheinend das Wort für „Glück" in einer anderen Sprache. Die Vortragende hat das Wort in einem positiven Sinn gebraucht, und wir dachten: „Was ist das jetzt?" Wir konnten dem Kontext und dem, was sie tat, entnehmen, dass es nicht dieselbe Bedeutung hat. Es gibt 145 verschiedene Sprachen, 700 Nationen, sie sind nicht alle total verschieden, aber es sind verschiedene Dialekte.

Im modernen Australien ist es tabu, mit dem Partner eines anderen Sex zu haben, außerehelicher Geschlechtsverkehr ist tabu. Man spricht generell nicht über Sex oder darüber, wie man zur Toilette geht, das sind Dinge die hinter verschlossenen Türen stattfinden, darüber spricht man nicht in der Öffentlichkeit. Aber um zurückzukommen auf den ursprünglichen Sinn und wie das Leben einmal war, das sind uralte Traditionen, wie dass die Frauen kochen und sauber machen, während die Männer jagen und sammeln. Es gibt immer noch Frauen- und Männerthemen, die Medien haben da einen großen Einfluss. Viele Tabus sind in der modernen Gesellschaft noch relevant, Stehlen zum Beispiel und andere Tabus, die heute in den Gesetzen stehen. Es gibt Gemeinsamkeiten, Stehlen war eine schlimme Sache. Wenn du etwas gestohlen hast, wurdest du mit Speeren beworfen. Allerdings hast du eine Chance bekommen, der Mann, der beworfen werden sollte, stand in einiger Entfernung, und die Männer mit den Speeren standen auf der anderen Seite. Wenn du getroffen wurdest, hattest du Pech, und du hast deine Strafe bekommen, und wenn du nicht getroffen wurdest, hattest du Glück, und was du getan hattest, war nicht falsch.

Es gibt Männer- und Frauenplätze. In der Aborigine-Kultur hatten Frauen ihre eigenen Friedhöfe, und Männer durften sie nicht betreten. Es gibt auch heilige Stätten für Männer, wo sie ihre Geschäfte machen, und Frauen sind dort nicht erlaubt. Es gibt Orte, wo du nicht herumlaufen darfst, und wenn du es doch tust, dann werden dir schlimme Dinge passieren.

Meine Mutter hat mir gesagt, dass ich auf heiligem Boden gelaufen bin, auf dem ich nicht hätte sein dürfen, und deshalb habe ich nun so eine Verletzung an einem Bein. Sie hat gesagt, ich muss einen traditionellen Heiler besuchen. Medizinmänner sind allerdings heutzutage schwer zu finden, und glaube ich daran? Ich bin inzwischen schon bereit, es zu tun, weil ich immer noch diese Probleme habe. Solche Dinge sind sehr durch die moderne Gesellschaft beeinflusst, deshalb bin ich manchmal etwas verwirrt, aber ich respektiere, dass man nicht an Frauenorte gehen soll. Wenn ich die Gelegenheit hätte, würde ich wohl zum Medizinmann gehen. Wir haben darüber gesprochen, wo ich einen finden könnte, sie sind früher herumgereist, aber heute muss ich ein bisschen suchen.

Die Werte und die Gesetze, die wir haben, müssen wir erhalten. Kriminalität wird bestraft, wenn man über Sex redet, geht es eher darum zu respektieren, was andere fühlen. Wenn man in der Öffentlichkeit über Sex spricht, sind die Leute darüber verärgert, und es gibt einen Grund dafür. Vielleicht ist es auch der christliche Glaube, dass man das hinter verschlossenen Türen behalten sollte. In einer Kirche nimmt man den Hut ab, und wenn man in eine Moschee geht, zieht man die Schuhe aus. Wenn man in andere Kulturen wandert, respektiert man deren Tabus.

Drogen, also das ist sehr versteckt, das ist die Natur von Drogen, dass sie sehr versteckt sind, und wir sprechen nicht darüber. Ich habe etwas gemischte Gefühle. Ich war an einer Schule, an der sich Schüler wirklich Schaden zugefügt haben. Nachdem einer angefangen hat, haben andere es nachgemacht. Manchmal denke ich, wenn es öffentlich wird, dann wird es auch benutzt, wenn man nicht darüber redet, macht man es vielleicht nicht so viel. Aber dann wieder, wenn man Alkohol in jungen Jahren trinkt, dann weiß man nicht, was man sich antut und wie man mit Alkohol auf eine sicherere Weise umgehen kann, also bin ich mir nicht so sicher. Als Lehrendem liegt mir die Aufklärung am Herzen, wenn man über etwas redet, ist man besser informiert, ob es nun Sex ist oder über Drogen zu sprechen.

Ich stehe dafür ein, dass man die Aborigine-Kultur so stark wie möglich erhält, und Tabus sind ein Teil dieser Kultur. Ich denke, keines von ihnen ist negativ. Es wäre sonst nicht dieselbe Kultur, es wäre wie die indische oder die in Fidschi oder wie die englische oder kanadische. Es gibt einen Grund, warum das Tabu da ist, und die Aborigine-Kultur ist eine der erfolgreichsten in der Welt. Sie hat viele tausend Jahre überlebt. Es gibt also einen Grund, warum diese Dinge etabliert wurden.

Die Ehe zum Beispiel, du kannst nur aus einer Seite der Familie heiraten. Es ist schwer zu erklären, aber du musst der Linie der mütterlichen Seite folgen, und das verhindert dann Inzest. Wenn du dich in jemanden von der väterlichen Seite verliebt hast, dann könntest du Inzest begehen. Man könnte denken, es sei schlecht, die Heirat von einer Seite der Familie zu unterbinden, weil man sich dann nicht in jemanden von der Seite verlieben darf. Was soll man tun, wenn man sich sehr von jemandem angezogen fühlt und gut miteinander auskommt? Es ist aber positiv, weil es die Kultur stark erhält und sie so weiterleben kann. Inzest ist ein Tabu, du musst sicherstellen, dass du der richtigen Seite folgst, weil es bestraft werden kann. Das bedeutet, du wirst aus dem Stamm geworfen und musst dich dann allein durchschlagen. Wenn du aber aus dem Stamm entfernt wirst, dann steigt dein Risiko zu sterben, weil du die Unterstützung und den Schutz der anderen verlierst. Aborigines hatten keine Häuser, du konntest also nicht einfach in ein Haus gehen und dort allein leben. Du bist über das Land gelaufen und du hast mit den anderen überlebt. Also, ich glaube, es gibt negative Tabus, aber ich glaube sehr fest daran, dass wir sie brauchen.

Es gibt also diese Gesetze im traditionellen Australien, wen man heiraten darf und wen nicht, aber es ist gar nicht so einfach, der mütterlichen Seite zu folgen, weil Aborigines ihren Namen ändern, in den der Farmer, für die sie arbeiten. Mein traditioneller Name ist *Waddies* und der Name meines Vaters ist *Bruinsma*. Mein Urgroßvater nahm den Namen *Laurie* an und meine Urgroßmutter einen anderen Namen, *Randall*.

Wenn wir dann versuchen, die Namen zurückzuverfolgen, um zu sehen, wen wir nach Aborigine-Gesetz heiraten sollen, dann ist es sehr schwierig. Meine Frau ist Aborigine, und sie hat auch den Namen *Laurie* in ihrer Familie, aber als wir die Namen zurückverfolgt haben, sah man die große Distanz zwischen den beiden, die *Lauries* auf ihrer Seite kommen aus dem südlichen New South Wales und die *Lauries* auf meiner Seite aus dem Norden von New South Wales. Sie waren total verschiedene Familien, so hatten wir Glück, denn wir waren schon verheiratet, hätte wirklich schlimm sein können.

Wenn man in einen anderen Clan heiratet, bekommt man *skin names*[17], die sind so etwas wie Nachnamen, damit man die mütterliche Seite herausfinden kann. Und dann weiß man auch, welche Totems einem gehören. Das ist noch so ein Tabu, es sind Tiere und Pflanzen, auf die man achtgeben muss. Wenn du nicht auf sie achtgibst, dann kannst du von deinen Brüdern und Onkeln bestraft werden. Wenn wir auf unsere Pflanzen und Tiere nicht aufpassen, sterben sie, und dann verlieren wir die Umgebung, die wir brauchen, um zu überleben. Der Verlust eines Tieres kann ein ganzes Ökosystem zerstören. Ich habe nie von jemandem gehört, der das Kamel als Totem hat. Ich glaube, die werden als Pest gesehen und getötet, Schweine und Pferde, diese eingeführten Tiere werden getötet. Eingeführte Pflanzen werden auch getötet, weil sie andere Pflanzen töten, die Frösche und so, sie werden alle getötet, weil sie nicht dem Schutz unserer Totems dienen. Wenn sie unsere Totems töten, dann können wir sie nicht schützen. Sie sind sehr wichtig, und sie sind Schöpfer. Wenn man von einem

Stamm zum anderen geht, dann weiß man mit dem *skin name*, was in dem Stamm sein Totem ist. Man weiß, worauf man aufpassen muss, und das wiederum sagt einem, wen man heiraten kann und worauf man aufpassen muss, wenn man das Land betritt. Ein Pärchen hat verschiedene Totems, weil sie aus verschiedenen Familien kommen. Man hat auch nicht gleich ein Duzend, man hat nur eine Handvoll Totems.

Viele Tabus, die ich kenne, wurden von einer Generation zur nächsten weitergereicht. Meine Mutter ist Aborigine, mein Vater ist aus Holland, also kommen viele der Tabus von meiner Mutter und einige von meinen Brüdern und Onkeln, meinen Cousins, meinem Großvater. Meine Tanten haben mir einige beigebracht, meistens werden sie ausgesprochen und gelehrt. Ich bin überwältigt worden vom Spirituellen, dass ich zu den Ältesten in der Vergangenheit sprechen muss, wenn ich etwas falsch gemacht habe, und sie um Vergebung bitten. Wenn ich über Land gehe, frage ich um Erlaubnis. Wenn du über das Land von jemandem gehst, dann stellst du dich erst einmal vor, bevor du es betrittst, da sind Menschen, die auf dem Land gestorben sind, und deshalb ist es geschützt. Du musst um Führung bitten, weil du nicht respektlos bestimmte Gebiete betreten oder berühren möchtest.

Es ist ein überwältigendes Gefühl, und ich glaube, in unserer modernen Gesellschaft hören wir nicht darauf, was unsere Körper sagen oder was uns das Land sagt. Wenn ich in der Situation bin, dann halte ich inne und denke nach und trete einen Schritt zurück. Dann gehe ich und spreche mit jemandem, der die Gegend kennt, und frage, was an diesem Ort

> besonders ist. Wenn du nicht von dem Land kommst, dann würdige die Erde, auf der du läufst. Am besten, du findest jemanden, der das Land kennt und dich auf seinem Land willkommen heißt. Man bekommt dann das Recht einzutreten, und sie werden ihre Ältesten bitten, auf dich aufzupassen, während du dort reist.

Es gibt in Australien zwei wichtige Rituale, die eine lange Tradition weiterführen. Das *Welcome to Country* (Willkommen auf dem Land) ist eine formelle Einladung auf Aborigine-Land, sie wird durch einen Ältesten ausgesprochen. Das *Acknowledgment of Country* (Anerkennung des Landes) kann durch einen Aborigine oder einen Nicht-Aborigine gegeben werden. Es ist eine ausgesprochene Würdigung und eine Form der Respektbezeugung an die traditionellen Besitzer des Gebiets, auf dem man sich aufhalten wird. Die Formulierung ist immer ähnlich: „Bevor wir anfangen, möchte ich das Land der traditionellen Besitzer des Landes (Name des Stammes und des Gebietes), auf dem wir uns befinden, würdigen. Ich möchte meinen Respekt vor den Älteren in der Vergangenheit, Gegenwart und Zukunft ausdrücken und respektiere alle Aborigines, die heute hier sind, wo immer ihr auch herkommt."

> Wenn Aborigines über Land gehen, dann machen sie an der Übergangsstelle zu einem Stammesgebiet ein Feuer, das bedeutet, dass man eintreten möchte. Und dann kommen Leute rüber und sagen: „Gut, tritt ein!" Wenn man einfach losgeht, ist das, wie wenn man in jemandes Haus eintritt, ohne

anzuklopfen, du stellst erst mal sicher, dass du auch willkommen bist. Sie führen dich und stellen sicher, dass du nicht über heilige Erde läufst. Wenn du ein Tabu berührst, wirst du es vielleicht in dem Moment gar nicht wissen, aber es werden Krankheiten oder Verletzungen folgen, weil du es getan hast, und dann musst du dir Hilfe von den Ältesten und den Medizinmännern holen. Diese werden dann Zeremonien abhalten. Das ist so ähnlich, wie ein Priester, der eine Messe hält oder auch einen Exorzismus durchführt. Sie würden darüber sprechen und den Geist aus dir herausholen, der dich für das bestraft, was du getan hast. Das funktioniert und wird noch heute so praktiziert.

Wenn jemand stirbt, kümmern sich traditionell die Männer um die Männer und die Frauen um die Frauen. Sie spielen eine Rolle, meine Onkel würden meinen Körper berühren und ihn beerdigen. Sie würden die Rituale durchführen, was meinen Körper angeht, und dann ist es die Sache der Frauen zu trauern. Es gibt keinen bestimmten Zeitraum für Trauer. Wenn eine Frau stirbt, würden die Tanten sich um den Körper kümmern, und sie würden ihn beerdigen und die Zeremonien abhalten. Man berührt nicht einfach einen Toten. Wenn es sein muss, dann gibt es dafür bestimmte Rituale, die sicherstellen, dass die Leute, die den Toten anfassen, später nicht spirituell betroffen sind. Früher hatte man keine Friedhöfe, aber heute, was wenn jemand auf dem Land bauen will, wo jemand beerdigt ist? Also wenn da jemand begraben ist, dann gibt es eine Zeremonie, um den Toten umzubetten. Einen toten Körper zu berühren, besonders durch einen Medizinmann, das ist eine ganz schlechte Sache und kann zu Krankheit und Tod führen.

Wer schon einmal Australien besucht oder etwas über Australien und seine Ureinwohner gelesen hat, weiß, dass die Aborigines ein Abbildungstabu beachten. Verstorbene sollen nicht gezeigt und ihre Vornamen nicht verwendet werden. So sieht man dann in etlichen Filmen und anderen Medienprodukten im Vorspann den Hinweis: „Vorsicht, in diesem Film könnten Bilder oder Stimmen verstorbener Aborigines enthalten sein!" Diese Warnung wird prophylaktisch eingeblendet, auch bei Produkten, die schon 100 Jahre alt sind. Es ist weniger bekannt, dass das Abbildungstabu ein temporäres ist, das Bild eines Verstorbenen darf nur für eine gewisse Zeit nach dem Tod nicht gezeigt werden, damit die Seele sich schnell aus dem Staub machen kann. Das ist auch wünschenswert, denn nach dem Glauben der Aborigines kann die Seele potenziell gefährlich sein und allerlei Unheil anrichten, wenn sie an ihrer Reise gehindert wird. Ein Baby darf nach seinem Tod nur einige Monate nicht gezeigt oder mit Namen genannt werden, ein Ältester, der eine wichtige Funktion in der Gemeinschaft hatte, vielleicht einige Jahre.[18] Es haben auch nicht alle Stämme dieses Tabu. Es wird vor allem von den Yunupingu's Yolngu in Arnhemland (im Northern Territory) beachtet, nicht in den Städten an den Küsten. Es scheint auch eine Entwicklung weg von diesem Tabu zu geben, da die jüngere Generation weniger an dieser Tradition festhält als die alte. Ein Tabu, das man als Nicht-Aborigine zu kennen meint und vermeintlich beachtet, indem man vorsichtshalber einen

Warnvermerk anbringt, ist also nur bedingt ein Tabu, dazu ein temporäres, sich im Wandel befindliches. In Zeiten von Facebook und Twitter wird die Bild- und Namensübermittlung und überhaupt die Weiterleitung nicht verifizierter Informationen schneller und unkontrollierbarer. Ein solches Abbildungstabu wird also unweigerlich immer wieder verletzt und durch Pauschalwarnungen eher verletzt als beachtet.

> Früher wurden wenige Leute auf speziellen Friedhöfen begraben, man begrub seine Toten einfach nahe ihrem Wohnort, sodass sie nahe bei der Familie blieben und noch auf sie aufgepasst werden konnte, nachdem sie gestorben waren. Sie könnten also zum Beispiel direkt neben einer Stelle beerdigt sein, an der Leute campen. Es gibt Zeremonien und Rituale für die Verstorbenen, kommt darauf an, wie alt sie waren und welchen Platz sie in der Familie hatten. Wenn jemand gestorben ist, spricht man traditionell nicht darüber, und man würde auch den Namen nicht aussprechen, das zeigt Respekt davor, dass der Mensch gestorben ist. Man holt ihn nicht in diese Welt zurück, weil er nun aus dieser Welt gegangen ist, um in die nächste zu gehen. Jetzt hat sich aber die Gesellschaft schon geändert, Leute sprechen nun über den Tod und über Verstorbene, das ist ein Einfluss aus der westlichen Welt auf die australischen Aborigines. Einige folgen aber dieser Regel noch. Die Gemeinschaft wird entscheiden, wann man wieder über die Person sprechen kann. Letztes Jahr war ich im Northern Territory, und dort ist es noch sehr stark.

REISE NACH ULURU, AUSTRALIEN

Man erfährt viel über Aborigine-Tabus durch Interaktion mit anderen. Als Tourist würdest du einen Führer haben, und der würde dir schon sagen: „Tu dies nicht, tu das nicht!" In Aborigine-Gemeinden würde man dir das nur einmal sagen, und wenn du es nochmal machst, würdest du bestraft. In der heutigen Gesellschaft erfährt man wenig über Tabus, außer wenn eine andere Kultur gezeigt wird. Man kann vielleicht in einem Film sehen, dass Juden kein Schwein essen, das würde man sehen, aber es wird nicht explizit erklärt, außer es ist ein Dokumentarfilm über eine andere Welt.

Die Medien haben großen Einfluss auf Glauben und Werte. Für Aborigines haben die Medien verschiedene Dinge weniger wichtig werden lassen, sie haben einige Tabus weniger relevant gemacht, aber auf der anderen Seite bauen die Medien auch neue Tabus auf. In den Achtzigern hatten wir das Thema Homosexualität, sexuell übertragbare Krankheiten wurden mit homosexuellen Praktiken verbunden, und dann gab es diese Angstmacherkampagnen, Sachen wie „Wenn du schwul bist, dann wirst du sterben!", wie im Grim Reaper[19]. Wir denken nicht darüber nach, dass, was die Medien uns sagen, vielleicht falsch ist, und es ändert unsere Gedanken und flößt uns Tabus ein.

Facebook und so wird viel benutzt, weil Aborigines gern in Kontakt mit anderen sind. Sie leben über verschiedene Gebiete verteilt, und so sind sie gern verbunden und sehen Bilder von der Familie. Es erlaubt einem, von zu Hause weg zu sein, aber es bringt auch Einflüsse in die Kultur. Kinder und junge Leute haben Probleme mit diesen neuen Medien, weil sie Streit auslösen. Es ist wohl mehr eine Gesetzesfrage, aber wir sagen

Dinge auf Facebook und Co., die wir niemals direkt einer Person sagen würden. Da gibt es Leute, die über Dinge sprechen, die sie lieber nicht besprechen sollten.

Tabus haben alle einen Zweck, sie sollen bestimmte Aktionen oder Reaktionen verhindern. Sie sind ziemlich genau das, was wir heute an Gesetzen haben. Es gibt für alles, was man tut, eine Reaktion. Eines der Tabus in der Aborigine-Kultur ist, seine Hand nie über den Kopf eines Älteren zu heben, als Zeichen des Respekts. Als ich etwa 12 war, habe ich das gemacht, ich hatte mir nichts dabei gedacht, aber dann wurde ich bestraft, wie man es in der modernen Gesellschaft auch würde, damit man etwas nicht noch mal macht. Ich erkläre es heute den jüngeren Leuten. Ich kann sie nicht bestrafen, aber ich sage es ihnen zur Warnung. Es ist ein Stück Wissen, das man weitergeben muss, damit es nicht verloren geht. Ich denke, Tabus beschützen uns auch in modernen Gesellschaften, sie erhalten eine Gesellschaft und die Art, in der wir leben.

Ich werde immer frustrierter, je mehr Zeit ich in Aborigine-Gemeinden verbringe. Sie werden noch immer nicht als Rasse in der australischen Verfassung gesehen. Im Referendum von 1967 haben sie erstmals das Wahlrecht bekommen. Das europäische Australien ist Aborigines gegenüber sehr ignorant. Von Beginn an wurde verschleiert, was mit ihnen passierte. Der Versuch, eine ganze Rasse auszurotten, das ging bis in die 60er, 70er Jahre. Es gibt schriftliche Beweise, dass gesagt wurde, in 50 Jahren werden wir sie alle getötet haben. Die Bevölkerungszahl ging von 1,4 Millionen auf 80000 Menschen zurück, in etwa 40 Jahren, dann auf etwa 50000, und heute sind wir die am schnellsten wachsende Rasse auf der Welt, das muss man wissen. Der Film *Rabbit Proof Fence* (Der lange Weg nach Hause, 2002) gibt ein gutes Bild davon, was passiert ist, es zeigt diese Ignoranz. Aborigines wurden als unzivilisiert und rechtlos angesehen. Wir sind nun 600000 Menschen, also seit 1950 sind wir wieder mehr geworden. Es gibt immer noch viel zu tun. Ich war gerade in einer Klasse und habe sie gefragt: „Was wisst ihr denn über Aborigines und ihre Kultur?" Niemand hat etwas gesagt. „Ihr seid doch hier aufgewachsen, ihr müsst doch irgendetwas wissen!" Nichts. Das war eine australische Gruppe, die sind gerade erst seit ein, zwei Jahren aus der Schule. In den Lehrplänen der Schulen ist es nicht vorgeschrieben, über Aborigine-Kultur zu lehren und zu lernen. Wir arbeiten daran, dass es Pflichtfach wird. Es gibt eine neue Aborigine-Bildungsrichtlinie, aber es steht den Schulen frei, ob sie das unterrichten wollen oder nicht, es ist eine Option.

Das stärkste Tabu ist, dass man verstorbene Personen nicht berührt. Ich weiß nicht, ob ich das überhaupt könnte oder nicht, ich meine tote Körper berühren, nicht nur einen Sarg, ich habe schon mehrmals einen Sarg getragen. Inzest ist tabu, und die Regeln bezüglich der Heirat sind dazu da, Inzest zu vermeiden. Und wohl auch Kriminalität, Stehlen. Bevor das ein Gesetz wurde, war es tabu. Es gibt persönlichen Besitz, aber es gab auch diese Idee des Teilens, also wenn zum Beispiel jemand getötet wurde, dann bekam jede Familie einen Teil des Essens, es gab da keine Kämpfe. Alles wurde geteilt, aber man hatte seine eigenen Instrumente, und die Leute haben ja auch gehandelt, aber da gab es keinen Grund zum Kämpfen und Töten. Didgeridoos sind Instrumente für Männer, und das wissen eigentlich viele. Ich habe eine Touristin gesehen, die eines kaufte, und ich wollte hingehen und etwas sagen, aber es würde wohl nicht positiv gesehen. Es ist schon ein Tabu, das ist ein Männerinstrument.

Es gibt Nahrungstabus, du kannst natürlich deine Totems nicht essen. Niemand kann sie berühren, wenn du sie beschützt, aber du musst sie vielleicht berühren, wenn du auf sie achtgibst. Deine Familie legt deine Totems fest, und sie sind deine Tabus. Wenn jeder die gleichen Tabus hätte, dann würden einige Tierarten in der Gegend alle aufgegessen.

Nacktheit dagegen ist kein Thema. Berührung, also darüber spricht man nicht wirklich, aber ich denke, das kommt eher aus der heutigen Gesellschaft, dass man in der Öffentlichkeit keine Zärtlichkeiten austauscht. Es gibt keine speziellen Körperteile, die tabu wären. Nicht in meinem Stamm. Die Kultur in Arnhemland ist so geschützt, sie sind so reich und lebendig, dass ich mich wie ein *fake Aborigine* fühle, wenn ich dort oben bin. Sie leben noch sehr in ihrer Kultur, aber hier sind wir schon so beeinflusst, ich bin natürlich auch durch meinen weißen Vater beeinflusst. Ich werde auch *Gabbariginal* genannt, denn *Gabba* bedeutet „weiß". Ich glaube, es ist toll zwei Kulturen zu haben, du musst nur aufpassen, beiden gerecht zu werden.

TEIL 2: CAVAN AUF DEM WEG VON MANGURI NACH ULURU

Als der Zug in Manguri hält, steigt Cavan[20] ein und geht direkt in den Speisewagen. Er hat einen kleinen Rollkoffer bei sich und hält einen kamelbraunen Hut, ein Handy und einen Stockschirm in der Hand. Cavan stellt sich zunächst als „*Gentleman of leisure*" vor, und man ahnt, dass dieser Ausdruck sich ebenso auf das genießerische Nichtstun, nein, eher auf das Sich-Aussuchen, was man machen möchte, wie auf das Image des charmanten Mannes von Welt bezieht. Cavan hat die meiste Zeit seines Arbeitslebens, etwa 38 Jahre, im diplomatischen Dienst verbracht und die letzten 12 bis 14 Jahre an zwei verschiedenen Universitäten in Australien. Dort hat er unter anderem interkulturelle Kommunikation unterrichtet, sehr relevant für das Thema Tabu. Cavan ist sofort mitten in der Diskussion und erzählt, seine akademische Ausbildung gehöre hauptsächlich in die Fachbereiche Anthropologie, Linguistik und internationale Beziehungen. Wenn er seinen Anthropologenhut trägt, sieht er das polynesische Grundkonzept, das Cook 1777 nach Europa gebracht hat. Es ist …

- … etwas, das rituell unrein ist, und wenn du es brichst, wirst du nicht nur mit der Gemeinde ein Problem bekommen, sondern es wird eine Art übersinnliche Strafe geben, sei es durch Gott oder einen Geist. Es hat ein Element des Übersinnlichen, das sehr ernst zu nehmen ist.

Wenn er seinen Linguistikhut aufsetzt, dann erkennt er, dass das Wort „tapu", als es ins Englische und in die meisten europäischen Sprachen kam, einiges vom ursprünglich rituellen und von der übernatürlichen Idee verloren hat:

- Wenn du Christ bist, hast du den Begriff der Sünde. Man könnte sagen, die Zehn Gebote sind Tabus, und wenn du sie brichst, hast du ein Problem mit Gott, also da ist noch etwas übrig, aber vieles vom rituellen Element in Tabu ist verschwunden. Die Verwendung des Wortes ist verloren gegangen, und es meint nun etwas, was man nicht tun sollte und wo die Gesellschaft ausgesprochen dagegen ist. Das sind zwei Definitionen.
- Man hat traditionell Tabus, um wen man heiraten kann und mit wem man Sex haben kann, und das ist nicht immer das Gleiche. Dann Dinge für Frauen während der Schwangerschaft und nach der Geburt, da gibt es alle möglichen Tabus. Nicht so sehr in Australien.
- Auf den Philippinen ist die Religiosität sehr stark, wenn du kein Christ bist, bist du wahrscheinlich Kommunist. Es ist aber möglich, dennoch gegen den Klerus zu sein. Du kannst ein guter Katholik sein und den Priester hassen. Ich denke, politisch gesehen geht auch alles. Es gab traditionelle Tabus rund um die Geburt, doch viele Leute glauben heute nicht mehr daran. Zum Beispiel sollte eine Schwangere aufpassen, was sie isst, weil es sich auf das Baby auswirken könnte. Meine Frau[21] hat einen Cousin, dessen Kosename ist *Die Krabbe,* weil er einen deformierten Arm hat. Es ist ein sehr großer Arm,

also sieht er ein wenig aus wie eine Krabbe. Alle sagen, dass der Grund dafür ist, dass seine Mutter Krabben gegessen hat, als sie schwanger war. Das ist das Tabu, man darf in der Schwangerschaft keine Krabben essen, weil dann so etwas passieren kann. Wenn in Australien jemand eine Deformation irgendeiner Art hat, dann ist es tabu, das zu erwähnen. Es passiert einfach nicht. In Europa ist es das Gleiche, sie würden peinlich berührt sein und nicht wissen, was sie tun sollen, aber auf den Philippinen gehen sie damit ganz anders um, sie machen einen Witz darüber, und du wirst Teil davon sein. Also alle nennen ihn *Die Krabbe*, und er spielt mit den jüngeren Kindern „Hah, die Große Krabbe wird dich holen", und alle kichern und lachen. Wir lachen alle und geben ihm noch ein Bier, das ist mit allem so, sie machen einen Witz daraus, aber beziehen die Person mit ein. So wie sie auf den Philippinen damit umgehen, wäre hier tabu, glaube ich.

In Australien könnte man sagen, die wichtigsten Tabus sind Inzest und Kindesmissbrauch und die Dinge, die wir im Moment in den Medien sehen, Sex mit Minderjährigen, Pädophilie. Eines der Probleme mit einem Ort wie Australien ist, dass man ziemlich viele verschiedene Ansichten hat über was richtig ist und was falsch. Es gibt verschiedene Meinungen darüber, was Inzest ist. In einigen Gesellschaften kann man einen Cousin ersten Grades nicht heiraten, in anderen schon. Sex mit Minderjährigen kann man sicher ein Tabu nennen. Allerdings variiert das Alter, in dem Frauen oder Mädchen als reif für Sex und Heirat gesehen werden, je nach Zeit und Ort. Der einzige natürliche Hinweis ist die Menstruation, die Pubertät, alles andere ist sozial determiniert. So ziemlich jede Gesellschaft sagt, dass Inzest und Kindesmissbrauch und Sex mit Kindern tabu ist. Tabu und Gesetz überschneiden sich hier. Wir haben geschriebene Gesetze, einige Gesellschaften haben keine geschriebenen Gesetze, aber dies ist etwas, auch wenn du damit davonkommst, du hast immer noch ein Tabu gebrochen und kannst nicht davonkommen, es ist stärker als ein einfaches Gesetz.

Man kann über Dinge sprechen, die mal tabu waren und es nicht mehr sind, sogar in meiner Lebenszeit, und das ist ja inzwischen historisch. Wenn ich also 50, 60 Jahre zurückdenke, da war es in Australien tabu, über Lesben zu sprechen, weil das einfach nicht vorkam. Es war wohl auch tabu, über Inzest zu sprechen, über Kindesmissbrauch, das passierte einfach nicht. Es ist immer noch ein bisschen so. Sicherlich war es tabu, über Sex zu sprechen, generell auch über heterosexuelle Sachen, aber heute könnte man sagen, es ist im Großen und Ganzen tabu, Rassenvorurteile zu haben. In den 50er Jahren war es einfach normal in Australien, jeder wusste, dass die „Neger" weniger wert waren. In der Schule haben wir gespielt „enemeneminemo catch a nigger by the toe" (enemenemineme, fang den Neger an dem Zeh). Ich glaube, die meisten von uns wussten nicht, was ein „Neger" ist, aber wir sangen auch *Zehn kleine Negerlein*, also anders gesagt, wenn man 50 oder 60 Jahre zurückblickt, kann man sagen, es war tabu, über Sex zu reden, aber nicht, rassistisch zu sein. Heute ist es tabu, rassistisch zu sein, aber nicht, über Sex zu reden. Zeit und Ort machen den Unterschied.

Wenn wir uns beispielsweise die Rechtslage dazu ansehen, ob man Leute beleidigen darf, dann könnte man argumentieren, dass rassische Verunglimpfung ein Tabu ist, aber nicht jeder würde da zustimmen. Es steht also ‚Redefreiheit' gegen ‚Leute nicht anzugreifen'. Einige Leute würden hier ein Tabu sehen, andere nicht. In religiösen Gruppen gibt es Tabus, die auf andere Leute nicht zutreffen. Wenn du dir die muslimischen Gruppen anschaust, dann gibt es da ganz klare Tabus, besonders bei den Arabern. Christen haben auch Tabus, die von Nicht-Christen nicht geteilt werden. Es ist also schwer zu sagen, was jeder so als tabu sieht.

Ich glaube, über Geld zu sprechen ist kein Tabu. Einige Leute würden es als schlechte Umgangsformen betrachten, es ist etwas, was man nicht tut. Ob es stark genug ist, ein Tabu zu sein, na ja. Das ist ein großes Problem, in traditionellen Gesellschaften war es ziemlich einfach, aber in unseren Gesellschaften wird das Wort anders verwendet, es ist vieldeutiger.

Ob Tabus schädlich sind, ist eine Frage der Einstellung. Man kann argumentieren, dass ein Tabu auf freie Rede schädlich ist, weil es die Freiheit der Menschen beeinträchtigt. Sosehr ich unsere Regierung (unter Premier Tony Abbott, Anm. d. Autorin) und einige ihrer Mitglieder nicht mag, man kann sagen, dass es da bestimmte Vorurteile gegen sie gibt. Man kann argumentieren: „Stock und Stein brechen mein Gebein, doch Worte bringen keine Pein." In früheren Zeiten musste man das einfach akzeptieren. Ich meine, du konntest es zurückgeben, und Leute die austeilten, mussten auch damit rechnen einzustecken. Es ist eine Sache zu sagen: „Ich mag eine bestimmte Gruppe nicht", und eine andere zu sagen: „Wir sollten sie ausrotten" oder sie aus dem Land vertreiben oder nicht hineinlassen. Oder nicht heiraten, du weißt schon: „Ich würde nicht wollen, dass meine Tochter so einen heiratet." Man kommt hier in ein komplexes Gebiet. Was tabu ist und was nicht, ist eine Frage der Einstellung, das ist eine Grauzone.

Es gibt viele religiös motivierte Tabus. Religiöse Menschen wollen, dass Abtreibung tabu ist oder Verhütung. Die römisch-katholische Kirche ist die größte christliche Gruppe der Welt, und auch in Australien, also könnte man sagen, das ist tabu. Häusliche Gewalt ist ein Tabu. Traditionell ist es ein Mann, der eine Frau schlägt, und das Komplizierte daran ist, dass Frauen manchmal Angst haben müssen, darüber zu sprechen, nicht weil es tabu ist, sondern weil sie wieder misshandelt würden und um ihr Leben fürchten müssten. Ich weiß nicht, ob es tabu ist, darüber zu sprechen, vielleicht haben die Frauen auch Angst, dass andere schlecht über sie denken, was ist los mit ihr und warum hat sie ihn geheiratet oder so.

In traditionellen Gesellschaften gibt es nur einen Tabudiskurs: Das ist tabu, das ist es nicht, und wenn du es brichst, passiert das und das. Du könntest jemanden fragen: „Ist das tabu?", und sie würden mit Ja oder Nein antworten. Wenn wir aber außerhalb dieser Keimzelle sind, wird es komplizierter, weil das Element des Rituals wegfällt. Du kannst natürlich immer noch fragen: „Würdest du dies oder jenes als Tabu sehen?", aber in einer komplexeren, größeren Gesellschaft bekommst du wahrscheinlich verschiedene Meinungen. In Australien debattiert man darüber, was eigentlich tabu ist und was nicht, und man kann sich nicht immer einigen. Wenn es im Gesetz steht, dann kann man es immer debattieren, der Diskurs ist beweglicher und komplex. Normalerweise sind Tabus Teil einer ganzen Kultur und wenn du eines loswirst, dann gibt es einen Folgeeffekt. Es ist also schwierig, über Tabus zu sprechen, ohne sich den gesamten Kontext anzuschauen. Man muss die Kultur so erhalten, wie sie ist. Wenn man das Königshaus in Thailand kritisiert, das würde die Kultur verändern; buddhistischen Mönchen gegenüber keinen Respekt zu zeigen, würde die gesamte Basis der Religion sprengen. Tabu ist mehr als nur schlechtes Benehmen, es ist etwas ziemlich Ernstes.

Ob man ein beschädigtes Tabu reparieren kann? Kommt darauf an. In einigen Orten werden spezielle Rituale durchgeführt. Wenn man die christliche Version der Sünde nimmt, die etwas ist wie ein gebrochenes Tabu, also wenn man katholisch ist, dann kann man zur Beichte gehen, und es wird einem vergeben. Wenn man protestantisch ist, geht es auch, wenn man genug betet. Es kommt also ein bisschen darauf an, was man glaubt. Wenn man Calvinist ist, dann kann man nicht viel machen, weil Gott sowieso schon alles entschieden hat. Für Buddhisten, die haben ein Gesetz des Karmas. Wenn man etwas Schlechtes tut, dann bekommt man soundso viele schlechte Punkte, man schreibt rote Zahlen, und um da wieder herauszukommen, muss man gute Punkte bekommen und schwarze Zahlen schreiben. Das ist ein Unterschied zur christlichen Idee, wo man von der Güte Gottes abhängig ist. Die Muslime sind so ähnlich, aber die buddhistisch-hinduistische Idee ist, dass man sich herausarbeiten kann aus der Sünde.

Man kann natürlich so tun, als hätte kein Tabubruch stattgefunden, weil es alle peinlich berühren würde, wenn man es anspräche. Man kann versuchen, später etwas zu sagen, privat, oder man kann es einfach aussitzen und einen Freund verlieren. Oder man kann sich wahnsinnig entschuldigen, es kommt auf die Situation an. In einigen Fällen gibt es klare Rituale. Man könnte getötet werden, das löst dann das Problem.

Man sieht oder hört manchmal vom „letzten Tabu", und das ist falsch. Tabus variieren mit Ort und Zeit, ich denke diese Medienmasche ist Unsinn. Sie beziehen sich auf ein einziges Tabu, dabei können sie auch Tabus herstellen: Wenn man konzertierte Medienkampagnen sieht, die etwas als falsch oder unangemessen darstellen, dann werden die Leute es glauben.

Rassismus hat sich verändert, und die Medien hatten daran ihren Anteil. Die White Australia Policy[22] wurde 1972 abgeschafft. Davor war es total in Ordnung, rassistisch zu sein. Es gibt keine Gesellschaft, die nicht irgendwie rassistisch ist, aber ich denke, es ist heute fast ein Tabu. Am Weltstandard gemessen ist Australien nicht besonders rassistisch oder mit Vorurteilen belastet. Es ist nicht mehr die Mehrheit, aber in den 50ern und 60ern war es Durchschnitt. Die „Neger" waren minderwertig, tiefer auf der Evolutionsleiter, und ich denke, das glauben heute nicht mehr viele Menschen. Ich habe durch all das hindurch gelebt, und ich denke, es hat eine sehr große Veränderung in den Einstellungen der Leute gegeben. Zu Beispiel gab es ein sehr bekanntes Magazin, *The Bulletin*, das gab es von 1900 bis 2008 oder so. Es war semi-politisch und sehr bekannt, und sein Credo war „Australien dem weißen Mann".

REISE NACH ULURU, AUSTRALIEN

Ich glaube nicht, dass man heute irgendein Medienprodukt findet, das so ein Motto trägt. Ich denke, die Medien reflektieren das – abgesehen von einigen wenigen verrückten Randmedien. Die Massenmedien sind ganz klar gegen Rassismus jeder Art. Das hat sich auch in den wachsenden asiatischen Gemeinden gezeigt, ich glaube, ich habe nie einen Asiaten gesehen, bis ich an die Uni kam.

Neue Medien, soziale Netzwerke, ich halte mich davon fern, aber ich bin sicher, dass sie einen Einfluss auf Tabus haben. Die jungen Leute holen sich dort ihre Nachrichten. Wir gingen damals in die Kneipe und haben diskutiert, heute machen sie das alles online. Neue Medien haben den Dorftratsch ersetzt, also werden sie auch Meinungen beeinflussen. In Australien werden Dinge, die man vielleicht als tabu sehen kann, online diskutiert oder gesagt, es ist leichter als von Angesicht zu Angesicht. Es werden auch Nacktfotos eingestellt. Was ich da alles verpasse!

Tabus ändern sich von einem Ort zum anderen, und viele Menschen verstehen nicht, dass es so ein wichtiger Teil der Kommunikation ist. Es ist wichtig zu wissen, dass die eigenen Tabus nicht die der anderen sind, und andersherum. Ich denke, das ist der Hauptgrund, warum interkulturelle Kommunikation so schiefgehen kann. In der interkulturellen Kommunikation ist es das Ziel, Menschen dafür zu sensibilisieren, dass die Tatsache, dass andere Leute Dinge vielleicht nicht auf die gleiche Weise angehen wie man selbst, nicht bedeutet, dass sie böse und gemein sind. Es gibt viele Möglichkeiten, dieselbe Sache anzugehen. Manchmal teilen wir die gleichen Werte, aber drücken sie auf andere Weise aus. Manchmal teilen wir nicht dieselben Werte und wir haben unterschiedliche Tabus. Das stärkste Tabu in vielen Teilen der Welt ist wohl Inzest, wie auch immer man das definiert. Die Grundidee ist, dass man mit jemandem innerhalb dieser Definition keinen Sex hat. Kindesmissbrauch ist ebenfalls ein generelles Tabu, da gibt es aber auch verschiedene Definitionen. Tod vielleicht? Ich glaube, in unserer Gesellschaft spricht man nicht viel darüber, doch in anderen Gesellschaften ist es ziemlich offen. Es gibt auch in verschiedenen Gesellschaften unterschiedliche Beerdigungsrituale und Regeln, wie man mit Toten umgeht. Es gibt so viele Arten, die Toten zu ehren. Sterbeversicherungen dagegen, warum sollte mich das interessieren! Wir reden traditionell nicht gern über den Tod.

In der Generation meiner Großeltern war es tabu, über seine Sträflingsabstammung zu sprechen, und heute sind wir alle stolz darauf. Aber meine Großmutter, die zu nahezu 100 % Sträfling war, sie hätte das niemals erwähnt. Es war eine große Schande. Ich habe es erst herausgefunden, als ich durch die Archive ging. Wenn du in den USA schaust, da war Sex zwischen den Rassen tabu und die Heirat illegal, bis vor Kurzem. Der Unterschied war, dass die Sklaven eine andere Rasse sind und die Sträflinge nicht, so fiel es mehr auf. Meine Großmutter wäre schwarz gewesen, aber so konnte sie es verstecken.

REISE NACH ULURU, AUSTRALIEN

Der Zug fährt in Alice Springs ein und hält hier für vier Stunden, bevor er weiter nach Norden führt. Aufgeregt stürzen die Fahrgäste aus dem Zug, nur Cavan und Clarence bleiben erst einmal am Zug und diskutieren über das Kamel als Symbol für die Reise durch das Land, in dessen rotem Zentrum sie sich nun befinden.

TONGATAPU
UND FIDSCHI
WO DAS TABU ZUHAUSE IST

TEIL 1: EMMA LOUISA ZWISCHEN TONGA UND AUSTRALIEN

> Als ich nach Australien zog, hat einer meiner Brüder eine Australierin geheiratet, und sie ist dick. Also habe ich gesagt: „Oh, schau dich an, du bist fett!" Mein Bruder hat mich aus dem Zimmer geführt und mir erklärt, dass man das hier nicht machen darf, ich solle mich entschuldigen. Ich habe gesagt, es tue mir so leid, und sie war ganz aufgelöst und hat geweint, sie war sehr verletzt, und dann habe ich auch geweint, und sie wollte mich nicht mehr sehen. Dann hat mein Bruder ihr er-

klärt, dass ich hier neu bin und dass es in Tonga keine Beleidigung ist. In Tonga kann man sagen „Du bist fett", das ist okay, man würde einfach antworten „Ja, mein Mann verwöhnt mich" oder so. Es war sehr peinlich, und es hat eine Weile gedauert, unsere Beziehung aufzubauen, aber heute bin ich ihre Lieblingsschwägerin. Sie kennt mich jetzt.

Emma Louisa ist schon vor vielen Jahren aus Tonga nach Australien ausgewandert und gehört damit zu der Hälfte der Tonganesen, die nicht auf den Inseln leben, sondern in einem der klassischen Auswanderungsziele Neuseeland, Australien, USA. Tonga hat bis heute an Traditionen und vor allem an der Monarchie festgehalten, und das Land ist durch die Migration ins Ausland reicher geworden, denn die Abgewanderten schicken Geld und besuchen ihr Land. Etwa 106000 Menschen bewohnen Tonga, davon sind 98 % Tonganesen und der Rest Europäer und Chinesen. Die meisten Menschen leben auf der Hauptinsel Tongatapu, etwa ein Viertel der Bevölkerung allein im größten Ort Nuku'alofa, etwa sechs Flugstunden von Australien entfernt. Für Emma Louisa hängt der Begriff „Tabu" vor allem mit inzestuösen Verbindungen zusammen:

Ich bin sehr stolz, wenn ich *tabu* höre, denn Kapitän Cook hat 1773 Tonga besucht und ist hier auf das Tabu aufmerksam geworden, es wird „tapu" buchstabiert, und er hat es „taboo" geschrieben. Es bezieht sich vor allem auf die respektvolle Verbindung zwischen Brüdern und Schwestern, und es bezieht sich auch auf Cousins und Cousinen in der erweiterten Familie.

Cook hat die Wichtigkeit dieser Verbindung erkannt und sie *taboo* genannt. So hat das Wort den Weg in englische Wörterbücher gefunden und wird noch immer mit der Bedeutung verwendet. „Tabu" bedeutet „Einschränkung" mit respektvoller Konnotation. Tonga ist eine respektvolle Insel, weil es eine Monarchie ist, Tonga sind die freundlichen Inseln. Es gibt eine Erinnerungstafel, da wo Cooks Schiff angelegt hat.

Böse Zungen behaupten, Kapitän Cook und seine Mannschaft auf der „Endeavour" waren eigentlich für die Kochtöpfe der Inselbewohner bestimmt, aber wer hätte dann das Wort „Tabu" in die Welt getragen? In Tonga bedeutet *tapu* „heilig" und „verboten" und trägt die Konnotation „eingeschränkt" oder „geschützt" durch Brauch oder Gesetz. Wenn das Wort mit dem Namen des Inselstaates zu *Tongatapu* kombiniert wird, bedeutet es „Heiliger Süden" und nicht etwa „Verbotener Süden".

Kulturelle Werte und Normen sind die Venen und Muskeln jeder Kulturgruppe, und deshalb ist es so wichtig, kulturelle Praktiken jeder Kultur zu respektieren und ihnen unsere Segenswünsche zu geben. Wenn Touristen nach Tonga kommen, sollten sie nicht fluchen, das stört die Tonganesen. Wenn man eine Familie besucht und Bruder und Schwester anwesend sind, muss man sehr vorsichtig damit sein, wie man sitzt und was man sagt. Überall in der Familie gibt es Tabus. Man sollte zum Beispiel darauf achten, was man trägt. Wenn man eine Familie besucht, sollte man die Brust bedecken, also keinen tiefen Ausschnitt tragen. Man sollte sich auch nicht auf die

TONGATAPU UND FIDSCHI

> Couch legen, während Bruder und Schwester anwesend sind, das ist sehr schlecht, man sollte sitzen. In Tonga schüttelt man Hände, und man hat immer ein Lächeln im Gesicht, wenn man jemanden willkommen heißt.

Tonga gehört seit 1970 zum britischen Commonwealth, ist aber eine durch indigene Stammeskultur geprägte Gesellschaft. Das Land gehört den Einheimischen, die von Landwirtschaft und Fischerei leben. Wenn man sich Tonga und seine Bevölkerungsstruktur näher anschaut, scheinen die Tage des geschützten Königreiches gezählt, und die Traditionen, auf die Emma Louisa stolz ist, scheinen zu verblassen. Das liegt vor allem daran, dass ihre Generation noch in Tonga geboren und aufgewachsen ist, ihre Kinder aber schon von der australischen Kultur beeinflusst sind. Die nächsten im Ausland aufwachsenden Generationen werden Tonga wohl nicht mehr als Zuhause betrachten und in der Form unterstützen, wie es zurzeit noch der Fall ist. Sie werden sich auch aussuchen, welche Tabus sie als ihre eigenen anerkennen und welche nicht.

> Alle Tabus sind wichtig, sie sind die Regeln für das Verbotene in einer Kultur. In Tonga ist die Heirat zwischen Cousin und Cousine sehr streng verboten, bis zu Verwandten zehnten Grades. Es bringt Schande über die Familie und führt oft zur Trennung von Familienbanden. In einigen Teilen der Welt können aber sogar Cousin und Cousine ersten Grades heiraten. Es ist unangemessen, dieses Tabu verändern zu wollen, es ist kulturelle Praxis in Tonga. Die Königsfamilie ist allerdings

davon ausgenommen, sie dürfen untereinander heiraten. Es ist sehr kompliziert, aber es ist in der Verfassung. Ich glaube, inzwischen dürfen Verwandte sechsten Grades heiraten. Ein entfernter Cousin mochte mich, doch meine Großmutter hat gleich kategorisch Nein gesagt, auf keinen Fall. „FAKA'APA'APA" drückt den Respekt zwischen Bruder und Schwester aus, und das dehnt sich aus auf alle Cousins im Familienstammbaum. Familientreffen sind sehr wichtig, damit man weiß, mit wem man verwandt ist und mit wem nicht. In meiner Familie ist es noch sehr wichtig, aber hier in Australien muss ich die beiden Kulturen kombinieren. Meine Kinder sind Australier, sie respektieren die tonganesische Kultur, aber sie sind eher in der australischen zu Hause. Ich erkläre ihnen unsere Kultur, ich bin sehr in der tonganesischen Gemeinde hier engagiert, und dadurch lernen sie, aber sie gehen hier zur Schule, und das sind andere Persönlichkeiten. Ich habe meiner Tochter erklärt: „Wenn du eine Freundin mitbringst, musst du ihr unsere Kultur erklären." Sie muss es etwas respektieren. Wenn sie zusammen fernsehen, muss meine Tochter sagen, sorry, aber dieses Programm können wir nicht mit meinem Bruder gemeinsam ansehen. Sie sehen Zeichentrickfilme und die Nachrichten, aber Liebesgeschichten nicht. Ich erkläre es der australischen Freundin, und sie mag uns sehr, also akzeptiert sie es. Mein Sohn geht oft einfach weg und macht etwas anderes, damit die Mädchen unter sich sind. Der Bruder darf nicht in das Zimmer der Schwester, es ist Teil des Inzest-Tabus. Wenn sie klein sind, ist es kein Problem, sie baden miteinander und so, aber wenn sie so zehn sind und größer werden, dann nicht. Die Eltern wollen den Kindern die Tabus weiterreichen, aber es wird schwieriger. Ich gehe heute auch mit einem Glas Wein zu meinem Bruder und rede mit ihm, wenn er ein Bier trinkt, das ist eigentlich tabu. Es bringt uns näher zusammen. Ich respektiere die tonganesische Kultur, aber so teilen wir mehr, wir sind enger verbunden, aber über Sexualität würden wir nicht sprechen. Die Tochter meines Bruders war schwanger, ich habe gesagt: „Es ist zu spät jetzt, schlag sie nicht, es ist zu spät." Ich bin sofort hingefahren, und meine Nichte hat geweint, mein Bruder auch, er hat seiner Frau die Schuld zugeschoben, aber ich habe gesagt: „Die Einzige, die Schuld hat, ist deine Tochter. Und denk daran, dass wir in Australien sind, nicht in Tonga." In Tonga gibt es eigentlich keine Abtreibung, aber hier in Australien schon, ich habe gehört, dass auch Tonganesen hier abtreiben. Ich glaube, in Fidschi ist es noch strenger. In Fidschi versuchen sie, den Einfluss aus dem Land zu halten.

In der tonganesischen Kultur ist es üblich, dass, wenn jemand stirbt, die Töchter und die Angehörigen der hierarchisch niedriger stehenden Familienseite, insbesondere Brüder und deren Kinder, ihre Ehrerbietung für die verstorbene Person zeigen, indem sie ihr Haar abschneiden lassen. Früher mussten die betroffenen tu'a[23] ihre Haare und Augenbrauen abrasieren, um ihren Respekt zu zeigen, und bevor die Missionare kamen, war es auch üblich, einen kleinen Finger zu opfern.

Wenn meine Tante stirbt, soll ich mein Haar abschneiden, aber ich sage immer zu meiner Mutter: „Wenn du stirbst, schneide ich es ab, weil du so viel für mich getan hast, mehr als meine Tante." Meine Mutter lacht dann und sagt: „Komm, hör auf!" Ob Hochzeit, Beerdigung oder Geburtstag, meine Mutter hat nur einen Bruder, und er ist in Amerika. Wenn die Tante da ist, dann muss man alles vorbereiten, 24 Stunden in der Küche. In Australien beachten wir das nicht mehr so, die Ausgewanderten haben Geld und ändern ihren Lebensstil.

Namen sind sehr wichtig in unserer Kultur, der Name deutet auf die Familie hin, aus der man kommt, und auch auf das Dorf oder den Ort, aus dem man kommt. Es ist sehr wichtig, den Namen einer Person zu respektieren und sich nicht darüber lustig zu machen. Wir müssen vor allem adelige Namen respektieren, Tonga ist eine Monarchie, und bestimmte Namen unterstreichen diese Hierarchie.

In Tonga ist es okay, öffentlich zu gähnen, aber furzen eher nicht, und Küssen in der Öffentlichkeit ist tabu. Hand in Hand gehen ist auch tabu, obwohl Tonga nun eine moderne Gesellschaft ist. Viele Touristen kommen nach Tonga, und sie beeinflussen diese Verhaltensweisen. Die Tonganesen müssen das akzeptieren. Aber Sonntage sind heilig, da soll niemand an den Strand, es ist der Tag, an dem man zur Kirche geht und dann nach Hause, man bleibt im Haus. Keine Musik, nichts, aber das ändert sich nun. Tonga hat die Wesleyanische Kirche (Methodisten) und die katholische, seit die Missionare kamen. Das Spirituelle wurde durch die Kirche ersetzt. Sexualität als Thema in der Familie ist tabu, aber in den Schulen ändert sich etwas. Es ist auch an der Zeit, aber für die Tonganesen dauert es noch eine Weile. Homosexualität war früher sehr selten, aber jetzt wird es mehr und mehr akzeptiert. Nicht über Sexualität zu sprechen ist schützend, aber ich denke, es ist wichtig, in der Schule über Sexualität zu lernen, es ist sicherer für die Mädchen.

Anga-Fakatonga bezieht sich auf den traditionellen Lebensstil in Tonga. Homosexualität ist noch immer gegen das Gesetz, und die Presse wird von der Regierung kontrolliert, obwohl ihre Freiheit in der Verfassung festgelegt ist. So wurde die in Neuseeland herausgegebene zweisprachige Zeitung *The Times of Tonga* schon mehrfach vorübergehend verboten, weil der Monarch mit dem Inhalt nicht einverstanden war. In der Monarchie ist der König heilig, und die Regierung darf nicht kritisiert werden.

Wenn jemand in Tonga ein Tabu bricht, sind wir sehr entsetzt und enttäuscht. Man kann kulturelle Tabus durch Kommunikationsprozesse mit Menschen aus der Kultur erkennen, wenn man beobachtet und achtsam ist, wie Menschen miteinander umgehen. Ich gehe zum Beispiel in die Kirche und sehe junge Philippiner. Wenn sie einen älteren Mann grüßen, dann küssen sie seine Handfläche, und er nimmt dann seine Hand und berührt ihren Kopf, als ob er sie segnete.

Wenn man in Tonga etwas falsch macht, kann man das an den Gesichtern ablesen. Es kommt auf die Situation an, aber wenn Leute etwas falsch machen, heiße ich sie noch immer willkommen, ich muss es akzeptieren. Wenn man aus

Versehen ein Tabu bricht, sollte man den Mut haben, sich sofort aufrichtig zu entschuldigen. Wenn man es nicht tut, kann es als sehr verletzend und herabsetzend interpretiert werden. In Tonga gibt es ein Ritual, wenn der Freund der Tochter nicht akzeptiert wird, dann kommt seine Familie, Eltern, Schwestern, und sie bringen Kava (eine getrocknete Wurzel, aus der ein entspannendes Getränk gebraut wird, Anm. d. Autorin). Wir nennen die Person Matapule, die den Kava überbringt, und zwar nicht den Eltern der Freundin, sondern dem Ältesten.

In Tonga gibt es zwei staatliche Fernsehkanäle und zwei private, und über Satellit können auch australische und andere Programme empfangen werden. Zur Frage nach dem Verhältnis der Medien zu Tabus sagt Emma Louisa:

Ich denke, die Medien zerstören kulturell motivierte Tabus, aber es gibt auch andere Tabus, die die Medien initiieren. Unsere Handys sind mehr und mehr Teil unseres Lebens, ich denke, es gibt viele Eheprobleme und soziale Probleme, die daher kommen, dass die Privatsphäre nicht geschützt wird. Da sehe ich einen wachsenden Bedarf, die Privatsphäre zu respektieren. Facebook und Twitter zeigen Sexualität und Fotos, die nicht erlaubt sein sollten, es sollte dagegen Gesetze geben. Junge Leute in Tonga benutzen die neuen Medien, und ich arbeite im Gericht, da gibt es Leute, die während der Verhandlung auf Facebook sind. *Jonah aus Tonga* ist eine australische Serie, die die tonganesische Gemeinde hier sehr verletzt hat. Sie haben eine Petition gestartet, um das Programm verbieten zu lassen. Es ist so negativ, es war auch auf Facebook. Dabei ist der Schauspieler halb Tonganese!

Emma Louisa lebt schon lange in Australien, doch die Hierarchien, die die Gesellschaft in Tonga strukturieren, sind ihr wichtig und sollten ihrer Meinung nach unberührt bleiben. Auch Verhaltensregeln innerhalb von Familien, insbesondere in Bezug auf die Vermeidung von Inzest, sieht sie als unabdingbar und schützend, denn ohne diese Regeln sei die Zukunft von kleineren und größeren Gruppen, von Familien und Gesellschaften, bedroht.

Es gibt kulturell bedingte Tabus und solche, die durch neue Technologien entstehen. Alles verändert sich, und die Hierarchie in der Arbeitswelt wird immer wichtiger. Der Respekt, den Arbeitgeber und Manager verdienen, ist durch Hierarchien geregelt. Hierarchien sollten so respektiert werden wie Tabus. Die wichtigsten Tabus in modernen Gesellschaften sind noch immer in der Familie. Es gibt kulturelle, die jede Familie beachtet, es sind Praktiken und Einschränkungen, die jeder Familie eine hoffnungsvolle Zukunft geben.

Tod ist in Tonga kein Tabu. Jedes Dorf hat seine eigenen Regeln, die Chiefs haben ihre eigenen Friedhöfe, und sie sind tabu, aber man kann über Tod und Beerdigungen offen sprechen. APA'APA bezieht sich auch auf den Respekt Verstorbenen gegenüber. Wenn es der Vater ist, dann ist die Trauerzeit, in der man Schwarz trägt, ein Jahr, aber das ändert sich nun und wird kürzer. Auch andere Verhaltensweisen ändern sich mit der Zeit.

Psychische Störungen waren früher versteckt, aber heute nicht mehr. In den 70ern war es noch tabu. Es gab jemanden mit psychischen Krankheiten in der Verwandtschaft des Chief, da wurde viel darüber diskutiert. Tonga ist so klein, man kann nichts verstecken. Früher war es tabu, ein Kind zu haben, ohne verheiratet zu sein, aber heute nicht mehr so sehr. Es liegt auch an der Wirtschaft. Früher ging man in die Schule, dann nach Hause und um acht war man auf jeden Fall zu Hause. Besonders die Mädchen. Das hat sich verändert.

Um die Prinzessin zu treffen, braucht man natürlich einen Termin. Sie wird dann auf der Couch sitzen und du auf dem Boden, dann kann man miteinander sprechen und sich direkt ansehen. Es war mal anders, aber heute ist es nicht so streng.

TEIL 2: ETAS ZEITREISE DURCH FIDSCHI

Ein methodistischer Missionar, Rev. Thomas Baker, wollte einem jungen Stammesführer einen Kamm wegnehmen. Er griff danach und berührte dabei den Kopf des jungen Mannes. Daraufhin wurde der Missionar getötet, weil der Kopf der Sitz der Seele ist und weil es der Kopf eines Stammesführers war, den er berührt hatte. Das war 1867, nachdem Baker schon 6 Jahre in Fidschi gelebt hatte. Er wurde schließlich, zusammen mit sieben christlichen Fidschis, gekocht und gegessen.

TONGATAPU UND FIDSCHI

Das Tabukonzept ist überall im Pazifik bekannt und von großer Wichtigkeit für die soziale Ordnung. Fidschi gehört zu Melanesien, der Inselstaat ist 500 Meilen (805 km) von der kleinen polynesischen Insel Tonga entfernt. Eta ist in Fidschi geboren und aufgewachsen, sie gehört zu den 57 % Melanesiern mit polynesischem Einschlag, die in Fidschi leben. 37 % sind Inder, die übrigen 6 % sind Europäer, Polynesier und Asiaten. Eta hat gerade ihr Lehrerexamen in Fidschi absolviert und kam vor einem Monat wieder nach Sydney. In Fidschi hat sie fünf Jahre lang an zwei verschiedenen Universitäten gelehrt. Im Moment schreibt sie an einem Buch, das sich auf ihre Doktorarbeit bezieht. Darin geht es um Vertrauensbildung in der Bevölkerung Fidschis, denn der Inselstaat hat viele Probleme damit, dass unterschiedliche Gruppen nicht miteinander auskommen. Wichtige Gründe dafür sind ihrer Meinung nach mangelnde Kommunikation, feste Strukturen und Einschränkungen, die gegenseitiges Verständnis erschweren.

> Tabus sind Restriktionen, die eine Gesellschaft oder Organisation einführt, um die Bedeutung eines Subjekts oder Objekts oder eines Phänomens zu erhöhen oder zu verdeutlichen. Als ich gebeten wurde, über Tabus zu erzählen, war ich erst einmal verwirrt, weil „Tabu" ein großes, großes Wort ist, deine Gedanken gehen überallhin. Es gibt viele Tabus in vielen Gebieten, also habe ich entschieden, über Tabus zu erzählen, die auf der Hierarchie der Gesellschaft basieren. Es ist die Hierarchie meiner Gesellschaft, die viele Tabus aufbaut, die die Mitglieder der Gesellschaft berücksichtigen und respektieren müssen.

Es gibt viele Einschränkungen in Bezug auf was du sagen darfst oder wie du dich denen gegenüber verhalten sollst, die älter sind als du, vor allem den Stammesführern gegenüber, weil Fidschi eine Stammesgesellschaft ist. Man wird da hineingeboren, es ist ein bisschen unfair. Die meisten Dinge, die man tun sollte oder nicht tun sollte, haben mit Respekt zeigen zu tun. Ursprünglich hat Tabu eine spirituelle Dimension, aber ich muss sagen, dass diese spirituelle Verbindung in Fidschi mehr und mehr verblasst. Der Grund dafür ist, dass diese Verbindung mit unseren Ahnen zu tun hat, und die Anstrengungen der Missionare, dies zu unterdrücken, sind in meinem Land über 200 Jahre her. Die Missionare mussten das unterdrücken, und deshalb hat der Heilige Geist den unserer Ahnen ersetzt. Ich habe einmal eine Studentengruppe nach Fidschi begleitet, für ein Forschungsprojekt. Einer der Studenten fragte nach dem Geist meiner Ahnen, und ich konnte nicht antworten, weil ich so weit weg bin von alledem. Es hat mich darüber nachdenken lassen, wer meine Ahnen sind und wen ich verehre. In meiner Generation ist das nicht mehr so präsent.

Ich erinnere mich, als ich ein kleines Mädchen war, jedes Mal, wenn wir als Kinder an einem Friedhof vorbeikamen, durften wir nicht sprechen und wir mussten auf Zehenspitzen gehen, wir durften nicht einmal auf den Friedhof zeigen. Es gibt einen Friedhof für jedermann, und es gibt einen für Stammesführer, und der ist tabu. So zeigt man seinen Respekt den Stammesführern gegenüber oder den Geistern der Häuptlinge, aber das ist alles, woran ich mich erinnern kann in Bezug auf die spirituelle Komponente von Respekt.

Die ältere Generation, Menschen in ihren 70ern oder 80ern, die werden viel dazu zu sagen haben, es wird noch immer sehr ein Teil ihres Lebens sein, aber nicht für mich. Das trifft auch auf Hexerei zu, Hexerei bedeutet nicht viel für mich. Wenn jemand mir etwas über Hexerei erzählt, um mir Angst zu machen – „Pass auf, wenn du das und das machst, wird etwas Schlimmes geschehen!" –, dann werde ich mich wahrscheinlich nur darüber lustig machen. All diese spirituellen Aspekte des Tabus sind eigentlich verschwunden.

Elementare Geister [© Gundula Menking] www.gundulamenking.de

Ein Ausdruck von Tabu ist zu schweigen. Wenn man in Fidschi schweigt, bedeutet es etwas. Wenn ein Tabu gebrochen wurde, bedeutet das Schweigen Peinlichkeit. Man spricht nicht darüber, weil es die Peinlichkeit verstärkt. Zum Beispiel, wenn jemand außerhalb der Ehe geschwängert wird, dann hat diese Person ein Tabu gebrochen, Sex außerhalb der Ehe. Wenn das Tabu gebrochen wird, bringt es Schande über die ganze Gemeinde, obwohl Sex an sich nicht tabu ist. Ich habe gerade einen Artikel über sexuelle Aufklärung eingereicht, und wie überall ist das etwas, worüber Eltern nicht mit ihren Kindern sprechen. Es ist etwas, mit dem viele Eltern in Fidschi sich im Moment auseinandersetzen müssen. Sie sprechen nicht über Sexualität, es ist ein Beispiel eines Tabus im traditionellen Fidschi und auch im modernen. Ich habe darüber nachgedacht: Wenn man Mädchen ein Tabu auferlegt oder Mädchen und Jungen, nicht außerhalb der Ehe Sex zu haben, das ist wahrscheinlich gut für die Gesellschaft. Ich komme aus einem Land, das extrem arm ist, und viele Eltern können sich so viele Kinder nicht leisten. Bei außerehelichen Schwangerschaften gibt es keinen Partner, und die Kinder müssen dann von den Eltern oder Großeltern großgezogen werden. Das ist ein Tabu, das einen guten Grund hat. Es kann viele soziale Probleme verhindern. Ich glaube, das sind ökonomische Gründe, aber einige Leute mögen mir da nicht zustimmen.

Mir fällt da gerade noch ein wichtiges Tabu ein, es wird in Fidschi gefördert und unterstützt. Es ist ein Tabu in der Fischerei, das durch die traditionellen Gemeinden auferlegt wird. Wenn ein Stammesführer stirbt oder jemand, der sehr wichtig ist, dann entscheidet die Gemeinschaft, mit dem Fischen in einer bestimmten Gegend aufzuhören und Fischerei dort für einige Jahre zu verbieten. Die Gesellschaft in Fidschi lebt im Grunde von der Fischerei, und das hilft, Überfischung zu vermeiden. Das wird durch die Regierung unterstützt, und es schützt die Umwelt, es ist also ein wertvolles Tabu für die Gesellschaft. Es gibt noch ähnliche Tabus, die eine gute Basis haben, da geht es um den Tod. Leute in Fidschi beschließen, ihre Toten zu betrauern, indem sie bestimmte Früchte einige

Zeit lang nicht mehr essen. Oder, wenn sie Raucher sind, dann rauchen sie drei oder vier Jahre lang nicht, also das ist auch von Vorteil, für die Einzelnen. Leute belegen bestimmtes Essen oder das Rauchen für den Clan mit einem Tabu.

Ich komme noch einmal zurück zur Hierarchie, die der Gesellschaft aufgezwungen ist, damit hängen viele Tabus zusammen. Man kann zum Beispiel mit den Stammesführern nicht so sprechen, wie wir das jetzt tun, mit Blickkontakt. Besonders wenn man dem Stammesführer oder Ältesten darauf antwortet, was er gesagt hat, dann schaut man zu Boden. Ein wichtiges Gebot ist Distanz halten. Ich kann dir nicht sehr nahe kommen, wenn du ein Stammesführer bist, man hält Distanz, um Respekt zu zeigen, es zeigt Achtung, eigentlich Ergebenheit. Das ist sehr anders als die Bedeutung des Wortes *Respekt* im modernen Sinne, weißt du, was ich meine?

Das ist nicht gut, weil unsere Gesellschaften mehr und mehr multikulturell werden. In Fidschi wissen sie nicht, wie sie mit anderen umgehen und ihnen Respekt im modernen Sinn zeigen sollen. Sie können den Respekt in traditionellem Sinn nicht auf die übertragen, die von außen kommen, sie erwarten anderen Respekt, als sie bekommen. Was bleibt, ist etwas recht Negatives, es sind zwei verschiedene Regelsysteme.

Wenn man die Regeln bricht, also, erst einmal kann man ausgeschimpft werden, an Ort und Stelle, dass man Respekt und Ehrfurcht zeigen soll. Aber man kann auch ausgeschlossen werden, und dann wird es sehr ernst. Es gibt immer diesen Zusammenstoß zwischen dieser traditionellen Ehrerbietung und der modernen Version von Respekt. Ich habe oft darüber

> nachgedacht, man kann eigentlich beides haben, und ich mache das. Es kommt auf die Umstände an. Ich muss hier keine Ehrerbietung zeigen. Manchmal merke ich, wie ich immer ungeduldiger werde, wenn ich Ehrerbietung zeige, ohne dass es so eine Einschränkung gibt. Ich sehe auch Situationen, in denen Leute diese Art der Würdigung ausnutzen. Ich muss ständig entscheiden, ob ich Ehrerbietung oder Respekt im modernen Sinn zeige. Außenstehenden gegenüber können die Leute manchmal sehr ungeduldig sein. Aber sie sind flexibler mit Menschen aus anderen Kulturen, und die Medien helfen da auch ein Stück.

Als Eta nach Australien kam, hat sie Dinge entdeckt, die sie aus ihrer eigenen Kultur nicht kannte oder die ihr nicht bewusst waren. Sie hat beschlossen, sie wissenschaftlich zu erforschen und sich ihrer eigenen Reaktionen bewusst zu werden.

> Du hast da die Homosexualität erwähnt, das ist ein Tabuthema. Als ich aufwuchs im Dorf, da hatte ich ein paar Verwandte, die recht feminin waren, die später in ihrem Leben als *gay* herauskamen. Ich habe das als natürlich angesehen, ich habe es nicht hinterfragt. Ich hätte davon nichts gewusst, wenn es sie in meinem Dorf nicht gegeben hätte. Aber als ich nach Suva zog, da wusste ich nicht, dass es auch Lesben gibt. Ich bin aufgewachsen und dachte, Lesben müssen so eine westliche Sache sein. Wenn das so ist, dann hat es nichts mit mir zu tun. Und ich habe diese beiden Sachen nicht als gleich gesehen, dass die beide homosexuell sind. Ich war mir dessen

TONGATAPU UND FIDSCHI

nicht bewusst, bis ich hierher (nach Australien) kam. Zuerst kam ich zum Studium her, und ich erinnere mich, als ich das erste Mal zwei Lesben sah. Sie saßen tatsächlich einfach da und schmusten. Ich kam raus, sah das und bin sofort umgedreht. Es war peinlich, deshalb habe ich sofort weggeguckt. Ich musste über meine eigene Reaktion lachen, ich bin die Treppe raufgegangen und dann stand ich da und dachte, mein Gott, es ist das erste Mal, dass ich zwei Frauen gesehen habe, die sich küssen. Warum habe ich so reagiert, musste ich mich nun fragen, weil ich davon schon in Fidschi wusste, aber nicht viel, warum habe ich so reagiert? Ich hatte nie Lesben gesehen, und das war eine wirkliche Herausforderung.

Da gibt es noch eine lustige Begebenheit. Ich war in der Bibliothek und ging zur Information, weil ich Hilfe brauchte. Mir wurde gesagt, ich solle in eine andere Abteilung gehen und warten, jemand werde kommen und mir helfen. Ich stand da, und dann hörte ich jemanden hinter mir mit tiefer Stimme: „Kann ich dir helfen?" Und ich habe einen Mann hinter mir erwartet. Ich habe mich umgedreht, und da war diese wunderschöne Frau, toll angezogen, Schuhe und Kleid und Make-up, und ich war so verwirrt. Zwei Wochen lang konnte ich nicht herausfinden, warum ich so verunsichert war, bis die Frau, mit der ich mir eine Wohnung teilte, mir die Augen öffnete. Ich habe gefragt: „Kennst du diese Frau?" Die Frau, die in der Bibliothek arbeitete, hatte eine Geschlechtsumwandlung gehabt. Ich war verwirrt, weil ich einen Mann erwartet hatte, aber eine Frau sah. In Fidschi habe ich nie daran gedacht, dass Leute eine Geschlechtsumwandlung haben könnten. Sie war eine wunderschöne Frau, aber das war wirklich ein Lernprozess für mich.

Als ich wieder nach Australien kam, habe ich beschlossen, zwei Dinge zu recherchieren: Ich wollte herausfinden, ob Homosexualität etwas ist, das man annimmt, oder ob es in einem ist. Ich habe Fachzeitschriften darüber gelesen und jede Dokumentationssendung auf SBS[24] gesehen, Interviews im Radio über diese Thema gehört, ich glaube, es hat Jahre gedauert, bis ich mich davon überzeugt hatte, dass es nicht etwas Westliches ist oder etwas, das dir beigebracht wird. Also, sogar heutzutage in Fidschi, es ist ein sehr konservatives Land, heute verteidige ich sie in Fidschi, und manchmal bin ich selber überrascht, dass ich mich behaupte. Es ist, weil ich darüber geforscht habe, es ist nicht einfach etwas, das mir jemand erzählt hat.

Ich erinnere mich, als ich mit meinem Mann zu einer Veranstaltung ging, da war ein Pärchen, das lesbisch ist. Anfangs, als ich sie wahrnahm, da habe ich mich distanziert, ich hielt mich fern und habe sie nur beobachtet. Ich war ihnen gegenüber sehr argwöhnisch. Als sie das erste Mal mit mir geredet haben, dachte ich, sie sind nicht anders als ich, sie sind wie ich auch. Der einzige Unterschied ist ihre sexuelle Präferenz. Dann bin ich ihnen nähergekommen, und ich habe viel Respekt für sie.

Man kann Tabus am Verhalten anderer erkennen, am Gesichtsausdruck, auch wie Leute auf dich reagieren. Man weiß dann, dass man etwas falsch gemacht hat. Ich bin vielleicht nicht sicher, was es ist, dann muss ich herausfinden, was ich falsch gemacht habe und warum. In Fidschi, wie ich schon gesagt habe, können die Leute sehr intolerant sein. Sie sagen dir geradeheraus ins Gesicht, wenn du einen Fehler machst. Wenn du dich nicht korrekt verhältst, wird es nicht toleriert. Daran kannst du es erkennen. Wenn man in einer ungewohnten Situation ist, wenn man in eine andere Kultur kommt und die Tabus dort nicht versteht, dann muss man versuchen herauszufinden, was man machen kann und was nicht. Ich dachte, das passiert so nur in Fidschi, dass man etwas sagt und dann kommt keine Reaktion, nur Schweigen. Dann weiß man, man hat etwas Falsches gesagt oder etwas, das sie nicht mögen. Ob man das reparieren kann, kommt auf den Kontext an, wenn es etwas sehr, sehr Ernstes ist, dann gibt es ein Ritual in Fidschi, man muss um Vergebung bitten, sich auf traditionelle Art entschuldigen. Man geht also entweder mit dem Clan, weil es immer den ganzen Clan etwas angeht, oder, wenn man den Clan nicht mitnehmen kann, dann nimmt man seine Familie und sie werden es in deinem Namen machen, indem sie etwas geben, einen Walzahn zum Beispiel, *Tabua* genannt. Tabua ist ein wertvolles Objekt in allen traditionellen Tauschgeschäften in Fidschi. Andernfalls können sie auch Kava nehmen. Du weißt, was Kava ist, es ist die getrocknete Wurzel der Kavapflanze in einem Bündel. Und normalerweise akzeptieren sie es und den Leuten wird vergeben. Man muss auch selbst dabei sein, aber die Präsentation und um Vergebung bitten, das wird von einem Älteren gemacht. In der Stadt ist es etwas anders, man kann einfach sagen: „Oh, es tut mir leid, ich wusste das nicht", einfach auf die moderne Art, aber nicht in den Dörfern. In einigen nicht so ernsten Fällen und dazwischen kann man es auch traditionell machen, man bittet einen Freund oder jemanden, der einem nahesteht, mitzugehen.

Auf die Frage nach dem sogenannten letzten Tabu braucht Eta nicht lange zu überlegen:

> Im traditionellen Fidschi, denke ich, ist Homosexualität eines der letzten Tabus. Witzigerweise ist es durchaus präsent, und es ist Teil der Verfassung, aber die Gesellschaft hat es noch nicht akzeptiert. Was hier passiert, ist, dass es immer einen Clash gibt zwischen den Liberalen und dem religiösen Glauben. Fidschi ist sehr religiös, also ist es auch eine Sünde. Das ist die Basis, es ist eine Sünde, also machst du das nicht. Es war auch so im Fernsehen, nein, wir werden das nicht akzeptieren. Es ist ein Tabu, das es noch lange Zeit geben wird.
>
> Das Dorf ist tolerant, aber das heißt nicht, dass es akzeptiert wird. Sie machen oft schneidende Bemerkungen, und in städtischen Gegenden würden sie einfach dagegen demonstrieren, weißt du, was ich meine? In städtischen Gegenden ist die Religion stärker, also sind sie weniger tolerant. In den Dörfern sind sie auch religiös, aber im alten, traditionellen Sinn. Der Fundamentalismus ist dort nicht angekommen. Die Kirche ist entweder katholisch oder methodistisch, und die anglikanische Kirche ist auch gegen Homosexualität. Es weicht etwas auf, aber der Fundamentalismus und der religiöse Einfluss aus Amerika sind sehr, sehr stark. Sogar in den Medien, wenn du deine Hausaufgaben nicht machst und Artikel liest, dann

merkst du, dass die Medien ziemlich stark sind. Sie bewegen sich auf einem schmalen Grad, sie wollen die Toleranz nicht zu sehr anschubsen, weil es von der Öffentlichkeit eine Reaktion geben könnte.

Ich muss zugeben, dass ich mich nicht sehr mit den neuen Medien beschäftige. Ich assoziiere sie eher mit den jungen Leuten, aber ich muss schon sagen, die jungen Leute sind ziemlich tolerant. Meine Nichten und Neffen fragen oft: „Warum bist du so?", und das ist wirklich gut. Die Medien selbst haben dazu beigetragen, dass sie über vieles anders denken. Die jungen Leute, die ich sehe, sind ganz anders als meine Generation, die neuen Medien haben einen Effekt.

Es gibt jetzt Artikel, die positiv über Homosexualität berichten, und ich habe nicht gehört, dass Leute geschrieben hätten, um dagegen zu protestieren. In einer der Universitäten in Fidschi habe ich eine Vorlesung über Sexualkunde und Geschlechter gehalten. Als ich Texte für die Studenten ausgesucht habe, habe ich einen Text über einen Rugbyspieler hinzugefügt. Er spielt für das Land, und Rugby ist der Topsport in Fidschi. Niemand hat groß etwas gesagt, es war einfach still. Ich hatte eine NGO[25] eingeladen, die arbeiten für Frauenrechte und beschäftigen Heteros, Lesben und Schwule, und sie arbeiten alle zusammen. Ich habe meinen Kurs ausdrücklich gebeten zu kommen: „Ich weiß nicht, wie das sein wird, aber bitte kommt!" Ich habe dann eigentlich niemanden erwartet und war sehr überrascht, es war sehr aufregend, sie waren sehr interessiert. Es war ein gutes Programm, sie wurden echt gefordert. Aber es war kein Fidschi-Mann da, die sind nicht gekommen.

Psychische Krankheit ist auch so etwas, ein Desaster. In Fidschi ist jeder, der sich seltsam benimmt, verrückt, es gibt kein anderes Wort dafür in Fidschi. Also deckt es alles ab, wenn du nicht richtig tickst. Einer meiner Brüder hatte Depressionen. Er studierte an der Universität in Auckland, und dort wurde er depressiv und musste zurück nach Fidschi. Ich wusste gar nichts über Depressionen. Er ist ganz normal, außer zu bestimmten Zeiten. Das habe ich auch meinem Vater gesagt. Wie ich schon gesagt habe, als ich herkam, abgesehen von der Homosexualität, habe ich auch angefangen, über psychische Krankheiten zu forschen, weil ich es einfach wissen wollte. Man kann in Fidschi zu Ärzten gehen, aber das Thema ist ziemlich negativ besetzt, niemand spricht darüber, und niemand geht dorthin. Ich habe eine Cousine, die auch Depressionen hat. Sie ist sehr vorsichtig, mit wem sie über ihre Probleme spricht. Sie spricht mit mir, aber als wir herausfanden, dass sie Depressionen hat, musste ich erst einmal meine Geschwister darüber aufklären, was das ist. Eines meiner Geschwister sagte dann: „Wir erzählen es nicht unseren Eltern." Sie scheinen sich sowieso schon die Schuld zu geben, dass sie nicht ihr Bestes getan haben und mein Bruder deshalb sein Studium nicht beenden konnte. Also haben wir entschieden, es ihnen nicht zu sagen.

Der Tod ist etwas ganz anderes, also, wir sprechen die ganze Zeit darüber. Ich habe meine Mutter gefragt – sie ist im letzten Dezember gestorben –: „Wo willst du, das wir dich begraben?" Meine Mutter hat gesagt: „Wenn ich sterbe, will ich nicht begraben werden. Verbrennt den Körper, kremiert ihn." Und das ist wirklich ungewöhnlich, wir machen das nicht in Fidschi, aber das ist, was sie wollte. Wenn jemand stirbt, dann können die älteren Verwandten den Wunsch einfach ändern. „Und wenn die Verwandten sagen, sie wollen dich beerdigen?" Sie hat gesagt: „Zieh vor Gericht!" Ich denke, sie hatte ein Testament, aber das war eine Vereinbarung. Wir sprechen offen über den Tod und ständig. Wir waren einmal in Fidschi, und meine beiden Eltern saßen da. Mein Mann, er ist Australier, hat mir später von diesem Gespräch erzählt. Die Enkelkinder waren auch da, und eines dreht sich so zu meinem Vater und sagt: „Großvater, wenn du stirbst, wo sollen wir dich begraben?" Und er antwortet: „Ich möchte, dass ihr meinen Körper ins Dorf tragt und auf den Hügel, da will ich begraben sein." Und sie drehen sich zu ihrer Großmutter. „Und du, Großmutter, wo willst du begraben werden?" Und sie sagt: „Begrabt mich gleich hier, damit ihr mich jederzeit besuchen könnt." Also, da ist kein Tabu, wir sprechen ganz offen darüber.

Ich denke, die universellen Tabus, die von verschiedenen Kulturen geteilt werden, sind die, über die wir gesprochen haben, Homosexualität und Sexualität. Ich denke, es geht mehr darum, uns zu schützen, insbesondere wenn man hetero ist und wenn man dann jemanden hat, der anders ist, das ist eine leichte Beute. Sie werden kritisiert, weil wir versuchen, uns von ihnen abzusetzen. Wir schützen unsere Identität als Heteroleute, indem wir uns von ihnen fernhalten. Aber ich glaube, Tabus sind generell einfach ein Weg, eine Gruppe von der anderen zu trennen.

> Wenn mein Vorfahre einen Stein anbetet, dann ist dieser Ahnengott seine Identität, und das unterscheidet ihn von anderen Leuten. Es gibt immer einen Grund, warum ein Tabu auferlegt werden muss, meistens um eine bestimmte Gruppe vor anderen zu schützen, es hebt sie auf ein Podest, glaube ich. Es gibt mehr Selbstgefühl. Die Hierarchie enthält so viele Tabus, sie wird aufgebaut, um die oberen von den niederen Rängen fernzuhalten. So ist es auch mit den verbotenen Orten in Fidschi, also man darf nicht zu einem Friedhof gehen, auf dem die Stammesführer begraben sind. Oder den Grundstein ihres Hauses besuchen, wenn ein Haus da ist, okay, aber nicht, wenn es nur die Grundmauern sind. Niemand darf hingehen, aus Respekt. Oder die Kirche, in meinem Dorf gibt es den Altar, und dahinter ist der Priester, und es gibt ein paar Plätze für die Stammesführer. Du gehst da nicht einfach hin, nur wenn du die Erlaubnis hast, Blumen hinzubringen, sonst ist es tabu.

Emma Louisas und Etas Geschichten zeigen, dass vom ursprünglichen Tabu im Pazifik nicht allzu viel erhalten geblieben ist, insbesondere der Bezug zum Übersinnlichen scheint seit der Ankunft der Missionare abhandengekommen zu sein. Alte Strukturen und Hierarchien haben allerdings noch immer einen starken Einfluss auf das Leben in Familien und geschlossenen Gesellschaften. Manchmal ist die traditionelle Gesellschaft, wie Etas Beispiel von Stadt und Land in Fidschi zeigt, offener und flexibler als die durch die Missionare „modernisierte". Die Beispiele, die Eta und Emma Louisa anführen, zeigen, dass Brücken zwischen alten Traditionen und neuen Strukturen möglich sind und dass man sich dazu das Beste aus verschiedenen Welten heraussuchen muss.

TABU · HINHÖREN, HINSEHEN, BESPRECHEN

JAVA, INDONESIEN
DAS TABU IST DER ARCHITEKT DER SEELE.
GÜNTHER ANDERS

Der in Tegal, Zentral-Java, geborene Künstler Dadang Christanto lebt heute in Brisbane, Australien. Seine Arbeit ist international bekannt und vor allem durch eine traumatische Kindheitserfahrung geprägt: das plötzliche Verschwinden seines Vaters Mitte der 1960er Jahre, als Christanto etwa acht Jahre alt war. Bekannte Arbeiten wie *They Give Evidence* (Zeugen sagen aus) und *Red Rain* (Roter Regen) beziehen sich auf das Verschwinden und die Ermordung tausender Kommunisten und Regimekritiker Mitte der 1960er bis Anfang der 1970er Jahre. Christantos Œuvre steht für das Nicht-Vergessen, als Erinnerung an Verfolgung, Leid, Unrecht, Folter und Mord auf der ganzen Welt.

JAVA, INDONESIEN

They Give Evidence [© Dadang Christanto]

Cavan[26] war 38 Jahre lang im diplomatischen Dienst für sein Heimatland Australien. Er hat unter anderem in Indonesien, Thailand und auf den Philippinen gelebt und gearbeitet und ist mit seiner philippinischen Frau inzwischen seit über 50 Jahren verheiratet. Er sitzt in der *Eksekutif class* im Argo Bromo Anggrek, das ist ein moderner Zug mit Klimaanlage, der in Jakarta zur Abfahrt bereitsteht. Der Zug wird die ganze Nacht brauchen, um die 725 km nach Surabaya im Osten der Insel zurückzulegen. Schlafwagen gibt es nicht, aber Cavan bevorzugt sowieso den Speisewagen. Er bestellt sich ein Bier und beginnt mit seiner Tischnachbarin, einer hübschen Holländerin, ein Gespräch über Indonesien. Die Holländerin reist allein und erzählt, wie ihre Freunde ihr davon abgeraten haben. Es gebe so viele Dinge, die man in diesem Land nicht dürfe. Sie müsse aufpassen, wie sie sich kleide und mit wem sie spreche, vieles sei dort tabu und es gebe noch wilde Stämme. Cavan nickt und überlegt einen Moment.

TABU · HINHÖREN, HINSEHEN, BESPRECHEN

> Tabus in Indonesien sind ein schwieriges Thema, weil das Land so vielfältig ist. Wenn du ganz nach oben gehst, nördlich von Sumatra, dann hast du Aceh, es ist muslimischer als der Prophet. Es ist wirklich streng, und die Religionspolizei läuft herum, um sicherzustellen, dass sich alle ordentlich benehmen. Am anderen Ende hast du die Hindus in Bali, und du hast Papua, das wiederum in kleine Gruppen eingeteilt ist, ein Paradies für Anthropologen! Sie haben alle möglichen Formen von speziellen Tabus von einem Tal zum nächsten. Dann hast du Java, geteilt in Zentral- und West-Java, entlang religiöser Grenzen. Du kannst also sagen, wenn du oben in Aceh bist, ist eine Frau, die nicht verschleiert ist, tabu; essen während des Ramadans ist tabu, Alkohol trinken ist tabu, aber in Bali ist nichts davon tabu. In Papua ist das Einzige, was die meisten Männer tragen, so ein Penisfutteral, um ihr Gemächt vorzuführen, etwa da unten herum und dann um den Hals gebunden. In Bali gibt es eine berühmte Geschichte über einen puritanischen Bezirksbeamten, der da arbeitete. Die Frauen liefen da morgens an ihm vorbei in einem Sarong und hatten oben nichts an. Also hat er ihnen gesagt, sie sollten das nicht mehr machen, und am nächsten Morgen liefen die Frauen an ihm vorbei und hoben ihre Röcke, und sie hatten nichts darunter an.

Als Waruno in den Speisewagen kommt, erklärt Cavan der Holländerin lachend: „Das ist mein Freund Waruno. Der wohnt sozusagen bei euch nebenan, in Berlin." Er wird sofort nach indonesischen Tabus befragt, als geborener Indonesier müsse er sich wohl auskennen.

JAVA, INDONESIEN

- Tabus gibt es hier sehr viele, es ist kein einheitliches Land.
- Indonesien hat viele Völker, und jedes hat seine eigenen Tabus.
- Es geht weit zurück bis zu Kalimantan oder Borneo, wie man in Deutschland noch immer sagt. Dort gibt es sogar noch Sammler und Jäger. Java, Sumatra, die haben auch verschiedene Tabus. In letzter Zeit gibt es dort viele fundamentalistische Islambewegungen, weil die Geld bekommen aus Saudi-Arabien, und das ist ein großes Pech für das Land.

Die Holländerin hat ihr iPad vor sich und liest laut: „In Indonesien gibt es weniger persönliche Distanz und weniger Privatsphäre als in westlichen Ländern. Wie in anderen südost-asiatischen Ländern ist konservative Kleidung angemessen, besonders wenn man sich geschäftlich dort aufhält. Männer tragen Anzug, Frauen Rock und Bluse, und zwar nie ärmellos. Berührungen zwischen Männern und Frauen sind, abgesehen vom Händeschütteln, in der Öffentlichkeit tabu, doch Berührung und Handhalten unter Männern ist kein Problem und hat keine Bedeutung." Stimmt das so?

Cavan antwortet:

- Nun ja, das sind so die Benimmregeln für ausländische Besucher, nichts gegen zu sagen, aber der Kulturraum Südostasien ist bunt, es gibt enorme Unterschiede zwischen den Ländern, und die Menschen sind durch unterschiedliche Geschichte, Sprache und Tabudiskurse geprägt, ähnlich wie die Europäer, die zwar eine westliche Tradition teilen, als Staaten aber sehr unterschiedlich sind. Es gibt allerdings ein sehr wichtiges Tabu, dass für den gesamten südostasiatischen Raum gilt:

Ich denke, auf den Philippinen, in Indonesien, Thailand und wahrscheinlich auch in Kambodscha und Laos, dort darf man niemanden in der Öffentlichkeit bloßstellen und beschämen. Die Leute dort würden definitiv sagen, dass du das nicht hättest tun dürfen. Wenn ich privat zu dir sage: „Du bist eine dumme Gans", dann ist das eine Sache, aber wenn ich dasselbe vor anderen Leuten sage – das ist definitiv tabu. Es ist nicht das Gesagte, es ist, dass es vor jemand anderem gesagt wird. Im gesamten südostasiatischen Raum gibt es diese Sensibilität gegenüber kritischen Äußerungen. Kritik in der Öffentlichkeit ist ein großes Tabu.

In Australien ist es nicht dasselbe. Es ist etwas, das man normalerweise nicht tut, die Leute würden es nicht gut finden. Wir haben in Australien aber auch so etwas wie eine Freundschaftsbekundung: Ich kann dich öffentlich schlecht behandeln, weil ich dein Freund bin, sonst würde ich es nicht tun. Ich glaube, es hat nicht die gleiche emotionale Bedeutung wie in Südostasien, dort ist es ein sehr starkes Tabu. In Thailand, einem der buddhistischen Länder, ist es ein Tabu, den Mönchen keinen Respekt zu erweisen. Wenn du an jemandem von höherem Rang vorbeigehst, musst du dich ducken, nach unten gehen. Sie haben ein WAI, das ist so wie das Namaste in Indien, und es kommt darauf an, wie niedrig oder hoch man mit den Händen geht, wenn man Respekt zeigt. Wenn du in irgendeiner Situation mit einem buddhistischen Mönch zusammentriffst, dann gehst du ganz nach oben, wenn du Respekt zeigst, alles andere wäre tabu.

Ich habe das alles nicht gewusst, bevor ich in Asien lebte, aber ich habe es sehr schnell gelernt. Man zeigt auch nicht die Fußsohlen. Es gibt alle möglichen religiösen Tabus und schlechten Angewohnheiten. Man berührt nicht den Kopf eines Menschen, weil er der Sitz der Seele ist. Eines der Probleme, das Ausländer in dieser Situation haben, ist, dass sie es nicht ganz richtig machen, deshalb ist es für Ausländer manchmal besser, es gar nicht erst zu versuchen. Wenn man es genau versteht, ja, aber wenn man nicht sicher ist, gar nicht erst versuchen. Auf den Philippinen hat man diese Kleidung, Batik und Kebaya, es ist ein Kleidungsstück für Männer, so ein Hemd. Je nachdem, ob es lange oder kurze Ärmel hat, aus welchem Material es ist, ob man den oberen Knopf schließt oder nicht und so weiter, kann man sich von Freizeitkleidung über Straßenanzug und Abendanzug bis hin zum Frack kleiden. Ich habe Australier und andere gesehen, die wissen nicht, wie das funktioniert, und dann machen sie so etwas Ähnliches, wie im Smoking bei einem Grillfest aufzutauchen. Also, das ist einfach lächerlich. Mir ist das nicht passiert, weil meine Frau auf mich aufgepasst hat, aber es konnte passieren, dass ich in Thailand meine Hände nicht immer zur richtigen Zeit in der richtigen Höhe hatte. Also, da ist ein Unterschied: Das eine macht dich zum Affen, und andere Dinge sind einfach tabu.

„Okay", sagt die Holländerin, „als Diplomat bist du doch sicherlich auf solche Dinge vorbereitet worden, oder? Also, einiges weiß man ja heute durch das Internet, zum Beispiel dass man bei einem Geschäftstermin mit Indonesiern pünktlich sein sollte, auch wenn die Gastgeber erst später dazukommen. In ganz Südostasien gilt das erste Treffen dem Aufbau der Geschäftsverbindung, und Verhandlungsgespräche laufen ohne Druck und niemals konfrontativ. Da haben Amerikaner wohl ihre Probleme, weil sie am liebsten gleich einen Vertragsabschluss in der Tasche haben wollen. Ich habe auch gelesen, dass bei einem Essen nicht über Geschäftliches gesprochen wird, außer die Indonesier fangen damit an."

Cavan putzt seine Brille.

Wir hatten immer so ein Einsatzprotokoll mit Dingen, die man darf und die man nicht darf, mit Umrechnungstabellen für die Landeswährung und Einkaufsmöglichkeiten und diesen Dingen, und da gab es auch einen Abschnitt über die kulturellen Besonderheiten. Dinge, die man vermeiden sollte, und wenn man dann da war, dann hat man mehr gelernt, aber dieser Report enthielt auch einige Artikel über Kulturschock und solche Dinge.

Die Holländerin wendet sich Cavans Freund zu: „Bist du eigentlich auch Diplomat, Waruno?"

Nein, aber mein Vater. Ich habe lange Zeit als Chemieingenieur und auch als chemisch-technischer Assistent gearbeitet. Doch dann habe ich eine schlimme Krankheit bekommen, die mein Gedächtnis schwer gestört hat, und seitdem kann ich nicht mehr regulär arbeiten. Ich habe damals mit Röntgenanalysen gearbeitet, und da muss man einmal im Jahr medizinisch untersucht werden. Das war im Benjamin-Franklin-Klinikum, in Berlin, und zwar gerade in der Zeit, als ich von dieser Zecke gebissen wurde. Als man da einen Bluttest gemacht hat und entdeckte, dass ich irgendeine Infektion hatte, da war das klar: Oh ja, er ist Ausländer, und er hat HIV. Sie haben mich sofort gefragt, ob ich bereit wäre, eine Blutanalyse zu machen. Sie sagten, das sei für eine Testreihe, die sie machen, und wenn es dann positiv wäre, dann würden sie es mich wissen lassen. Ich würde es auch wissen wollen, wenn es negativ wäre. Aber die wollten damals nicht zugeben, dass es ein HIV-Test war, weil die Leute damals Angst davor hatten. Das war Ende 1987 glaube ich, und kurz danach gab es diesen Skandal[27]. Also, die haben diesen Test gemacht, und er war negativ, natürlich, weil ich eine andere Krankheit hatte, und dann haben die sich nicht mehr für mich interessiert.

„Wow", sagt die Holländerin, „ich habe noch nie jemanden getroffen, der wirklich durch einen Zeckenbiss langfristig krank geworden ist."

Doch, doch, aber ich hatte ja mein wirkliches Interesse schon entdeckt, als ich noch als Chemieingenieur arbeitete, und zwar für die Sprachwissenschaften. Dann habe ich die ganze Zeit freiberuflich auf diesem Gebiet gearbeitet. Am Max-Planck-Institut war ich chemisch-technischer Assistent, in meiner Freizeit Sprachwissenschaftler. Meine Publikationen sind fast alle auf sprachwissenschaftlichem Gebiet, nicht auf chemischem. Ich hatte Glück, dass meine Chefs das erlaubten, dass ich beides machen konnte.

„Okay, und wie definierst du als Sprachwissenschaftler dann den Begriff ‚Tabu'?" will die Holländern nun wissen.

Für mich ist Tabu mehrdeutig, angefangen vom polynesischen Begriff *tapu* bis zum Begriff *Tabu*, wie wir ihn in Deutschland kennen, es ist immer kontextabhängig. Ich sehe die Entwicklung des menschlichen Zusammenlebens als eine Reihe von Stufen, und in jeder Stufe gibt es eigene religiöse Formen und die entsprechenden Tabus. Für mich gibt es Tabus, die einerseits religiös oder abergläubisch bedingt sind, und andererseits Tabus, die moralisch-ethisch bedingt sind – wobei ich nicht sagen könnte, wo die Grenze dazwischen ist, das ist fließend. In unserer säkularen, modernen Gesellschaft gibt es einen gewissen Glauben, den man unter der Bezeichnung „Werte" findet. Die schließen auch Tabus ein. Es gibt auch einige Taten, die kriminell sind, also zum Beispiel Pädophilie, das ist wirklich tabu, das darf man nicht machen. Es gibt auch welche, die es tun, und man spricht nicht über solche Sachen.

Ich bin aus Russland nach Deutschland gekommen. Ich war da 20 Jahre lang, mein Vater war Diplomat, und so kam ich zum Studium nach Russland. Geboren bin ich aber in Indonesien. Ich habe eigentlich keine nationale Identität, ich habe noch eine subjektive Bindung an Indonesien, an Deutschland inzwischen auch, auch zu den Russen, nicht aber zu Russland.

Ich leide unter vielen Paranoias, die ich seiner Zeit in Russland entwickelt habe. Ich war kein Oppositioneller, ich war da nicht unerwünscht ... eigentlich.

Cavan wirft ein, dass er auch eine Weile in Russland verbracht habe, und er erinnere sich nicht ungern daran.

Also in Russland ist es wirklich tabu, keinen Wodka zu trinken. Es ist schwer zu erklären, ich gebe meine Leber für mein Land! Es ist schwer abzulehnen, weil es eine Geste der Freundschaft ist. Wenn du den Wodka ablehnst, lehnst du die Freundschaft ab, also das ist schon ein Tabu in Russland. Die Russen können sehr rüde und direkt sein, außer du bist ein Freund, dann gibt es nichts, was sie nicht für dich tun, aber wenn sie dich nicht kennen, ist auch nicht viel tabu.

Die Holländerin lacht, und Waruno erzählt, wie es für ihn in Russland war:

Es ist ganz schwierig zu beschreiben, die Regierung, die Behörden, die Partei in Russland waren gegen mich, aber ich bekam immer freundliche Unterstützung von meinen Kollegen in der Arbeit, und es ist ihnen zu verdanken, dass ich das alles gut überlebt habe. Ich komme aus einer Diplomatenfamilie, wo alles schön bürgerlich war. Ich wusste, ich muss mitmachen bei allem, weil das in Russland so ist, sonst wird man in die Kolchosen geschickt, um bei der Ernte zu helfen. Ich habe da immer so hart wie möglich gearbeitet. Die haben auch sofort darauf reagiert und haben mich als einen von ihnen akzeptiert, die haben mich in Schutz genommen. Zunächst war ich 12 Jahre in Moskau, und dann wurde ich verbannt nach Woronesch als einziger Indonesier. Ich habe dort studiert, und am Ende gab es diesen Militärputsch in Indonesien, und ich hatte den Präsidenten dort unterstützt, und deshalb wurde mir mein Pass abgenommen, und deshalb konnte ich nirgends hin. Erst später, als ich acht Jahre in Woronesch war, haben meine Freunde, die gleichgesinnt waren, und ich überlegt, wie man rauskommt, ohne gültigen Pass. Legal. Wir taten nichts Illegales, damit man keine formellen Gründe hatte, mich nach Indonesien zurückzuschicken zu dem Regime. Ich war nicht antikommunistisch, ich war nur nicht prokommunistisch. Die kommunistischen Studenten waren unterteilt in prosowjetisch und pro Peking. Und die, die pro Peking waren, die sind nach Peking gefahren. Die geblieben sind, waren die Prorussischen und Neutrale, also die waren auch Kommunisten, aber vietnamesische oder so. Für die gab es eine Organisation. Indonesier, die nicht mehr zurück konnten, waren geschützt durch die indonesische kommunistische Partei. Der prosowjetische Flügel, da wollte ich nicht rein. Ich hatte nichts Antisowjetisches gemacht, ich wollte nur dort nicht rein. Wir wurden dann, damit wir nichts machen konnten, in verschiedene Städte geschickt. Einige hatten Glück und wurden zu zweit verschickt, aber ich nicht.

Cavan hält seine Hand mit der Handfläche nach unten und bewegt die Finger, um die Bedienung heranzuwinken. Die drei bestellen etwas zu essen, und Cavan packt eine Wasserflasche aus, deren Inhalt er generös mit den anderen teilt. Waruno riecht am Glas, lächelt, und spricht weiter.

Um noch mal auf Tabus zurückzukommen, ich hatte schon Pädophilie erwähnt, das ist nichts anderes als die Ausübung von Macht. In einigen Ländern werden die Frauen auch sehr früh „ausgeheiratet", in Saudi-Arabien zum Beispiel, das ist ebenfalls ein Machtmissbrauch der Männer, der eher schlechte Folgen hat. Wenn ich zum Beispiel an Diskriminierung von Andersfarbigen oder von Geschlechtern denke, für mich als Anthropologen ist das für mich tabu. Ich weiß, dass alle Menschen, ganz gleich wie sie aussehen und wie sie intellektuell geprägt sind, gleich sind. Nur die Kulturen, die sie geprägt haben, sind verschieden. Wenn die mal in anderen ökonomischen Zuständen sind, dann werden die auch anders, das hat nichts mit der Farbe der Haut zu tun. Oder mit dem Geschlecht: Ich halte Frauen und Männer nicht für gleich, ich weiß, dass sie verschieden sind. Aber es gibt nicht eine Standardfrau und einen Standardmann, es gibt ein breites Spektrum, und an den Rändern überlappen sie. Es gibt Frauen, die von Haus aus gute Chefs sein können, besser als viele Männer, und es gibt Männer, die können gut für den Haushalt und die Kinder sorgen.

Homosexuelle, Transsexuelle, die haben da etwas im Gehirn, sie sind so geboren worden und können nicht anders. Für mich haben alle Regeln ethisch-moralisch einen Hintergrund. Man hat früher geglaubt, dass man die Geister wütend macht, wenn man etwas falsch macht. In Wirklichkeit war das eine Methode der Menschen, sich selbst zu organisieren, weil der Mensch im Gegensatz zum Tier nicht von seinen Instinkten allein abhängig ist. Er kann seine Instinkte unterdrücken, das kann ein Tier nicht, deshalb musste man etwas anderes finden. Diese festen Regeln sind für uns als Aberglaube zu erkennen, weil in früheren Zeiten keine rationale Analyse gemacht wurde durch Psychologen. Man glaubt einfach, die Geister werden böse und sie finden das heraus. Wenn man irgendwas falsch macht, gibt es schlechte Ergebnisse, und das wird wohl daran liegen, dass die Geister böse sind. Wir neigen dazu, das automatisch erst mal zu glauben und erst dann rational zu analysieren. Deshalb ist es wichtig für unser Zusammenleben, dass gewisse Regeln existieren, sonst wären wir schon längst ausgestorben. Bei manchen Regeln sehen wir sofort, warum es sie gibt, und bei anderen nicht, weil es kompliziert ist.

Cavan stößt auf und lehnt sich entspannt zurück. Die Holländerin sieht ihn scharf an. Nach einem guten Essen ist Rülpsen okay, in Indonesien wird meist offen gehustet und geniest, und Spucken in der Öffentlichkeit ist auch kein Tabu. Gurgeln und Spucken ist ein Reinigungsritual der Muslime vor dem Gebet. Im Ramadan schlucken einige ihre eigene Spucke nicht, sondern spucken sie auf den Boden. Kaugummi oder öffentliches Gähnen ist dagegen verpönt und wird als schlechtes Benehmen angesehen. Und mit dem Zeigefinger jemanden heranzuwinken ist ganz schlecht und hat in Indonesien eine sexuelle Konnotation, man zeigt nur mit dem Daumen. Waruno lacht und sagt:

JAVA, INDONESIEN

> Na, so ist das manchmal, wenn man ein Tabu bricht. Man bekommt eine Rüge von anderen: „Nee, das machst du nicht, das darf man hier nicht!" Das kommt meistens von Freunden, man kann das sonst nicht wissen, außer man liest das in einem Buch. Es gibt ja inzwischen solche Bücher. Es gibt einige sehr schlimme Tabus, aber wenn das Ausländer machen, dann ist das nicht so schlimm. In Indonesien darf man die linke Hand nicht benutzen. Man benutzt hier kein Klopapier, sondern Wasser, und dann macht man das immer mit der linken Hand, nie mit der rechten Hand. Das ist eine sehr feste Regel, und mit dieser Hand darf man dann nie anderen Leuten etwas geben. Heutzutage findet man das im Internet.

„Genau", sagt die Holländerin. „Die linke Hand ist ja auch in Indien oder Ghana tabu, man gibt oder nimmt nur mit der rechten. Geschenke sind im Business nicht üblich, wenn man jedoch eines bekommt, muss man es nehmen, darf es aber erst später auspacken. In vielen Ländern Südostasiens und im Südpazifik gilt der Kopf des Menschen als Sitz der Seele und wird nicht berührt, auch nicht bei kleinen Kindern. Die Füße und Schuhe sind möglichst am Boden zu halten, denn sie gelten als schmutzig. Die Unterseite vom Schuh darf nie auf andere zeigen, das ist eine Respektlosigkeit."

Waruno zieht die Augenbrauen hoch und nickt anerkennend:

> Wow, das ist ja ein ganzer Knigge. Das mit dem Kopf und den Füßen hat Cavan ja auch schon erwähnt. Wenn man

Ausländer ist, kann man sich ja auch mal einen Ausrutscher leisten. Wenn man ein Tabu verletzt hat, ist es vor allem wichtig, dass man es nicht mehr wiederholt, und zweitens, dass man sich notfalls entschuldigt bei den Leuten. Tut mir leid, ich wusste das nicht. Es hängt immer von der Umgebung ab. Wenn man zum Beispiel in primitiven Gesellschaften ist, dann muss man Räucherstäbchen irgendwohin tun oder die Götter um Vergebung bitten oder was weiß ich. Oder in Ozeanien, ich weiß nicht mehr, da bekommt man Hühnerabfälle auf das Gesicht geschmiert von dem Schamanen oder so was.

Marihuana rauchen war mal tabuisiert und heute nicht mehr so. Für mich ist das immer noch ein Tabu. Narkotika, das finde ich immer noch tabu, aber es sollte nicht kriminalisiert werden, denn wenn es kriminalisiert ist, dann hilft es den Dealern. Es sollte tabu sein, weil es schädlich ist für die Gesundheit von Mitmenschen. Sie wissen es oft nicht, zumal wenn sie noch jung sind, dann denken sie, das ist cool, aber in Wirklichkeit ist es schädlich für sie.

„Was?", sagt die Holländerin. „In Indonesien ist Marihuana auf jeden Fall kriminalisiert. Da rauch ich doch lieber zu Hause." Sie tippt auf ihrem iPad herum, und Cavan fragt, ob sie etwas twittert oder auf Facebook zum Besten gibt, wie ihr die Zugfahrt mit zwei über Tabus palavernden Gentlemen gefällt. „Du bist doch nicht etwa auf Facebook?" Für Waruno ist Facebook etwas Gefährliches:

Da kommen Sachen von jungen Leuten, die haben noch nicht das Gefühl für die Rückwirkungen. Da kommen dann die Nacktfotos und was weiß ich. Das ist das Gegenteil von Tabu, aber das ist auch Missbrauch von Vertrauen von jungen Leuten, die das noch nicht einschätzen können. Normalerweise hat man den Schutz von seinen Eltern, und hier ist der Schutz plötzlich weg. Erwachsene, die sind selber schuld, wenn sie so blöd sind.

Jede Gesellschaft hat andere soziale und ökonomische Zustände. Sie stehen auf verschiedenen Wissensstufen, und deshalb wird es immer eine Entwicklung geben. Jede Gesellschaft hat eigene Bedürfnisse. Der Anfang ist Ordnung durch Tabus, aber die können auch Blödsinn sein. Es gibt dieses Tabu bei den Engländern, das ist in allen Lehrbüchern drin, warum es schlecht sein soll, wenn man mit einem Streichholz drei Zigaretten anzünden will. Das kommt aus dem ersten Weltkrieg, aus den Schützengräben. Die Zeit, die man braucht, um einen abzuschießen, ist ungefähr die Zeit, die man braucht, um drei Zigaretten anzuzünden. Und deshalb war es immer der Dritte, der dann getroffen wurde.

Hier in Indonesien gibt es noch so eine Art historisches Tabu: Man hat lange nicht darüber gesprochen, was hier in den 60er Jahren passiert ist. Diese Morde 1965–66 wurden lange tabuisiert, also in dem Sinn, dass die Regierung das nicht zugab. Aber jetzt, wo es diesen Film über die Morde gibt, von Oppenheimer[28], da wird es immer mehr bekannt, was da passiert ist. Aber an manche Orte, in Java zum Beispiel, darf man gar nicht gehen. Das ist nicht, weil da etwas Geheimnisvolles ist, aber die Leute, die da mitgemacht haben, die mitgetötet haben, die fühlen sich dann angegriffen. Die haben

> wahrscheinlich ein schlechtes Gewissen, weil man eigentlich die Bevölkerung missbraucht hat, um solche Sachen zu machen. Das waren normale Bauern und so, denen wurde gesagt, das sind Teufelskommunisten, die wollen unser Land zerstören. Java, Bali sogar.

Cavan legt den Kopf schief, er sieht diesen Teil der indonesischen Geschichte als komplexe Angelegenheit, in politischer und psychologischer Hinsicht:

> Da ist viel Angst dabei gewesen, die Gruppe, gegen die sich die Gewalt richtete, bestand aus Kommunisten oder wurde als kommunistisch bezeichnet. Viele von ihnen waren Chinesen, und es gab viele Vorurteile gegen die chinesischen Indonesier. Ich glaube, am Anfang stand diese Angst, dass die Kommunisten das Land übernehmen würden, es gab da Bewegungen in diese Richtung. Es war nicht völlig ohne Substanz, aber übertrieben. Anfangs hatten die Leute Angst, diese verbreitete sich dann in den Dörfern, und dann gab es Leute, die dies ausnutzten und entschieden, der Kerl, der meine Frau verführt hat, oder der Typ, der mir zu viel Geld abgeknöpft hat, oder der Typ, den ich einfach nicht leiden kann, der muss Kommunist sein, also machen wir ihn fertig. So ist es etwas außer Kontrolle geraten.
> Es hat viele Gesellschaften überall in der Welt und durch die Geschichte hindurch gegeben, in denen eine Gruppe entschied, dass die andere schlecht sei, der „Antichrist", die falsche Religion, die falsche Rasse, die falsche Ideologie, und

deshalb haben wir das Recht, sie zu zerstören, weil sie eine Bedrohung für uns sind. Es war diese Art von Psychologie, aber man muss sich das im Hinblick darauf anschauen, was in vielen Orten auf der Welt durch die Jahrhunderte passiert ist. In Indonesien weiß jeder, was passiert ist. Die meisten Leute in Europa wissen nicht, was außerhalb Europas los ist. Australier wissen mehr über Indonesien, aber wenn man über den Zweiten Weltkrieg spricht, stürzen sich alle auf die Deutschen, und wenn du nach China fragst? Und die Japaner, was haben die gemacht? Schrecklich. Oder was haben sie in Manila getan? Frag chinesische Studenten, was der Holocaust ist, sie werden keine Ahnung haben. Es gibt viele Dinge, die geografisch und historisch eingegrenzt sind. In Indonesien gibt es heute eine andere Regierung, heute ist das, glaube ich, kein Tabu mehr.

Der Zug fährt in Cirebon ein. Es ist der erste von drei Stopps auf dem Weg nach Surabaya, doch im Speisewagen bewegt sich nicht viel. Waruno und die Holländerin sprechen über das Verhältnis zwischen Deutschen und Niederländern, so richtig mögen würden sie sich ja nicht. Schnell kommt das Gespräch auf Fußball.

VERBOTENE STADT, CHINA ÜBER GESCHWINDIGKEIT UND ABERGLAUBEN

Auf dem Campus der *University of Nottingham, Ningbo, China*, stehen Schilder, auf denen „Nicht spucken!" steht. Eine ungewöhnliche Aufforderung, wenn man als Europäer davon ausgeht, dass einfach auf die Straße zu spucken schlechtes Benehmen ist und im Beisein anderer oder gar in geschlossenen Räumen definitiv etwas, das man einfach nicht tut. Die Geschichte des Spuckens ist lang und nimmt weder Anfang noch Ende in China. In Indien zum Beispiel wird auch viel gespuckt, auch aus fahrenden Autos. Das soll daran liegen, dass das Kauen der Betelblätter den Speichelfluss anregt und rot färbt.

VERBOTENE STADT, CHINA

Nun ist Spucken eine Angewohnheit, die sich abzugewöhnen so leicht nicht ist. In Shanghai sind die Taxis mit eingebauten Spucknäpfen ausgerüstet, eine Art Standardausrüstung wie anderswo der Zigarettenanzünder, die die Fahrer davon abhalten soll, aus dem fahrenden Fahrzeug zu spucken. Als Beijing die olympischen Spiele ausrichtete, gab es vor allem zwei Entwicklungen in der Hauptstadt: Zum einen sollten Taxifahrer Englisch lernen, zum anderen sollten die Chinesen davon überzeugt werden, dass Spucken etwas Unhygienisches und Unzivilisiertes sei und daher unterbleiben solle. Das Argument der Hygiene war es auch, das gegen das Spucken in westlichen Ländern eingesetzt wurde. Es ging darum, die Verbreitung der Tuberkulose einzudämmen. Noch heute kann man in alten Londoner U-Bahnhöfen Schilder ausmachen, die vor den Gefahren des Spuckens warnen. Der Soziologe Norbert Elias erklärt allerdings, dass die wirklichen Gründe eher mit Etikette und Abgrenzung der Klassen voneinander zu tun hatten. Auf die Straße zu spucken oder sich zu schnäuzen war etwas für ärmere Menschen, die kein Geld für ein Taschentuch ausgeben konnten. Der Reiche steckt es in die Tasche, der Arme wirft es weg.

Wenn man gebildete Chinesen auf das Spucken in der Öffentlichkeit anspricht, lächeln sie einen entweder unsicher an oder verneinen diesen Umstand schroff. Chinesen hören auch nicht gern, dass die Briten an der Bushaltestelle in einer Reihe anstehen, die Chinesen sich dagegen möglichst gleichzeitig in den Bus hineinpressen. Wer spitze Ellenbogen hat, ist zuerst drin. Es heißt dann, auch die Chinesen stünden an, an Flughäfen zum Beispiel, wo ein riesiges Labyrinth aus Barrieren den Wartenden keine andere Möglichkeit lässt, als sich einzureihen. Es scheint auch schwierig, den extrem chaotischen Straßenverkehr anzusprechen, bei dem man sich manchmal fragt, ob es überhaupt Verkehrsregeln gibt, an die sich irgendjemand hält. Wenn man zu genau nachfragt, fühlen sich junge Chinesen angegriffen. Es ist nicht ratsam, diese Dinge anzusprechen und China gar rückständig aussehen zu lassen. Ein Tabubruch ist immer auch ein Angriff auf die Identität.

In China wird so ziemlich alles gegessen. Da gibt es am Straßenstand Hamster am Spieß, man kann Frösche und Schlangen bestellen oder auch sehr frische Meeresfrüchte. So zum Beispiel einen Hummer, dessen Körper schon abgetrennt und in Würfel geschnitten auf Eis liegt, während der zur Zierde vorn liegende Kopf noch atmet. Ausländer, insbesondere im Businessbereich, sehen sich oft vor kulinarische Herausforderungen gestellt, die sie wie Mutproben angehen. So werden bei einem Geschäftsessen oft Delikatessen aufgefahren, bei denen man lieber nicht wissen will, was sich dahinter verbirgt – am Ende will man lieber ein Weichei essen als eines zu sein. Frauen haben es da etwas einfacher, sie können immer sagen, sie seien schon völlig satt.

In einem Artikel über Neureiche[29], die in China westliche Etikette lernen, geht es um Mittvierzigerinnen, die 12.000 Euro ausgeben, um ihre Tischmanieren dem westlichen Standard anzupassen und sich nicht dadurch zu blamieren, dass sie nicht wissen, wie man eine Schneckenzange hält. Die neuen Geschäftsfrauen, die durch den ökonomischen Boom in China und die sich schnell verändernde Gesellschaft zu Geld und Ansehen gekommen sind, wollen „kultiviert und höflich" auftreten. Auch der Small Talk mit den ausländischen Geschäftspartnern der Ehemänner wird geübt. Als westliche Tabuthemen, die die frischgebackenen Geschäftsfrauen nicht ansprechen sollen, werden Scheidung und Gehalt genannt.

Begrüßungen fallen in China in der Regel ohne Körperkontakt aus, obwohl ein Händeschütteln bei geschäftlichen Anlässen inzwischen durchaus üblich ist, nicht nur mit Ausländern, sondern auch untereinander. Körperliche Berührungen sind unter Freundinnen kein Problem, sie gehen auch Hand in Hand. Junge Männer tun dies nicht, es würde sofort nach Homosexualität aussehen, und die gibt es in China offiziell nicht. Auch Heteropärchen sind in der Öffentlichkeit zurückhaltend mit körperlichen Zuwendungen wie zum Beispiel Küssen. Dies hat sich zwar in jüngster Zeit etwas geändert, ist aber noch immer verhaltener als im Westen und relativ tabu.

Es gibt allerdings keine Intimsphäre in Bereichen, in denen sie in Europa oder den USA selbstverständlich ist. Ein Arztgeheimnis zum Beispiel oder auch nur das vertrauliche Gespräch zwischen Arzt und Patient gibt es in China nicht. Hier ist es durchaus üblich, dass mehrere Patienten sich um einen Professor drängen, der gerade Sprechstunde hat. Die Patienten halten ihm ihr EKG entgegen und bekommen, quasi öffentlich, seine Ausführungen und Diagnosen mitgeteilt. Eine Patientin, die mit entblößtem Oberkörper an ein EKG angeschlossen wird, ist keineswegs von anderen Patienten und deren Besuchern getrennt, Männer wie Frauen stecken ihre Köpfe zur Tür herein und fragen nach jemandem, oder sie sehen sich schon mal das EKG an, während es aus der Maschine kommt und sie auf eine andere Patientin warten.

Sind Chinesen höflich? Eigentlich sind Chinesen sehr direkt. Eine Streitkultur gibt es in diesem Sinne nicht, denn es wird immer versucht, das Gesicht zu wahren oder zu geben. Es geht dabei mindestens so sehr um das Gesicht des anderen wie um das eigene. Eine Bloßstellung oder offene Bezichtigung vor anderen ist einer der schlimmsten Tabubrüche. Stella Ting-Toomey, eine US-amerikanische Kulturwissenschaftlerin mit chinesischen Wurzeln, hat ihre Forschung über das Streiten in China durch ihre eigene Erfahrung erklärt: Sie habe sich gewundert, dass in westlichen Ländern Streit und heftige Auseinandersetzungen als etwas Positives gesehen würden, etwas Notwendiges gar, wodurch „die Luft gereinigt" werde und die Menschen sich wieder annähern könnten. In China ist ein offener Streit vor allem am Arbeitsplatz ganz und gar nicht positiv, denn wenn das Gesicht einmal verloren ist, dann ist es schwer zu ersetzen. In der chinesischen Kultur gibt es statt des Kompromissansatzes oder der offenen Konfrontation den entgegenkommenden Stil: Dem anderen gegenüber wird nachgegeben oder ihm zumindest nicht offen widersprochen. Wenn es um eine Meinungsverschiedenheit zwischen Jung und Alt geht, gewinnt Alt, wenn es zwischen hierarchisch unterschiedlich Gestellten Unstimmigkeiten gibt, gewinnt der Höherstehende. Dies gilt auch für andere asiatische Länder, in denen der Ausgang einer Unstimmigkeit nicht nach Lautstärke, nicht einmal nach Argumenten, sondern vielleicht nach Alter, Ansehen, Hierarchie entschieden wird. Die Kunst des Neinsagens, ohne ein direktes Wort dafür zu verwenden, besteht darin, die Information dem (kulturellen) Kontext zu entnehmen. Wenn chinesische Geschäftspartner erklären, sie würden sich den

VERBOTENE STADT, CHINA

Vorschlag überlegen oder sie würden ihn diskutieren, dann kann das ein klares *Nein* bedeuten.

China ist ein lautes Land und es ist schnell. Die rasante Entwicklung in der Wirtschaft spiegelt sich in den riesigen Baustellen, die es in jeder größeren Stadt gibt (und in China sind sogar kleiner erscheinende Punkte auf der Landkarte Städte mit mindestens fünf Millionen Einwohnern), in Hochhäusern, die plötzlich und quasi über Nacht emporgewachsen scheinen, und in immer schnelleren und besseren Verkehrsverbindungen, die das riesige Land etwas enger stricken. So wurde 2012 die längste Hochgeschwindigkeitsstrecke der Welt eröffnet. Man kann nun die 2.298 km von Peking nach Guangzhou im Süden des Landes in acht Stunden zurücklegen. Allerdings werden die Millionen von Wanderarbeitern, für die diese Errungenschaft bedeutsam wäre, sich wohl kaum ein Zugticket für diesen Hochgeschwindigkeitszug leisten können, und man fragt sich, wie viele kleine und große Häuser, die der Strecke im Weg standen, wohl zerstört wurden. China ist stolz auf das von Siemens, Alstom und Bombardier entwickelte Prestigeobjekt, doch letztendlich sitzt im neuen *Harmonyexpress* eher die neue Mittelklasse neben staunenden Ausländern, während die Wanderarbeiter weiterhin wandern.

Der chinesische Hochgeschwindigkeitszug (China Railway High-speed, kurz: CRH) ist auf gerader Strecke in Richtung Peking unterwegs, und die Geschwindigkeitsanzeige im Abteil ist kurz vor der 300 km/h-Marke. Li wird durch die plötzlich anschwellenden Gespräche ihrer Mitreisenden aus der Lektüre ihres Buches gerissen und schaut sich um. Eigentlich lebt sie schon seit ein paar Jahren in Australien, ist aber immer wieder in ihrem Heimatland China unterwegs, um Freunde und Familie zu besuchen. Während die Landschaft vorbeirast, nimmt sie sich Zeit, um über Tabus in China zu sprechen:

- Ich denke, Tabus sind Verhaltensweisen und Dinge, die andere dir als Regeln geben und die man in einer Gesellschaft nicht brechen darf. Und wenn man die Regeln bricht, dann kann man durch eine geheimnisvolle oder übersinnliche Macht bestraft werden. Als ich aufwuchs, hat meine Mutter mir immer gesagt, du kannst dies nicht machen, du kannst das nicht machen, sonst bringt es Unglück. Ich bin im Norden Chinas aufgewachsen, in Tsingtao. Ich glaube, für Chinesen ist Tabu wirklich mit dem Übersinnlichen verbunden. Wir sind nicht religiös, aber wir glauben an das Übersinnliche und an Geister. Da ist etwas Geheimnisvolles jenseits des Menschen, ein Teil davon ist der Geist der Vorfahren. Es gibt das Qingming-Fest[30] im Lunarmonat[31] April. Da werden die Gräber der Toten besucht, und es gibt den Brauch, Papiergeld, also spirituelles Geld, zu verbrennen. Dadurch wird der Pfad durch das Spirituelle bereichert, böse Geister sind durch das Geld abgelenkt, und die Seelen können ungehindert reisen. Heutzutage werden eher Blumen geschickt, um die Vorfahren zu ehren.
Es gibt einige wichtige Tabus. Das größte ist alles, was mit Tod zu tun hat, es ist ein riesiges Thema. Das chinesische Neujahrsfest ist das wichtigste Fest für Chinesen, und meine Mutter hat mir immer gesagt: „Weine nicht an Neujahr! Wenn du an Neujahr weinst, dann hast du das ganze Jahr Pech."

Normalerweise wäscht man am ersten Neujahrstag auch keine Wäsche, und man duscht auch nicht, man würde das ganze Glück und den Reichtum wegwaschen. Man darf auch nichts zerschlagen, eine Tasse oder ein Glas. Wenn man etwas kaputtmacht, ist es ein Zeichen, dass man nicht sicher ist. An Chinesisch Neujahr kann man kein Weiß tragen, andere Farben sind okay, Rot ist gut. Man darf nichts sagen, was irgendwie mit Tod zu tun hat, alles sollte verheißungsvoll und Glück versprechend sein, also, wir wollen alles Unglück abwenden. Bei Hochzeiten gibt es viele wichtige Dinge zu beachten. Wir haben den Mondkalender, und man muss ein gutes Datum wählen. Juni und Juli sind nicht gut für Hochzeiten, es sind Geistermonate. Wenn man zu der Zeit heiratet, kommen die Geister. Die Leute versuchen einfach, alles richtig zu machen. Manchmal glaubt man es vielleicht nicht, aber andere Leute glauben daran, und warum sollten wir dann die Regeln brechen? Ich habe einen jüngeren Bruder, und wenn er vor mir heiratet, dann kann ich nicht dabei sein. Also ich kann schon zur Hochzeit kommen, aber ich sollte seine Braut erst einmal nicht sehen. Normalerweise lebt die Braut bei ihren Eltern, und der Mann holt seine Braut ab. Die Tante und die Schwägerin sind auch nicht gut. Im Chinesischen ist das Wort für Tante 姑 und für einsam 孤, Pinyin[32] für beides ist „Gu". Es ist also dasselbe Wort, und deshalb kann es bedeuten, dass der Bräutigam stirbt und die Braut einsam macht.

Das ist Aberglaube, aber für Chinesen ist das sehr wichtig. Bei all diesen Dingen geht es wirklich darum, ob man das Unglück heraufbeschwört. Die Zahl Vier mögen wir wirklich nicht, mein Vater hat ein Apartment im sechsten Stock gekauft, weil die Sechs eine gute Zahl ist, aber die Vier, nein! Und Vierzehn ist auch schlecht, und die Achtzehn. Achtzehn ist schlecht, weil es im Buddhismus, und China ist vom Buddhismus beeinflusst, weil es auf die achtzehn Stufen der Hölle hinweist. Junge Leute wohnen gern hoch oben, wegen der Aussicht, aber Vierzehn und Achtzehn sind schlecht. Es soll auch Orte geben, wo diese Zahlen einfach ausgespart werden. Alte Leute mögen es noch weniger. Man darf ihnen auch keinesfalls Uhren schenken. Junge Leute scheren sich nicht darum, aber in China heißt die Uhr 钟, „zhong" in Pinyin. Eine Uhr als Geschenk schicken heißt 送钟. Und den Körper begraben heißt 送终, Pinyin für beides ist „song zhong", es wird genau gleich ausgesprochen. Also, wenn du eine Uhr schickst, wird die Person sehr beleidigt sein.

Junge Leute sind anders, aber die Elterngeneration mag es nicht, wenn man sich weiß kleidet. Ich habe meinen Großvater besucht, den Vater meiner Mutter, und ich habe nicht wirklich darüber nachgedacht und hatte einen weißen Mantel an, meine Mutter war sehr verärgert. Es ist die Todesfarbe, also musste ich mich umziehen und etwas Farbiges anziehen. In China tragen Bräute nun weiße Brautkleider, das wird als westlicher Stil akzeptiert, aber wir haben mindestens zwei Brautkleider: ein weißes, westliches, das, wie wir wissen, Unschuld bedeutet, und wir haben etwas in Rottönen. Die chinesischen Hochzeiten sind gemischt, aber wir achten noch immer auf chinesische Tradition. Wir wollen viele der traditionellen Regeln nicht brechen, weil wir dann Unglück heraufbeschwören.

VERBOTENE STADT, CHINA

Wenn man in einer Beziehung ist, gibt der Mann der Frau keinen Regenschirm, weil das Wort genauso ausgesprochen wird wie das für „sich trennen". Schirm heißt 伞, sich trennen 散, Pinyin für beides ist „san".

Mein Freund wusste, dass ich gern Schirme mag, und hat gefragt, ob er mir einen besonderen schenken soll, aber ich habe Nein gesagt, weil ich weiß, dass es ein schlechtes Zeichen ist. Wir schneiden auch keine Birnen, weil es bedeutet, dass man sich trennt. Nicht nur physisch, dass man in verschiedenen Orten ist, es kann auch bedeuten, dass einer stirbt.

Es gibt auch viele Tabus, die mit bestimmten Berufen zu tun haben. Wenn wir einen ganzen Fisch essen und ein Fischer dabei ist, dann drehen wir den Fisch nicht auf die andere Seite, wenn wir halb fertig sind, sondern nehmen die Gräten heraus, um an die untere Seite zu kommen. Der Fisch symbolisiert das Boot, wenn wir ihn umdrehen, kentert es. Man darf auf dem Boot auch nicht pfeifen, weil es die Geister rufen könnte. Früher, als Frauen noch weniger akzeptiert waren, da durften sie das Boot vorn am Bug nicht berühren, es würde Unglück bringen. Das ist heute nicht mehr so stark. Geschäftsleute wollen nicht über Bücher sprechen oder in einen Buchladen gehen, weil es im Chinesischen die gleiche Aussprache hat wie „verlieren", Buch 书, verlieren 输, Pinyin für beides ist „shu". Es könnte bedeuten, dass sie Geld verlieren. Bergleute mögen nicht am Kopf berührt werden, es könnte bedeuten, dass der Stollen über ihnen einstürzt.

Politische Themen sind ein sehr wichtiges Tabu in China, das wichtigste bezieht sich auf Taiwan. Wenn man über

Taiwan spricht, sollte man immer sagen, dass es ein Teil Chinas ist. In den Medien sehen wir immer „China: Taiwan province". Man könnte argumentieren, dass Taiwan unabhängig werden könnte, und das ist ein wirklich großes Tabu. Alles über den Tiananmen-Platz ist auch tabu, also privat kann man darüber sprechen, aber in der Öffentlichkeit nicht. Die Regierung ist so weit zu sagen, dass jemand einige Fehler gemacht hat, auch in der Kulturrevolution, einige Führungskräfte haben einige Fehler gemacht, aber nicht die ganze Partei. „Wir haben Tiananmen nicht korrekt gehandhabt", aber das ist es dann. Über die Kulturrevolution wird auch nicht offen gesprochen. Tibet ist etwas anders gelagert, es ist anders als Taiwan. Wir glauben nicht so stark, dass Tibet zu China gehört. Ich habe früher im Journalismus gearbeitet, und die Hierarchie der Regierungsmitglieder ist sehr wichtig. Als ich für die Propagandaabteilung der Universität gearbeitet habe, war es jeden Morgen schwierig, also der Parteisekretär und der Präsident der Universität hatten unterschiedliche Machtbereiche. Mal hatte der eine mehr, mal der andere, und es war wirklich schwierig, die Reihenfolge hinzubekommen. Es kann sehr peinlich werden, die Hierarchie ist sehr wichtig in China, besonders für Angehörige der Regierung, wenn du sie also in der falschen Reihenfolge nennst, ist es ein großer politischer Fehler.

Insgesamt sind Tabus eher nicht gut, es wäre besser, den Aberglauben loszuwerden. Schlechte Tabus sollten wegfallen, damit die Gesellschaft freier wird. Tabus regeln das Verhalten, aber sie können auch Ansichten formen. Sie sind in meinem Blut, aber die politischen Tabus sind wirklich unnötig. Früher war es so wie in islamischen Ländern, man durfte Frauen nicht berühren, aber das ist nicht mehr tabu, allerdings ist es sehr schlechtes Benehmen. Wenn man zu viel Haut zeigt, wenn meine Eltern ein Mädchen auf der Straße sehen, das zu freizügig gekleidet ist, dann denken sie, es ist eine Prostituierte. Rülpsen oder Furzen oder Spucken, also Spucken ist okay, das machen viele, aber nicht das andere. Spucken kommt auch auf die Familie an, wenn man gute Manieren hat, macht man es nicht, aber in China machen es viele. Es ist wie mit dem Pinkeln, Männer können überall hinpinkeln und Frauen manchmal auch, aber wir sehen das nicht als Tabu, es ist mehr eine Benimmsache. Wir sprechen nicht über Sex, aber wenn wir die Tür schließen, dann ist das kein Problem. Mit meinen Eltern habe ich mein ganzes Leben lang das Wort nicht benutzt. Es ist ein Tabu zwischen Eltern und Kindern, aber das ändert sich auch. Sogar in den Medien benutzen wir bestimmte Wörter, normalerweise Euphemismen. In der Öffentlichkeit ist es noch immer etwas, über das wir nicht sprechen wollen.

Ein uneheliches Kind ist in China nicht akzeptabel. Es ist auch gegen das Gesetz, man bekommt eine Geldstrafe dafür. Es kommt natürlich darauf an, also reiche Leute könnten einfach in ein anderes Land auswandern, aber für normale Leute ist es ein Desaster. Gesellschaftlich ist es ein Problem, wir haben einen besonderen Ausdruck dafür, 私生子 („si sheng zi"). 私 bedeutet „heimlich", 生 bedeutet „gebären", 子 ist ein generelles Wort für „Baby" oder „Kind". Es hat keine Rechte, keinen Zugriff auf medizinische Versorgung, auf Bildung, nichts. Es ist ein illegales Kind.

Plastische Chirurgie zur Wiederherstellung der Jungfräulichkeit ist eine beliebte Operation in China, also in tausend Jahren chinesischer Geschichte sollten die Frauen bei der Hochzeit jungfräulich sein. Nun ist es eine schwierige Sache, wenn der Ehemann sich trennt. Sogar für mich, ich habe in meiner ersten Beziehung gedacht, also wir waren über zehn Jahre zusammen, und einer der Gründe dafür war, dass ich dachte, kein anderer Mann würde mich akzeptieren. Ich denke, das ist noch immer sehr stark, aber es verändert sich langsam. Wir sprechen nicht darüber. Ich glaube, meine Eltern denken noch immer: „Oh, sie ist nicht verheiratet, also ist sie noch Jungfrau." Männer mögen Jungfrauen. Ich denke, es ist lächerlich, aber Geschäftsleute denken, dass Jungfrauen ihnen Glück bringen. Ich denke, viele betuchte Männer mögen Jungfrauen, und die Frauen versuchen, schöner zu werden. Das Beste für eine Frau ist, einen reichen Mann zu heiraten, und deshalb geben sie vor, Jungfrauen zu sein, und lassen sich operieren. Für Männer ist es eher wichtig, Karriere zu machen. Sogar jetzt, wenn ich wieder nach China ziehen würde und einen Chinesen finden würde, ich würde sagen, also tut mir leid, ich bin keine Jungfrau mehr.

Die Familie fragt immer nach Heiratsplänen. Ich habe meinen Eltern gesagt: „Fragt mich nicht mehr, wenn es Neuigkeiten gibt, lasse ich es euch wissen." Ich glaube, meine Großeltern denken: „Sie ist sehr erfolgreich in einigen Dingen, aber nicht in anderen." Wenn du in deinen Dreißigern bist, dann war es das, dein Leben ist gelaufen. Für Chinesen ist es gut, vor 25 zu heiraten. Mein Vater hat mir schon gesagt, dass mein

Gesicht nicht mehr jugendlich aussieht. Unverheiratete Frauen sind in großen Städten mehr und mehr akzeptiert, aber wir denken, es ist so eine Art Versagen. Wir bezeichnen sie als Drachenlady, Karriere gegen Ehe, sie können einfach keinen guten Mann finden. Es gab eine Premierministerin, also die Männer würden sagen: „Sie ist so erfolgreich, eine absolute Führungskraft, aber ihr Leben ist nicht vollständig. Sie ist nicht verheiratet." Wenn Leute keine Kinder haben, ist es das Gleiche, das Leben ist nicht vollständig.

Heutzutage sehen wir vieles in den Medien, und sie akzeptieren Homosexualität so nach und nach. Die Gesellschaft tut das auch, aber das Gesetz tut es nicht, es ist verboten. Eltern sind nicht sehr offen, aber in der chinesischen Geschichte gab es reiche Leute, das sieht man in der Pekingoper, also es sollte eigentlich nicht so eine große Sache sein. Ich denke, die Mehrheit der Chinesen schämt sich, wenn ihre Kinder homosexuell sind. In Taiwan sind sie sehr offen damit, sogar Berühmte sind offen. Die ältere Generation findet das sehr schwierig.

In Australien scheint Ehrlichkeit sehr wichtig zu sein, aber hier in China wissen wir, dass Leute nicht immer ehrlich sind. In China ist man auch viel formeller als in Australien. Dafür muss man dort einen Besuch ankündigen, hier in China klopft man einfach an die Tür. Australier mögen keine Kritik. Ich dachte, westliche Menschen finden Kritik wertvoll, aber in Australien sind sie nicht so kritisch, in China sind wir viel kritischer. Meine Eltern würden mir nicht immer Komplimente machen, obwohl ich einiges erreicht habe. Sie wollen, dass ich bescheiden bin und härter arbeite und noch mehr erreiche.

In Amerika und in Australien finden sie immer alles toll, und sie sind allergisch gegen Kritik. Ich dachte, westliche Leute sind direkter, aber das sind sie nicht wirklich. Chinesen üben vor anderen Leuten Kritik an ihren Kindern, aber sie kritisieren natürlich nicht andere Leute.

Ich habe australische Freunde, also wenn sie Liberals (Konservative) sind, dann wollen sie nicht über Politik reden, und es ist tabu, sie zu kritisieren. Meine Freundin wählt liberal, und ich kann nicht viel Kritisches sagen. Also generell vielleicht, aber wenn man persönlich wird, dann sind Religion und Politik tabu.

Man erkennt Tabus an den Gesichtern der Leute, am Ausdruck. Wenn sich Leute unwohl fühlen, sieht man es, oder sie ändern einfach das Gesprächsthema, wenn sie über etwas nicht reden wollen. In China, also wir kennen die Tabus und müssen nicht darüber sprechen. Wenn man einen Fehler macht, unter Freunden, dann kann man sagen: „Oh, ich habe das wirklich nicht so gemeint, vergib mir!" oder so etwas. Mit Freunden geht das. Mit Fremden, mit Ausländern würden wir eher Andeutungen machen, Chinesen sind sehr subtil. Wenn sie nach Taiwan gefragt würden, also viele Chinesen würden einfach das Thema wechseln. Ich würde sagen: „Es ist wirklich kein gutes Thema." Chinesen sind sehr tolerant mit Ausländern.

Für mich ist Religion eines der letzten Tabus. Also Islam und Christentum haben verschiedene Ziele und verschiedene Götter. Oder nicht? Wenn sie denselben Gott haben, warum streiten sie sich dann immer? In China sind politische Tabus die wichtigsten. Homosexualität kommt im Mediendiskurs nicht vor, wir wissen, wir haben das in der Gesellschaft, aber offiziell gibt es das nicht wirklich. Über AIDS und HIV wird schon gesprochen, es gab viel öffentliche Werbung mit Jacky Chan, aber es kommt darauf an, wie die Medien es *darstellen*. HIV ist ein Tabuthema in der Gesellschaft. In Australien würde man Leute beim Dinner nicht nach ihrem HIV-Zustand fragen, in China würde man mit HIV-Infizierten nicht am Tisch sitzen. Es war anfangs mehr mit sexuellen Praktiken verbunden, also denken die Leute, es ist etwas Schmutziges. In China haben wir ein ganzes HIV-Dorf, in der Provinz Henan. Das ganze Dorf ist infiziert, weil es ein armes Dorf ist und mit dem Verkauf des Blutes an illegale Firmen Geld verdient wurde. Es war für den Schwarzmarkt bestimmt, und sie haben schmutzige Nadeln benutzt, und dann hatten sie alle HIV, das ganze Dorf. Für diese Leute haben wir Verständnis, aber, wenn es sexuell übertragen ist, nicht, weil es kein richtiges Sexualverhalten ist. Wir sprechen auch nicht über Kondome, man kann sie kaufen und junge Leute sprechen darüber, aber ich weiß nicht, ob zum Beispiel meine Eltern Kondome benutzt haben. In China hatten wir ja früher nicht diese *Ein-Kind-Politik*, aber heute haben viele Frauen Operationen, da werden die Eileiter durchtrennt, damit sie keine Kinder mehr bekommen. Männer würden sich nicht operieren lassen, weil sie sich scheiden lassen könnten, und dann könnten sie kein Kind mehr haben.

Neue Medien bieten einen Ort für offenere Diskussionen, und junge Leute sind deshalb etwas offener. Sie können über alles sprechen, aber alles Politische wird natürlich gelöscht.

Es gab eine Site, wo man sich Bücher herunterladen konnte, die wurde für eine Weile geschlossen, weil die Regierung angeblich pornografische Inhalte zensieren wollte. Aber ich denke, es war nur, um nach politischen Büchern zu suchen. Neue Medien können dabei helfen, Tabus abzubauen und sie loszuwerden. Viele berühmte Leute sind auf Weibo[33] aktiv und erzählen ihre Geschichten und zeigen Positives. Aber es gab einen Filmstar, deren Mann Ehebruch begangen hatte, und da gab es viele schlimme Kommentare; „Raus aus der Unterhaltungsbranche!", „Wir wollen dich nicht mehr sehen!" und so weiter, viele schlimme Kommentare.

Vielleicht gibt es doch ein paar gute Tabus, wie Ehebruch. Wir sprechen nicht darüber, also schützen wir die Privatsphäre anderer, und wir wissen, dass es mit Schamgefühl verbunden ist. Wenn die Gesellschaft Ehebruch als etwas Peinliches sieht, dann denken Leute vielleicht darüber nach, bevor sie es tun.

In den Medien versuchen wir, Gefangene nicht zu diskriminieren, aber im wirklichen Leben ist es ein Tabu, darüber zu sprechen, wenn ein Familienmitglied im Gefängnis ist. Auch politische Gefangene, darüber wollen wir nicht sprechen.

Tod und Religion sind wohl die stärksten universellen Tabus, mehr als Sexualität. Generell wären es Tod, Religion, dann Sexualität und politische Tabus.

Manchmal mache ich darüber Witze, mit jüngeren Leuten geht das, ich könnte mit dem Flugzeug abstürzen und sterben. Mit meinen Eltern, die über sechzig sind, geht das nicht, sie sind altmodisch. Chinesen ist es sehr unangenehm, über so etwas zu sprechen. Ich denke, ein toter Körper ist kein

Problem, den können wir auch berühren. Auch Friedhöfe sind okay. Ich denke, für Chinesen ist es kein Tabu, wenn jemand gestorben ist, aber bevor es so weit ist, das ist die Angst vor dem Tod. Wenn jemand gestorben ist, sprechen wir darüber, und wir haben witzige Sachen wie Computer aus Papier und Fernseher und Geld, das wird den Toten mitgegeben in die andere Welt, es sind gute Wünsche. Der Übergang in eine andere Welt ist eine Idee aus dem Buddhismus. Wir haben nicht diesen Glauben an Himmel und Hölle, obwohl wir viel über die Hölle reden. Chinesen glauben an Geister, und wenn man stirbt, dann lebt man in einer anderen Welt als Geist. Man will vielleicht nicht auf dem Friedhof sein wegen der Geister.

Der Vater meines Vaters war ernsthaft krank. Wir hätten in seinem Beisein nicht darüber gesprochen, aber ohne ihn, unter uns schon. Meine Großmutter mütterlicherseits fängt manchmal an: „Wenn ich sterbe …", und wir wollen darüber nichts hören und lassen sie nicht weitersprechen. In China werden um die Krankenhäuser herum Totenhemden verkauft, das gibt mir ein unangenehmes Gefühl. Die australische Werbung für Sterbeversicherung ist mir nicht unangenehm, das ist okay. Suizid, darüber kann man sprechen, kein Problem. Ich denke, wir Chinesen haben Angst, dass die Macht zu uns kommt und uns Unglück bringt, aber es ist okay, über Suizid zu sprechen. Wenn sich jemand in der Familie das Leben nimmt, kann man das auch so sagen.

Die Geschwindigkeit des Zuges hat sich um 244 km/h eingependelt. Er schwebt durch die grüngraue Landschaft. Manchmal scheint sich ein Sonnenstrahl durch die Wolkendecke zu kämpfen, und der ganze Wagen riecht nach Fertignudelsuppe[34]. Wie in anderen Ländern auch gibt es in China alte, tiefsitzende Tabus, die das Miteinander regeln und die zuweilen auf die Probe gestellt werden, zum Beispiel wenn Li vergisst, dass sie keinen weißen Mantel tragen sollte, wenn sie ihren alten Großvater besucht. Sie hat es vergessen, weil es in Australien keine Bedeutung hat. Die jüngere Generation löst sich etwas von alten Traditionen, neue Medien und Internationalisierung beschleunigen diesen Prozess. Dennoch sind viele der Tabus, die Li beschreibt, Teil der chinesischen Kultur, und bei einigen wäre es schade, wenn sie verloren gingen. Die „Mitgift" ins Grab zum Beispiel, die mit dem buddhistischen Glauben an den Übergang in eine andere Welt verbunden ist, ist ein schönes Ritual, das die Hinterbliebenen trösten kann.

VRINDAVAN,
INDIEN ÜBER MACHT UND MENSTRUATION

Schädliche traditionelle Praktiken wie Kinderheirat, Kastensystem, Diskriminierung der Mädchen, Kinderarbeit und Devadasi-Tradition[36] wirken sich negativ auf Kinder aus und erhöhen die Gefahr von Misshandlung und Vernachlässigung. Mangel an adäquater Ernährung, ungenügender Zugang zu medizinischen und Bildungseinrichtungen, Zuwanderung von ländlichen in städtische Gebiete, die zu einem Anstieg städtischer Armut führen, Kinder auf den Straßen und bettelnde Kinder, all dies resultiert im Zusammenbruch von Familien. Dies erhöht die Verwundbarkeit von Kindern und setzt sie Misshandlung und Ausbeutung aus.[37]

Kolam[35] [mit freundlicher Genehmigung von Maya Ranganathan]

Indien ist ein komplexes, vielschichtiges Land mit verschiedenen Religionen, Sprachen, Traditionen, geschichtlichen Entwicklungen und einer riesigen Bevölkerung. Es gibt einige „landesspezifische Tabus" und eine Reihe von Tabus, die religions- oder ortsspezifisch sind. Der Süden Indiens ist stark von der britischen Kolonialherrschaft geprägt, im Norden ist das Land traditioneller.

Spätestens seit dem TV-Eklat im Jahre 2007, als der amerikanische Schauspieler Richard Gere die indische Schauspielerin und Big-Brother-Gewinnerin Shilpa Shetty auf der Bühne stürmisch umarmte und ihr einen Kuss auf die Wange schmatzte, weiß man, dass Berührungen zwischen Mann und Frau in Indien anders gewertet werden als in den USA und anderswo. Dabei waren die beiden in einer Aufklärungskampagne gegen HIV und AIDS unterwegs, was der Presse aber weniger wichtig schien. Hätte Richard Gere zuvor eines der *Dos and Dont's in Indien*-Bücher gelesen, hätte er erfahren, dass man einer Inderin nur die Hand gibt, wenn sie ihre zuerst reicht. Oder dass ein westlicher Ausländer eine Inderin nicht auf der Straße ansprechen sollte, weil es ihrem Ruf schaden könnte, mit einem fremden Mann gesehen zu werden. Auch Komplimente zu machen ist den Ehemännern oder der Familie vorbehalten. Körperkontakt sollte in jedem Falle vermieden werden.

VRINDAVAN, INDIEN

Viele der indischen Tabus gibt es auch in andern Ländern, so sollte man zum Beispiel nicht über Religion diskutieren und generell nichts Schlechtes oder Respektloses über die indische Gesellschaft oder die Region sagen, in der man gerade ist. Da in Indien Hindus, Christen, Muslime und Angehörige anderer Religionen anzutreffen sind, gibt es auch eine Reihe von Nahrungstabus. Muslime essen bekanntlich kein Schweinefleisch, weil es als unrein gilt, und Hindus kein Rind, weil es als heilig betrachtet wird. So dürfen Kühe denn auch tun und lassen, wozu sie gerade Lust haben. Da wir nun schon einmal beim Essen sind: Man sollte unbedingt darauf achten, dass auch in Indien das Linke-Hand-Tabu gilt, d.h., nur mit der rechten Hand wird etwas gegessen oder jemandem gereicht, die linke ist unrein, weil sie auf der Toilette benutzt wird. Wenn man auf jemanden zeigen muss, dann nur mit der ganzen rechten Hand. In Indien gilt die Spucke Fremder als unhygienisch, somit wird auch nicht aus dem gleichen Glas getrunken. Alkohol und Zigaretten sind in der Öffentlichkeit verpönt.

Der Zug sollte so gegen 10.30 Uhr in Kanyakumari, Tamil Nadu, abfahren. Es ist 10.45 Uhr, kein Zug ist in Sicht, und eine Reisende in kurzen Hosen und knapper Bluse, die man in Indien auch in großer Hitze eher nicht tragen sollte, fragt eine westlich gekleidete Inderin, ob der Zug wohl bald komme. Maya macht eine leichte Kopfbewegung von der einen zur anderen Schulter. Das ist keine Verneinung, sondern kann Zustimmung bedeuten, manchmal ist es aber auch ambivalent und heißt so viel wie „mal sehen". Gesten können, wie anderswo auch, zu Missverständnissen führen. Man sollte sie daher vorsichtig deuten und sich auch nicht auf die korrekte Interpretation eigener Gesten verlassen. Maya lebt eigentlich in Australien, verbringt aber gerade einen mehrmonatigen Forschungsaufenthalt in ihrem Heimatland Indien. Sie ist auf dem Weg von der Südspitze Indiens, dem Treffpunkt dreier Ozeane, nach Trivandrum in Kerala. Die Zugfahrt wird nur gut zwei Stunden dauern, wenn der Zug erst einmal da ist. Die Touristin kommt schließlich doch noch mit ihr ins Gespräch, als sie ihr Interesse an der Provinz Tamil Nadu bekundet und sich als Australierin vorstellt. Als sie wissen will, was in Indien denn alles tabu sei, denkt Maya erst einmal über ihr eigenes Tabuverständnis nach:

- Tabu ist etwas Unzulässiges, etwas, das nicht getan werden sollte. Es ist aber zu unterscheiden von rechtlichen Dingen. Eher geht es um Dinge, die nicht mit Regeln und Gesetzen geordnet sind, sondern durch Konventionen. Etwas, von dem ich glaube, dass es nicht getan werden sollte. Einiges, wie zum Beispiel Inzest oder Pädophilie, da gibt es dann auch Gesetze. Es gibt noch einige andere Dinge, die ich niemals tun würde, was auch immer passiert, und Dinge, von denen ich nicht will, dass andere sie tun. Ich will nicht mit denen in Verbindung gebracht werden, die das tun.
- Aber dann gibt es Dinge, die würde ich nicht tun, doch es ist vollkommen okay, wenn andere es tun. Fleisch essen zum Beispiel. Ich bin Vegetarierin, aber ich habe kein Problem, mit anderen am Tisch zu sitzen, die Fleisch essen, oder sogar mit ihnen zusammenzuwohnen. Ich habe mit Fleischessern gewohnt, und wir haben unsere Dinge nebeneinander im Kühlschrank aufbewahrt, also das würde ich nicht als Tabu klassifizieren.

VRINDAVAN, INDIEN

Maya kommt aus dem Süden Indiens, aus Chennai in Tamil Nadu, vormals Madras. Chennai sei wie keine andere Stadt, sie sei sehr konservativ. Hinzu kommt, dass Maya zu einer Minderheit in ihrer Gesellschaft gehört, die eine privilegierte Vergangenheit hat und gesellschaftlich höhergestellt ist. Diese Umgebung ist sehr komplex, denn einerseits sieht Maya sich nicht als zu dieser Gruppe gehörig an, andererseits gehört sie zur Stadt, auch wenn sie nicht alles mit den Menschen dort teilt. Der Umgang verschiedener Kasten miteinander sei ein Thema in ihrer Gemeinde, doch ist es auch ein Tabu?

> Ich weiß, dass die meisten Leute das noch immer als Tabu sehen. In Chennai, in kleineren Städten, da ist es noch immer ein Tabu. Meine Familie vermischte sich mit Menschen von überall, verschiedene Kasten, verschiedenes soziales Ansehen, es ist kein Tabu. Ich glaube nicht, dass wir einen Ausländer in der Familie haben, aber Menschen von überall in Indien. Das wurde dann diskutiert, also, obwohl ich sage, dass in meiner Familie über Kasten hinweg geheiratet wurde, weiß ich, all das war nicht leicht. Für diejenigen, die Partner außerhalb ihrer Kaste wählen, beginnt ein Prozess, ein Verhandeln, da war zuerst Ablehnung und Drama und dann Akzeptanz.
> Es gibt Diskussionen in Bezug auf dieses Verhalten, und im Großen und Ganzen verändert es sich. Außerhalb der Kaste zu heiraten ist politisch nicht korrekt, aber was immer man fühlt, man sagt es einfach nicht. Es ist nun eine mehr integrative Gesellschaft, aber ich glaube, tief im Inneren willst du diese Leute nicht in sehr engen Beziehungen. Wenn es etwas zu feiern gibt

in der Familie, etwas mit religiösen Inhalten, dann würdest du sie einladen und ihnen Essen geben, aber würden sie teilhaben? Wäre es ihnen erlaubt, wirklich teilzuhaben? Nein. Es gibt hier also Schichten oder Grade, und so zeigt sich das dann. Du musst dich damit auskennen, für einen Außenstehenden wird das alles gut aussehen. Eingeladen, Essen geteilt, aber die wirklich sinngebenden Rituale, da ist dann Schluss.

In den Städten geht es konservativer zu, und wenn du in die nordindischen Städte schaust, da werden Leute gelyncht, weil sie außerhalb ihrer Kaste geheiratet haben, und das hört man nicht so oft im Süden.

Aber es gibt ein kontroverses Beispiel, das in den Nachrichten war. Da ging es um eine Inter-Kasten-Heirat, die zwei Gemeinden betroffen hat, nicht aus der oberen Kaste, aber aus den unteren. Da gab es Aufstände und Verwüstungen. Der Vater des Mädchens konnte die Heirat nicht ertragen und nahm sich das Leben, das Mädchen ist aus Schuldgefühlen weggerannt, zu ihrer Mutter, und hat sich geweigert, zu ihrem Ehemann zurückzukehren. Das Nächste, was man gehört hat, ist, dass der Mann tot auf den Gleisen gefunden wurde. Nun gibt es zwei verschiedene Versionen: Die eine sagt, es war Suizid, weil die Frau ihn verlassen hat, und die andere sagt, es war Mord. Das Mädchen war aus der höheren Kaste und der Bräutigam war arbeitslos, also war er komplett von der Gemeinde abhängig. Es hat nicht nur mit der Kaste zu tun, sondern auch mit der sozialen Stellung. Wenn er einen Job gehabt hätte und er hätte einfach von einer Provinz in die andere ziehen können, dann wäre es anders gewesen. Also die Kaste ist nur ein Aspekt.

VRINDAVAN, INDIEN

Berührung ist kein kulturelles Tabu, aber es wird nicht positiv bewertet. Wir behandeln Leute, die sich körperlich verhalten, nicht wie Aussätzige, aber als etwas seltsam. In Indien ist das Zeigen von Emotionen in der Öffentlichkeit nicht wirklich akzeptabel. Sogar wenn du befreundet bist und du sitzt dicht nebeneinander und kicherst, da würden deine Eltern sagen: „Was ist los mit dir?" Das ist nicht als Tabu klassifiziert, aber als nicht wünschenswertes Benehmen. Umarmen, z.B. zur Begrüßung, ist im Süden nicht üblich. Meine Theorie ist, dass es so heiß und stickig ist, dass Händeschütteln und Umarmen nicht angenehm sind, also nicht in einer privaten Umgebung wie zu Hause oder so. Aber im Norden wird das gemacht.

Man sollte vor allem heilige Stätten und Götterbilder respektvoll behandeln und auf jeden Fall die Schuhe ausziehen, wenn man einen Tempel betritt. Füße und Schuhe gelten als niederster und unreiner Körperteil, weil sie die Straße berühren. Wenn man jemanden versehentlich mit Füßen oder Schuhen berührt, muss man sich sofort entschuldigen. Der Kopf dagegen wird als höchstgelegener Körperteil eher respektiert und sollte nicht berührt werden, auch nicht bei kleinen Kindern.

Auf Religion bezogen gibt es viele Tabus. Wenn Frauen ihre Menstruation haben, gehen sie nicht in den Tempel, das wird als nicht sauber angesehen, und das wird uns von klein auf gesagt. Ich weiß auch, dass sich das ändert. Du musst es ja nicht der ganzen Welt sagen, also, wenn du gehen willst, dann kannst du, aber es hat mehr mit Glauben zu tun. Also, das ist ein Tabu. Du gehst nicht zu einem Tempel, ohne zu baden. Dort gibt es Wasserhähne, wo du dir die Beine und die Hände waschen kannst, so wie die Muslime es tun, und dann gehst du. Das hat mit diesem ganzen Komplex von Sauberkeit zu tun. Also, man hatte die ganze Klasse der Unberührbaren, Leute die dreckige Arbeit machen, die berührst du nicht. Was diese ganze Sache revolutioniert hat, ist der öffentliche Nahverkehr. Wir haben diese Fahrzeuge, die geteilt werden, wo etwa fünf bis sechs Leute reinspringen. In Bangkok heißen sie Tuk Tuk. Du zahlst etwa die Hälfte von dem, was du für ein Auto zahlen würdest. Du kannst also aus einer oberen Kaste kommen und neben jemandem aus einer unteren Kaste sitzen. Das hat diese Klassensache total heruntergebrochen. Du kannst nicht länger daran festhalten, nicht neben diesem oder jenem sitzen zu wollen. Die letzten fünfzig Jahre haben diese kulturelle Hürde abgebaut.

In Bussen sitzen Männer und Frauen getrennt voneinander. Normalerweise sitzen die Männer vorn und die Frauen hinten. In Chennai wird in rechts und links eingeteilt, die Männer sitzen auf der einen, die Frauen auf der anderen Seite. In den Tuk-Tuk-Sammeltaxis kann man sich das nicht aussuchen.

Einige Tempel lassen keine Frauen in einem bestimmten Alter zu, wenn sie menstruieren. Da gab es einen Fall in Kerala, wo eine Schauspielerin, eine Christin, zu einem Tempel ging und sie wurde geschubst und fiel auf das Götzenbild. Also

VRINDAVAN, INDIEN

haben sie gesagt, das Götzenbild sei verunreinigt, der Tempel wurde verunreinigt, und dann haben sie den Tempel geschlossen. Sie sind extrem religiös, sie haben viele Rituale vollzogen, um den Tempel zu reinigen, und sie haben die Schauspielerin vorgeladen und sie ausgefragt, wer ihr erlaubt habe, in den Tempel zu gehen. Hat sie gesagt, sie sei Hindu? Tabus gibt es immer noch, obwohl wir versuchen zu sagen, dass sie in vielen Gebieten ausradiert wurden. Das war seltsam, es kam aus einer Gegend, die eine kommunistische Vergangenheit hat.

Ich komme aus einer Region, die eine Bewegung gegen Hindu-Aberglauben hat. Ob du es glaubst oder nicht, es wäre Selbstmord, in Tamil Nadu sowas zu sagen, weil du von Leuten umgeben wärst, die versuchen würden, dein Haus abzubrennen oder dich abzuholen. Du kannst nicht hinterfragen, warum diese Frau in dem Tempel war. In Tamil Nadu kannst du auch nicht stolz auf deine Klasse sein oder auf eine kulturelle Überlegenheit, die auf der Kaste basiert. Als ich in Tanataka gearbeitet habe, waren sie sehr stolz, Brahmanen zu sein. Wenn du das gesagt hättest, wo ich herkomme, dann wärst du total ausgegrenzt worden. In Kanataka-Tempeln gibt es Essen umsonst, und die Erlaubnis zu essen wird als Privileg gesehen. Sie sagen ganz offen, dass die Brahmanen zuerst kommen. Der Grund, warum Leute darüber nicht reden wollen, ist für Nicht-Inder sehr schwierig zu verstehen. Manchmal wollen wir nicht darüber reden, weil es so kompliziert ist, es zu erklären. Die meisten von uns finden es unangenehm, über Kasten zu reden. Für uns ist es etwas, das in unsere Privatsphäre gehört, und für die meisten von uns bestimmt es nicht das öffentliche Leben. Es kann gut sein, dass du für jemanden aus einer niedrigeren Kaste arbeitest, und das ist okay, aber Heirat und Zusammenleben, bei solchen Dingen spielt das eine Rolle. Kannst du sowas wirklich erklären? Es ist kein Tabu, aber wie diskutierst du das? Einige mögen Überlegenheit einklagen, einige nicht. Wir müssen in der Schule ein Formular auszufüllen. Es gibt vier Kategorien: eine „Vorwärts"-Kaste, da sind nur Brahmanen drin, also wenn du das ankreuzt ... Dann gibt es BC, das ist die „Rückwärts"-Kaste (backward caste). Sie sind nicht zurück, sie sind vorwärts, aber nicht Brahmanen. Dann hast du die „Am meisten zurück"-Kasten. Es bedeutet gar nichts, also sie leben nicht auf der Straße oder sind sehr arm oder irgend so etwas. Es bedeutet nur, dass sie historisch einen niedrigeren Platz in der Kastenhierarchie hatten, das ist alles. Also, ein MBC (most backward caste) könnte tatsächlich sehr reich sein. Es ist kein Zeichen für deinen ökonomischen Status. Und dann hast du die unterdrückte oder unberührbare Kaste (schedule class), und das sind Leute, die sehr arm sein können und sozial gesehen auch, also, sobald du das einträgst, wissen die Leute, wer du bist. Es ist kein Tabu in dem Sinne.

Ich glaube, es gibt auch gute Tabus. Als Akademikerin würde ich das im Hinblick auf Politik und Kultur sehen. Politisch würde ich nicht mit Leuten in Verbindung gebracht werden wollen, die gegen religiöse Minderheiten gearbeitet haben. Der nächste Premierminister war 2002 wegen Genozides an Muslimen angeklagt. Ich weiß, dass es keine Auswahl gibt, aber ich fühle mich nicht wohl, für Modi zu stimmen, weil er mit Massentötungen zu tun hatte. Ökonomisch würde ich nicht mit

VRINDAVAN, INDIEN

einer Organisation verbunden sein wollen, die ausbeuterisch ist. Ich versuche, all diese Marken nicht zu kaufen.

Kulturell gesehen ist es komplex. Für mich ist tabu, was ich nicht machen würde, etwas wie Inzest, aus offensichtlichen Gründen, also, die Kaste ist für mich nicht so wichtig. Und Menstruation, das ist eine persönliche Entscheidung. Ich gehe nicht jeden Tag in einen Tempel, ich gehe nur an bestimmten Tagen, also warum sollte ich gehen, wenn ich menstruiere? Die Christen müssen jeden Sonntag in die Kirche gehen, aber wir haben das nicht. Du kannst auch nicht exkommuniziert werden, und das ist gut, wenn du nicht gehst, bist du noch immer ein Hindu. Es ist keine Pflicht. Ich finde, warum wartest du dann nicht, bis du gehen kannst?

Sexualität ist eine komplexe Sache. Wenn zum Beispiel ein Paar beim Küssen oder so fotografiert wird und es ist überall im Internet, und dann trennen sie sich, und später haben sie andere Partner. Es würde im Westen nichts ausmachen, weil man das hinter sich lässt. Aber es ist nicht das Gleiche in Indien, weil sie immer noch an *einen* Sexualpartner glauben, Heirat ist für immer, obwohl viele wissen, dass es ist nicht praktikabel ist. Also, wenn du erwischt wirst, wie du irgendwo mit jemandem rummachst, dann ist im Grunde deine Beziehung für die Zukunft ruiniert. Wir können Tabus nicht außerhalb des kulturellen Kontextes sehen. Es hängt so eng zusammen. Ich glaube, es ist nicht realistisch zu sagen, du kannst nur einen Partner haben, aber gleichzeitig würde ich einem Mädchen, das zu mir kommt, sagen: „Du musst sehr vorsichtig sein." Als Mentorin habe ich das vielen Mädchen gesagt, die ich betreut habe. Ein Mädchen ist in meinem Büro zusammengebrochen. Sie war auf einer Party, und anscheinend war sie sehr betrunken, und ein älterer Junge hat sie in einem offenen Auto nach Hause und auf ihr Zimmer gebracht. Und erst als sie in ihrem Zimmer aufwachte, hat sie verstanden, was passiert war, und sie war sehr verstört und hatte Angst, dass ich ihren Eltern etwas sagen würde. Ich sagte ihr: „Es geht mich wirklich nichts an, dass du zu einer Party gegangen bist und Spaß hattest, aber so total *zonked* zu sein, dass du nicht weißt, was passiert ist? Als Frau würde ich immer wissen wollen, was mir passiert, zu jeder Zeit und nicht erst hinterher." In Australien würde ich das auch so sagen, aber ich wäre weniger besorgt um ihren Ruf, das ist, was ich meine. Du ruinierst nicht dein ganzes Leben, dort ist es im Prinzip ruiniert.

Schlechte Tabus gibt es auch, diese Kastengeschichte, wo man Leuten nicht erlaubt, sich miteinander zu mischen, und diese Hierarchie aufbaut, das ist nicht gut. Der Prozess ist sehr, sehr langsam, es dauert Jahrhunderte. Es verändert sich, aber all die Globalisierung und Internationalisierung scheint eigentlich Dinge zu verstärken. Wenn Leute ins Ausland gehen und einen Ausländer heiraten und es nicht funktioniert, dann sagen sie: „Also geh zurück. Es ist besser, in deiner Kaste zu bleiben." Es ist einfach ein sehr langsamer Prozess. Ich denke, es ist sehr schädlich. All diese Dinge, wie Frauen sich in religiösen Kontexten verhalten sollen, das ist auch nicht gut, obwohl es eine eigene Wahl ist. In kleineren Städten ist der Priester sehr mächtig. Ich bin sicher, die Frauen können ausgeschlossen werden, wenn sie nicht linientreu sind. Sie werden zu Opfern. Die Muslime haben etwas sehr Ähnliches, sie können sogar exkommunizieren. Und dann die ganze Sache mit alleinstehenden Frauen.

Zusammenleben ist nicht gern gesehen, aber in Bangalore und Delhi, wo es weltstädtischer ist, da ist es möglich, aber dennoch abweichend von der Norm. Einer der Gründe, warum es schwierig ist: Es wird schwer sein, ein Haus zu finden. Alleinstehende Männer werden auch angehalten zu heiraten, aber es geht ihnen besser als alleinstehenden Frauen.

Alleinstehende Frauen sind überall tabu. Als ich nach Australien kam, war die erste Frage, die man mir stellte: „Hast du einen Freund?" Ich sagte: „Nein." „Hast du einen Freund in Indien?" Ich sagte: „Nein." „Suchst du hier einen Freund?" „Nein." Dann sind sie so, sie ist komisch, sie hat keinen Freund. Also hier in Indien würden sie es etwas anders ausdrücken: „Bist du verheiratet?" – „Lebst du bei deinen Eltern?" – „Liebst du jemanden und deine Eltern sind dagegen, so dass du nicht heiraten kannst?" – „Hast du gesundheitliche Probleme, hast du psychische Probleme?" Die Fragen sind anders in verschiedenen Kulturen, aber eine alleinstehende Frau wird als seltsam angesehen und außerhalb der Norm. Ich finde das überall auf der Welt. Ich war in England, erste Frage. Ich finde das etwas seltsam, es ist überall dasselbe.

In Indien sprechen wir über Kasten, aber in Australien geht es um Rasse, also was ist besser? Wenigstens dauert es eine Weile, bis man Kasten versteht, aber Rasse ist mir ins Gesicht geschrieben. Als ich nach Australien kam, wollte ich als Büroassistentin arbeiten, und ich habe 200 Absagen bekommen. Ich hatte zwölf Jahre Erfahrung als Journalistin bei einer englischen Zeitung. Ich hatte einen Master-Abschluss und hatte mit dem Doktor angefangen, ich konnte anständige Briefe schreiben. Ich habe mit einem australischen Paar zusammengelebt, und als ich sie gefragt habe, haben sie gesagt: „Dein Hauptproblem ist, dass dein Nachname nicht einheimisch ist."

Ich mag die Kaste nicht, aber es ist nicht einzigartig und nur in der indischen Kultur – „Oh, die sind schlimm, die haben Kasten!" –, das gibt es anderswo in anderer Form. In Großbritannien spricht man über sozialen Status, in den USA auch. Wenn Inder vergleichen: „Oh, dieses Land ist nicht wie Indien, es ist viel besser", dann sage ich: „Einerseits ja, andererseits nicht." Die Leute, die nach Australien immigrieren, idealisieren das Land und verdammen Indien, aber ich denke, du musst deine Augen offenhalten. Ich gebe dir ein Beispiel: Versuch mal, Hautpuder zu bekommen, das auf einen indischen Hautton abgestimmt ist. Es ist unmöglich. Also, du findest indisches Essen und du findest Make-up für sehr weiße Haut und für schwarze Haut, aber nichts für Inder. Es ist eine sehr lehrreiche Erfahrung, wenn du zu Priceline (eine australische Drogeriekette, Anm. d. Autorin) gehst, extrem weiß oder sehr dunkel. Ich glaube, L'Oreal hatte etwas, und sie haben es aus dem Regal genommen, ich weiß nicht, warum es das nicht mehr gibt.

Inder sind Außenstehenden gegenüber tolerant. Wenn du einen Mann mitnähmst und sagtest, es sei dein Freund, dann wäre das okay, aber, wenn ich ginge und sagte, das sei mein Freund, dann würde ich nicht wieder eingeladen. Es wäre schwer für dich, ein Tabu zu brechen, weil du nicht in ihre Häuser eingeladen würdest und in ihre sozialen Kreise. Am Arbeitsplatz könnte es theoretisch passieren, aber diese Leute sind wahrscheinlich internationaler. Also für einen Ausländer wäre es einfacher, hier zu leben, als für eine indische Frau.

Wenn du ein Tabu brichst oder wenn du geschnitten wirst, weil du etwas Unerwartetes gemacht hast, dann ziehst du dich einfach zurück, aber wenn du reich bist, dann kommen die Leute zu dir zurück. Da kommt dieses ganze Globalisierungsding ins Spiel. Ich bin nicht verheiratet, ich bin Single. Ich habe nichts gemacht, was von mir erwartet wurde in all den Jahren. Also hat meine erweiterte Familie sich von mir zurückgezogen, als sie dachten, ich schlage den falschen Weg ein und bin verloren. Sie zieht nach Australien mit ihrem eigenen Geld, kein Stipendium. Aber nach fünf Jahren, als ich zurückgekommen bin und ein Haus gebaut habe und mich sozusagen niedergelassen habe, da kamen alle zurück. Das ist es, was ich meine, also dieses Ökonomische kann all das wettmachen. Ich glaube, das ist überall so, weil die Welt kapitalistischer ist. Diese ganze Sache, dass ein Lehrer gut angesehen ist wegen seines Wissens, das ist ganz verschwunden. Also, es ist egal, du kannst ein Intellektueller sein oder ein fantastischer Lehrer, wenn du kein Geld hast ... und ich glaube, das ist die Globalisierung und der Kapitalismus.

Die Medien in Indien benutzen das Wort „Tabu", um etwas für die Mehrheit Unakzeptables zu beschreiben, aber sie benutzen es nicht so oft. Sie sprechen über Aufstände oder Religion oder solche Dinge, aber sie nennen es nicht tabu. Die neuen Medien verstärken Tabus. Es ist ein extrem schwieriger Diskurs, all diese Öffentlichkeit und Aufklärung, das passiert nicht mehr. Ich gehe langsam raus aus Facebook und all diesen Sachen, weil es wirklich ärgerlich ist. Man dachte an Aufklärung, aber das passiert nicht. Es ist eine Spiegelung der Konflikte in der realen Welt, also beschimpfen sie sich gegenseitig. Und das ist gewalttätig.

Ich glaube, die neuen Medien erlauben dir eher, politisch unkorrekt zu sein. Also jeder redet über freie Meinungsäußerung, aber meine Frage ist: Freiheit von was? Und auf welche Weise? Anonymität macht es schlimmer. Als wir aufwuchsen, wurde uns gesagt, was immer ihr glaubt, ihr könnt das und das nicht sagen. So wuchsen wir in dem Bewusstsein auf, was man sagen kann und was nicht, aber nun erlauben die neuen Medien zu sagen, was immer man will. Das Problem ist, dass man nicht unterscheiden kann, was falsch ist und was richtig. Ich bin nicht sicher, aber ich denke, sie verstärken Tabus.

Es gibt mehr oder weniger universelle Tabus, also wenn du sexuell nicht aktiv bist, dann denken die Leute, mit dir stimmt etwas nicht. In einigen Gesellschaften kannst du ohne Heirat keinen Sex haben, im Nahen Osten würdest du über Heirat sprechen. Ich habe eine Freundin, die ist fast 36, und sie wird die ganze Zeit gefragt: „Wann heiratest du?", und diese Dinge hängen zusammen. Sie wird als sexuell verarmt angesehen, und alles, was sie macht, läuft unter diesem Vorzeichen: „Sie muss frustriert sein." Wir haben das in Indien sehr viel. Als ich gearbeitet habe, hatte ich eine Chefin, die war super effizient. Sie war 36 zu der Zeit, und sie hat unglaublich gut gearbeitet, und sie hat auch von allen anderen gute Arbeit erwartet. Aber jeder hat sie als frustrierte alleinstehende Frau gebrandmarkt und gesagt, deshalb habe sie andere verrückt gemacht. Es gibt Männer, die andere verrückt machen, aber die müssen sich das nie anhören. Männer werden nie gefragt, und wenn die Freundinnen haben und Spaß, kein Problem, aber wenn du eine alleinstehende Frau bist, wirst du negativ bewertet. Das ist etwas, das du in verschiedenen Gesellschaften hast, auch in westlichen. Als ich in Monash (Universität in Melbourne, Anm. d. Autorin) anfing, war ich schockiert: Da war eine Frau, es war diese Zeit des Monats, und alle nahmen an, das sei, warum sie so schlecht drauf sei.

Die andere Sache sind Mütter, die nicht mütterlich genug sind, das ist in vielen Ländern tabu. Oder wenn du keine Kinder willst, dann bist du extrem egoistisch. Das ist auch in vielen Gesellschaften so.

Es gibt viele verbotene Orte in Indien …

Maya ist mitten im Satz, als der Zug einfährt und die Wartenden sich näher an die Gleise drängen. Plötzlich kommen von überallher Menschen, die man vorher gar nicht gesehen hat, der Bahnsteig ist voll von Menschen, kuriosen Gepäckstücken und Stimmen, doch Maya behält ihre Konzentration und spricht weiter, während sie sich, die Australierin vor sich herschiebend, in den Zug drängt:

> Vrindavan ist in der Hindu-Mythologie ein Garten, der mit Lord Krishna zu tun hat. All die Witwen, die arm zurückgeblieben waren, mussten dorthin. Du hast kein Leben mehr, wenn dein Ehemann tot ist.

Der Zug setzt sich langsam in Bewegung, und Maya erzählt noch lange über ihr Land und ihre Beobachtungen, über die Parallelen zwischen indischem Kastensystem und westlichem Klassensystem, über die Rolle des Kapitalismus und die Vor- und Nachteile neuer Medien. Ihrer australischen Gesprächspartnerin bleibt vor allem im Kopf, dass Ausländer es in Indien einfacher haben als indische Frauen, die dauerhaft in einem Netz aus Traditionen und Tabus gefangen zu sein scheinen.

RIYADH, SAUDI-ARABIEN
VOM GETRENNTEN UND GETEILTEN

»*Wenn es um Frauen geht, der islamische Glaube hat Frauen Rechte gegeben, die gleich oder besser sind als die Rechte, die ihnen im Alten Testament oder in der Bibel gegeben waren.*« [38]
Abdullah von Saudi-Arabien

Der Zug ist von Dammam nach Abaqaiq unterwegs, dann weiter nach AlHofuf und schließlich Riyadh. Es ist ein älterer Zug, aber Telma, Yousef, Rasha und Jan sitzen in Al-Rihab, das ist die erste Klasse mit bequemen Sesseln und privater Sitzordnung, die sich gut für Diskussionen eignet. Von Hofuf nach Riyadh sind es noch etwa drei Stunden. Die 449,11 km lange Zugstrecke zwischen Riyadh und Dammam ist die einzige in Saudi-Arabien, und unterwegs sieht man vor allem Sand.

Yousef wurde in Saudi-Arabien geboren und ist dort aufgewachsen. Er hat eine Weile an der Imam Muhammad Ibn Saud Islamic University unterrichtet, doch zurzeit lebt er in Australien und schreibt seine Doktorarbeit über religiöse Vielfalt. Telma ist im Iran geboren und aufgewachsen, lebt aber seit vielen Jahren in Deutschland. Jan ist ihr Mann, ein deutscher Ingenieur, mit dem sie erst seit Kurzem verheiratet ist. Telma war zwischendurch zwei Jahre lang in Saudi-Arabien als Assistant Professor an der Frauenabteilung einer Uni tätig, arbeitet aber nun wieder in Deutschland als Lehrerin an einer Schule in privater Trägerschaft. Zusammen mit Rasha sind sie unterwegs zur 4. Internationalen Konferenz über E-Learning und Fernstudien, kurz eLi4, an der King Saud University in Riyadh. Jan hat kein Interesse an E-Learning und irgendwelchen Unterrichtsmethoden, eher an Yousefs Dissertation. Yousef spricht über religiöse Vielfalt und verwendet dabei das Wort „Tabu". Was das denn genau sei, will Jan wissen.

> Es ist manchmal schwer zu definieren, aber ich will es versuchen: Tabu ist etwas, das ich nicht berühren kann, ich kann nicht nahe herankommen an etwas, das mir nicht gehört. Wenn ich den religiösen Terminus verwende, sollte es „verboten" sein. Wenn man spezifischer sein will, würde ich sagen, es gibt kulturelle Tabus, und es gibt religiöse Tabus. Aber wenn ich Tabu höre, denke ich zuerst, dass es zu meiner Religion gehört.
> Es gibt verschiedene Ebenen von „tabu" in meiner Religion, es gibt große Tabus, die total verboten sind, und kleine, die jeder bricht, wenn man es so sehen will. An einige kann man sich leicht halten, und bei einigen muss man Gott um

Vergebung bitten, weil es ein großes Tabu in meinem Glauben ist. Tabus hängen manchmal mit dem Glauben zusammen, je nach Kultur. In Australien ist es nicht üblich, über Religion und Politik zu reden. In Saudi-Arabien sind wir die Religion, sie hat eine wichtige Bedeutung für uns. Wir sprechen die ganze Zeit darüber, jeden Tag. In Saudi-Arabien ist es okay, über Politik zu sprechen, wir haben so viele Dinge im Nahen Osten und so, wir sprechen darüber.

Telma ist skeptisch:

Die Religion hat einen ganz anderen Stellenwert, man darf sie nicht kritisieren. Deshalb kann man nicht akademisch mit dieser Religion umgehen. Wenn meine Studentinnen Aufsätze schrieben, haben sie gesagt: „Es steht im Koran." Da habe ich dann darauf bestanden: „Ja wo, welche Stelle, welche Seite, welche Ausgabe, welcher Vers? Du kannst das nicht einfach so sagen, sonst ist es Aberglaube." Das ist sozusagen die tabuisierte Religion, die hat Züge von Aberglauben angenommen. Man hat das so akzeptiert, weil das irgendwann einmal gesagt wurde. Es ist so, es gibt also den Koran in der Schule, und er wird auswendig gelernt, aber das ist keine theologische Ausbildung in dem Sinne, dass man sich mit dem Koran kritisch auseinandersetzt und hinterfragt und versucht zu reflektieren usw., das nicht. Das ist mehr so in Richtung Indoktrination.

Yousef schaut Telma an und erklärt:

> Ich habe einen Bachelor und einen Master in Islamstudien aus Saudi-Arabien und noch einen aus Australien. Ich denke über Tabus nach. Es gibt zwei Arten: die zu 100 % religiösen, die ich als tabu anerkenne, und die anderen, die kulturell bedingt sind, und über die kann man diskutieren. Wenn du über Religion sprechen willst, ist das in Ordnung, innerhalb des Glaubens im Land. Wenn du etwas über den Islam fragen möchtest, das ist okay, du bekommst eine Antwort. Aber wenn du über andere Religionen sprechen willst, das ist dann tabu.
> In Saudi-Arabien kommen die religiösen Tabus noch vor dem Gesetz, also die Regeln und Gesetze, die basieren alle auf dem Glauben. Das Gesetz basiert auf dem Islam. Die Leute in Australien achten mehr auf die Gesetze, in Saudi-Arabien achten sie mehr auf die Religion. Du kannst nicht predigen, du kannst auch nicht darüber streiten. Es gibt die Fünf Säulen des Islam[39], über die kann man nicht diskutieren. Du kannst fragen und darüber sprechen, aber wenn du fundamentale Fragen stellen willst, ist das nicht erlaubt. Wenn du streiten willst und etwas ändern, das kannst du nicht tun. Vor ein paar Jahren war da ein kleiner Kerl, der hat getwittert über den Propheten, und er hat Bemerkungen gemacht, die nicht zu 100 % okay waren. Er hat den Propheten beleidigt. Er hat so etwas gesagt wie: „Der Prophet Mohammed war ein Mann, und ich bin auch ein Mann." Also hat er sich auf dieselbe Stufe gestellt wie den Propheten. Alle haben darüber gesprochen, all die neuen Medien, Facebook, Twitter, Instagram, sogar die alten

Medien, TV, Zeitungen, jeder hat über den Typen gesprochen. Er hat versucht, das Land zu verlassen, und ist nach Malaysia gegangen, aber er wurde nach Saudi-Arabien zurück und für einige Jahre ins Gefängnis gebracht. Für mich war es, ehrlich gesagt, nicht so eine große Sache. Ich habe gesehen, was er gesagt hat, und man konnte es so oder so auslegen. Wir müssten ihn fragen: „Was meinst du hier genau?" Aber die Leute dachten, er hat etwas gegen unseren Glauben gesagt, er hat ihn beleidigt, unseren Glauben, unsere Religion. Aus politischen Gründen wurde er für drei Jahre inhaftiert. Das ist ein Beispiel, wie wichtig Tabus in Saudi-Arabien sein können.

Traditionen und Bräuche und einige soziale Angewohnheiten sind wichtig, zum Beispiel soll man in Saudi-Arabien und arabischen Ländern Gastfreundschaft zeigen. Wenn jemand an deine Tür klopft und sagt, er will ein paar Stunden bleiben, dann musst du ihn willkommen heißen und ihm Essen geben und so. Einige Leute in Saudi-Arabien sehen es als tabu, dieses Gebot zu ignorieren, man muss es machen. Für mich ist es nicht so, es ist mir nicht so wichtig. Es ist auch mit der Religion verbunden, weil der Prophet Mohammed uns dazu ermutigt. Aber es kommt darauf an, wenn ich Geld habe und wenn ich Zeit habe, wenn dies und wenn das, dann mache ich es. Ansonsten würde ich sagen: „Tut mir leid, ich habe keine Zeit, und ich habe kein Geld." Das ändert sich mit den Generationen. In der Generation meiner Eltern war das so. Mein Vater konnte das nicht abschlagen, aber in meiner Generation geht das.

Rasha hat noch nichts gesagt. Sie kennt Telma aus Paris und ist aus der französischen Metropole zur Konferenz angereist. Nun wird sie munter:

> Naja, man kann sagen, wenn sich Dinge hier verändern, dann wohl eher sehr langsam. Für Frauen ändert sich nicht so viel, oder? Also die dürfen doch nicht mal Auto fahren!

Yousef nickt:

> Der Diskurs in Saudi-Arabien ist anders. Wir müssen aus verschiedenen Blickwinkeln schauen, nicht nur aus einer Perspektive. Leute haben unterschiedliche Bedürfnisse, also kann, was für die einen tabu ist, für die anderen in Ordnung sein. Wir haben Stämme, die in der Wüste leben, und da fahren die Frauen, es ist kein Tabu. Sie müssen fahren. Einige Tabus sind also nicht für alle Leute. Manche Leute sehen Autofahren für Frauen als tabu an. Für mich ist es das nicht. Ich denke, es ist ein Recht der Frauen, wenn sie fahren müssen, sollten sie auch dürfen. Ein Auto ist nur ein Werkzeug. Wenn wir nicht erlauben würden, dass sie ein Mobiltelefon haben oder irgendeine Maschine, also ein Auto ist doch auch nichts anderes. Ich denke, das ist kein Tabu. Einige Leute denken so, aber es wird immer kleiner und kleiner, die ganze Zeit. Es ist verboten, aber es gibt kein Gesetz, es ist ein soziales Tabu.

Telma wirft ein:

Da gibt es aber eine Logik. In der Diskussion hat man eine Expertenkommission beauftragt zu untersuchen, ob es überhaupt gut ist, wenn Frauen auch Auto fahren. Es gibt ja keine öffentlichen Verkehrsmittel, es gibt ein paar Busse, da fahren die Inder und Pakistanis mit, da kommt keine Frau rein. Die Kommission hat lange geforscht und ein Gutachten erstellt, mit dem Ergebnis, dass Frauen weiterhin kein Auto fahren dürfen, weil sie dadurch ihre Gebärfreudigkeit verlieren und Männer dann homosexuell werden[40].

Ein Raunen geht durch die kleine Gruppe, und verhaltenes Gelächter ist zu hören.

Das neueste Gutachten bescheinigt, dass es für die Eierstöcke schädlich ist, wenn Frauen Auto fahren. Das nehmen wir mit Witz, aber wir wissen ja auch, warum Frauen kein Auto fahren dürfen. Also, das ist eine Abhängigkeitsbeziehung, und all diese Tabus oder Aberglauben werden auch vom Königshaus unterstützt. Es geht einfach um Macht und um Geld. Wenn Frauen sich emanzipieren, wenn sie arbeiten dürfen, dann ist das auch ein Stück Unabhängigkeit, und das geht nicht. Sie hätten ab 2015 fahren dürfen sollen, aber das wurde jetzt zurückgenommen. Als Beifahrer hinten ist es okay, da sind die Eierstöcke nicht betroffen.

Yousef lächelt und sagt diplomatisch:

Ich habe davon nichts gehört – meines Wissens schweigt der König darüber, die Regierung ist noch immer still, niemand spricht darüber. Die offiziellen Medien in Saudi-Arabien schweigen noch. Einige Leute sagen, dass Frauen aus religiösen, kulturellen und gesetzlichen Gründen nicht die Erlaubnis haben sollten zu fahren. Das ist ein Beispiel für ein kleines Tabu, das einige Leute haben und das verschwinden kann. Ich bin sicher, dass es in fünf Jahren verschwunden sein wird.

Meine Töchter haben in Australien mit der Schule angefangen, die älteste ist noch in Saudi-Arabien geboren. Dortbleiben könnte ich nicht. Wir werden alle zurückgehen. Es wird schwer sein, besonders in den ersten Tagen. Meine Frau hat einen Führerschein, sie ist glücklich und sie fährt Auto. Sie ist freier als in Saudi-Arabien, und es wird hart, besonders für sie

Ich bin in Saudi-Arabien geboren, und seit ich 2007 nach Australien kam, habe ich über so viele Dinge neu nachgedacht. Einige Dinge sollten verboten sein. Unsere Kultur, unsere religiösen Werte, unsere nationalen Werte müssen wir erhalten. Wir sollten sie behalten und nicht verändern. Unsere Kulturgeschichte, die sollten wir behalten. Ich bin sehr traurig, wenn ich in eine traditionelle Stadt oder an eine solche Stätte fahre oder in eine heilige Stadt wie Mekka und Medina und dann so moderne Dinge sehe. Wir haben zum Beispiel die größte Moschee in Mekka, und wenn ich da rauskomme, dann sehe ich das KFC-[41] oder McDonald's-Schild. Also das Schild für KFC, und im Zentrum haben sie McDonald's, und das sollte ein großes Tabu sein! An einigen Stellen in Saudi-Arabien sehe ich Globalisierung als tabu an, das gilt auch für McDonald's. Wir sollten unsere Werte erhalten.

Jan sagt: „Da kann ich nicht mitreden. Als Nicht-Muslim darf ich da nicht hin. Klingt aber übel, so wie wenn man in Venedig am Bahnhof aussteigt und als Erstes das McDonald's-Schild sieht. Thomas Mann hätte den ‚Tod in Venedig' ganz anders geschrieben, wenn es das zu seiner Zeit schon gegeben hätte!"

Yousef schaut einen Moment aus dem Fenster auf die vorbeiziehende Wüste, als suche er nach einem Schild für amerikanisches Fast Food.

In unserem heiligen Buch ist erwähnt, dass man keine Kontrolle über seinen Körper hat. Wenn man etwas verändern will, er gehört uns nicht, er gehört Gott. Also meine Tochter hatte eine Operation, weil etwas mit ihrem Ohr nicht in Ordnung war. Aber wenn du etwas anderes verändern willst, tut mir leid es zu sagen, wenn du vom Mann zur Frau werden willst, das ist zu 100 % tabu im Islam. Auch wenn es dein Körper ist, im Islam ist es nicht notwendigerweise *dein* Körper, du kannst nur tun, was die Religion erlaubt.

In den Augen einiger Islamforscher ist eine Tätowierung auch ein Tabu. Du bist schon im besten Zustand, Gott gab dir das Beste, wenn du es verändern willst, dann bist du dagegen. Ich habe nie daran gedacht, mich tätowieren zu lassen, und jeder aus meiner Religion, der mich fragt, würde zur Antwort kriegen: Es ist tabu. Also Löcher in den Ohren für

> Ohrringe oder die Haarfarbe ändern, auch für Männer, das ist kein großes Tabu. Aber der heilige Koran sagt, die Menschen sind auf die beste Art gemacht, und deshalb sollen wir es dabei belassen. Wir können es nicht ändern, außer wir müssen es reparieren.

Jan zieht seinen Hemdkragen etwas höher, aus dem ein kleiner blauer Kreis hervorschaut, eindeutig ein Tattoo auf seinem Hals. Etwas verlegen fragt er Telma, wie sie denn Tabu definiere.

> Ein Tabu ist so ein ungeschriebenes Gesetz, worüber man nicht spricht, oder bestimmte Normen, die unbewusst sind und die latent in einer Gesellschaft die Grenzen aufzeigen. Diese Tabus beziehen sich vor allem auf den Tod, bestimmte Krankheiten, auf Homosexualität, und natürlich ist das kulturspezifisch.
>
> Ich sehe Tabus als festgefahrene und unantastbare Konventionen, also, ob man die überhaupt haben muss? Tabus stehen der Aufklärung im Weg, denke ich. Ob ich da an die deutsche Gesellschaft denke oder an die saudische, für mich hindern sie uns daran, bestimmte Grenzen zu sprengen.

Yousef kommt noch einmal auf arbeitende Frauen zurück:

> Saudi-Arabien ist ein großes Land. Hier leben etwa 28 Millionen Menschen, es gibt eine Kultur und Subkulturen. Für einige Subkulturen in Saudi-Arabien ist es tabu, dass Frauen arbeiten. Insbesondere in einigen Stämmen sollen die Frauen

zu Hause bleiben, und der Hauptjob der Frauen ist im Haus. Arbeiten ist tabu für sie und ich bin zu 100 % dagegen. Ich sage meiner Frau und meinen drei Töchtern, sie sollen studieren und arbeiten und sich sozial engagieren und ihren Job zu Hause machen. Die Arbeit im Haus ist einer ihrer Jobs. Und ich sage meiner Frau und meinen Töchtern immer, wir müssen in diesem Leben Erfolg haben, und wir müssen Herausforderungen meistern. Ihr seid Frauen, ihr seid weiblich, ihr habt Doppelrollen.

Rasha schaut ihn an und fragt offensichtlich erstaunt, ob er denn zu Hause nicht helfe, im Haushalt und mit den Kindern. Yousef lächelt verschmitzt, zögert und sagt dann:

Manchmal, um ehrlich zu sein. Ich glaube, und einige Leute stimmen mir nicht zu, ich glaube, Frauen könnten besser vorankommen in Saudi-Arabien, aber gleichzeitig sollten wir Frauen wie Frauen behandeln, nicht wie Männer. Um das zu erklären: Wenn du ein Mann bist und zehn Stunden am Tag arbeitest und noch einen anderen Job hast, dann geht das manchmal. Eine Frau kann das auch, aber wenn sie es nicht kann, sollten wir ihr erlauben, acht Stunden zu arbeiten, und der Mann arbeitet zehn. Ich glaube, Frauen sollten sich manchmal entspannen. Also von Frauen und Männern zu erwarten, dass sie den gleichen Job machen, ist nicht immer richtig. Wenn sie etwas mehr entspannen möchte, sollten wir das zulassen. Es ist ihre Entscheidung, aber nach meiner Erfahrung in der Arbeit mit Frauen – sie müssen sich manchmal ausruhen, sie haben manchmal nach Pausen gefragt und die Männer nicht.

Rasha wirft ein, dass das wahrscheinlich so sei, weil sie auch noch die ganze Hausarbeit machten, woraufhin Yousef sagt:

> Ich meine, Gleichheit ist nicht zu 100 % richtig. Es ist keine Diskriminierung der Frauen, ich bin generell gegen Diskriminierung, aber ich denke, da ist ein Unterschied zwischen Männern und Frauen. Also die Anforderungen und die Bezahlung sollten fair sein, wenn die Frau zehn Stunden arbeitet und der Mann auch, dann sollen sie auch gleich bezahlt werden, und das machen wir in Saudi-Arabien.

Nun will Jan von Yousef wissen, ob es eigentlich Tabus in Australien gebe.

> Australien ist anders, kulturell und geografisch und überhaupt. Wenn wir in Saudi-Arabien eine Gesellschaft mit mehr Vielfalt hätten, das wäre viel schöner als eine Gesellschaft mit einer Monokultur. Ich sage das auf Twitter. In Saudi-Arabien ist es manchmal tabu, über religiöse Vielfalt zu sprechen, aber sogar in Zeiten des Propheten Mohammed in Medina gab es eine Art Vielfalt. Der Prophet hat sich mit den Juden und mit den Christen auseinandergesetzt, mit verschiedenen Glaubensrichtungen. Wenn wir ihn als unser Vorbild sehen, dann sollten wir religiöse Vielfalt in Saudi-Arabien haben. Wenn die Christen eine Kirche haben wollen, dann sollten wir das

erlauben. Um ehrlich zu sein, die Regierung tut das, aber nicht öffentlich. Für Christen, Amerikaner und Europäer und andere Ausländer erlaubt die Regierung eine Kirche, aber wenn jemand explizit fragt, dann sagen sie Nein. Ich finde, wir sollten es erlauben. Wir sollten ein Zuhause schaffen und ihnen ihre Rechte geben. Ich glaube, das ist das letzte Tabu in Saudi-Arabien, eine vielfältige Gesellschaft, das wird sich eines Tages ändern, zu 100 %.

In Australien ist es ein kulturelles Tabu, über Religion zu sprechen. Ich glaube, in der nahen Zukunft wird es mehr akzeptiert sein, über Religion zu sprechen. Nach 9/11[42] haben sie in Fachzeitschriften und akademischen Publikationen angefangen, über religiöse Vielfalt zu sprechen. Die Zahl der Publikationen ist angestiegen, in Zukunft wird es kein Tabu mehr sein. Entschuldige, dass ich das so sage, aber da ist zu viel Sensibilität in Australien, um über Religionen zu sprechen. Es ist tabu. Wenn du mit jemandem über Religionen sprechen willst, antwortet er, indem er über Regionen spricht. Wenn du über Islam sprichst, wird er über Araber sprechen. Ich spreche nicht über Araber, ich spreche über Islam, Christentum. Also einige können einfach nicht über Religion sprechen, weil es tabu ist oder unhöflich.

In Australien sind Gespräche über Religion einfach nicht willkommen. Ich habe so viele Interviews geführt für meine Arbeit, und wenn ich mit Muslimen spreche, dann geben sie mir all die Informationen über ihren Glauben, aber wenn ich andere über ihre Gefühle zum Islam befrage, also nicht-muslimische Manager zum Beispiel, dann bekomme ich sehr kurze

Antworten und sehe, dass sie einfach nicht darüber sprechen wollen. Ich hatte ein Interview, das dauerte gerade mal zwölf Minuten. Ich denke, das liegt an kulturellen Gründen in Australien. Religionen können Konflikte auslösen, Religionen haben vor langer Zeit Konflikte ausgelöst, und wir wollen keine Konflikte mehr. Sie sehen Religion als Konfliktquelle.

Jan fragt, ob das denn nicht so sei. Yousef antwortet ihm, dass er in der Politik die Hauptquelle für große Konflikte sehe. Als Jan die Probleme zwischen Israelis und Palästinensern als Gegenargument anführt, erklärt Yousef:

Wenn du erlaubst, das stimmt nicht ganz, die Politik ist der Auslöser, es könnte Religion sein, aber das ist eine westliche Sicht. In der westlichen Kultur ist die Religion nicht so eine wichtige Sache, deshalb beschuldigen sie die Religionen als Konfliktursachen. Ich glaube, dass Religion nicht die Hauptursache ist, sondern die Politik. Ich habe Bücher über das Osmanische Reich, als die Mittel der Regierung religiös waren, da gab es weniger Konflikte. Als die Muslime unter christlichen Herrschern lebten, gab es weniger Konflikte als in einer säkularen multikulturellen Gesellschaft. Das ist meine Sicht.

Telma sieht den kulturellen Aspekt von Tabus etwas anders als Yousef:

Kulturelle Normen kann man in einem anderen kulturellen Kontext anders definieren, aber das ist für mich kein Tabu, sondern Etikette, Konvention. Wenn es dem Allgemeinwohl dient, okay, aber das ist was anderes als Tabus, die den Charakter von Unantastbarkeit haben, wie zum Beispiel Antisemitismus in Deutschland. Da kannst du nicht mal drüber sprechen. Da kommen ja auch solche Debatten nicht zustande wie damals mit Günther Grass.[43] Man wäre kritischer gegen Israel, und ich glaube, das würde auch Israel so ein bisschen weiterhelfen, die Politik da auch unterstützen. Nehmen wir das Thema Beschneidung, da hättest du auch eine freie Diskussionskultur. Das wäre positiv, das ist aufklärerisch, aber so darf man nicht drüber sprechen.

Yousef argumentiert weiter:

Es gibt unterschiedliche Kulturen in der Welt, und die Zivilisation ist in westlicher Hand, die westlichen Kulturen sind die größten und stärksten, und die Medien repräsentieren die westliche Kultur mehr. Sie sehen die muslimischen Kulturen als Konfliktherd, aber wir sollten andere Kulturen berücksichtigen, und wir sollten Fragen stellen.

Die Religionen tragen Kulturen, der Islam trägt die Saudi-Kultur, und wenn die westlichen Kulturen sagen, dass alle Kulturen durch religiöse Werte geprägt sind, durch jüdisch-christliche Werte, dann ist die Religion stärker als die Politik. Wir müssen zurückgehen in die Geschichte, um zu sehen, welcher Einfluss stärker ist, Religion oder Politik. Meine Doktormutter ist Jüdin. Wir sprechen seit 2010 über Religion, und wir haben nie, niemals, über Politik gesprochen. Religion ist

Teil der Identität so vieler Menschen, aber Politik nicht. Man sagt Politik und Religion sind zwei Seiten der gleichen Medaille, aber ich glaube das nicht. Ich weiß nicht, warum die immer gleichzeitig genannt werden.

Nach meinem Verständnis haben gläubige Menschen etwas gemeinsam: Sie verstehen sich eher. Wenn du Christ bist, katholisch, und ich bin Muslim, da teilen wir einiges. Ich vermeide es, über Politik zu sprechen, es ist nicht Teil von mir, aber mein Glaube schon. Ich habe viele Identitäten, religiöse, Tradition, Geschlecht, Sprache, aber keine politische.

Rasha will wissen, ob Telma große Unterschiede zwischen dem Leben im Iran und in Saudi-Arabien sehe, es sei doch sicher vieles ähnlich.

Saudi-Arabien und den Iran kann man eigentlich nicht vergleichen, weil der Iran eine völlig andere Gesellschaft ist. Das Land hat einen ganz anderen Hintergrund als Saudi-Arabien, und wenn du siehst, wie die Frauen sich in Teheran verschleiern, das ist ein Witz, da sieht man auch die Tangas durch diesen Mantel, das ist eine Farce mit dem Verschleiern. Das ist kein Vergleich. Der Iran ist vielschichtig. In den Großstädten besuchen nur 12 % eine Moschee. Gerade nach der Islamischen Revolution, das hatte eine negative Auswirkung. Ich würde also nicht auf die Idee kommen, die Kultur in den iranischen Großstädten mit Saudi-Arabien zu vergleichen.

Es gibt in Saudi-Arabien auch nicht so viele Großstädte wie im Iran, genau genommen sind es drei. Die Kultur ist unter-

RIYADH, SAUDI-ARABIEN

schiedlich, aber ein ausschlaggebender Faktor ist, wie viele Ausländer hier wohnen. 80,85 % der Arbeitskräfte in Saudi-Arabien sind Ausländer. Da, wo ich war, ist der Sitz von Aramco, der weltgrößten Ölfirma, und natürlich ist der Einfluss aus dem Westen sehr stark. Da kann man auch sehen, da hat sich hier was gelockert. Im Landesinneren, wo es keine Ausländer gibt, da ist es ganz anders, strenger.

Westler sind Ausländer erster Klasse, und Philippininnen und andere Asiaten sind da die Sklaven. Also, Saudi-Arabien hat 1963 die Sklaverei abgeschafft, aber das „Hauspersonal" wird wochenlang in der Wohnung eingesperrt, ohne Wasser und ohne Essen, und die Pässe werden abgenommen. Also, wenn du eine Philippinin willst, dann zahlst du 2.000 Riyal, so 200 Euro, und dann ist es gut. Das ist offen, das sind Untermenschen, ja. In Saudi-Arabien gehört häusliche Gewalt zur Ehe, aber da werden die Philippininnen geschlagen, die Frauen eher nicht. Ich hab das nicht direkt mitbekommen, aber ich habe einen Freund in Saudi-Arabien, der ist Arzt, und da werden die Philippininnen krankenhausreif geschlagen, da kannst du machen, was du willst. Männer auch, und in Katar ist das auch nicht anders, es ist Sklaverei.

Yousef hört aufmerksam zu und ergänzt schließlich:

Es gibt mindestens acht Millionen Ausländer in Saudi-Arabien, die meisten sind Muslime. Ich glaube, es gibt eine Form von Sklaverei in Saudi-Arabien, und auch in Dubai, einer der schönsten Städte der Welt, gibt es Sklaverei.

Rasha berichtet von einem Fall, in dem die indonesische Regierung die Exekution einer indonesischen Hausangestellten in Saudi-Arabien verhindern konnte, die für Mord in der Todeszelle saß. Die Frau, die angab, aus Notwehr gehandelt zu haben, wurde 2011 zum Tode verurteilt, weil sie die Frau ihres Arbeitgebers ermordet und Geld gestohlen hatte. Nur wenige Tage, bevor sie geköpft werden sollte, zahlte die Regierung die drei Millionen Riyal, die noch fehlten, nachdem Unternehmen und eine Gruppe, die Gastarbeiter ins Ausland schickt, nur vier Millionen Riyal zusammenbekommen hatten. Unter dem islamischen Gesetz der Scharia kann die Familie eines Opfers Blutgeld nehmen und dafür auf die Exekution verzichten. Einige Jahre zuvor war eine ebenfalls des Mordes angeklagte Hausangestellte hingerichtet worden. Eine erneute Hinrichtung hätte den Beziehungen zwischen Saudi-Arabien und Indonesien nochmals Schaden zugefügt – die indonesische Regierung hatte schon eine Aufhebung der Vermittlung neuer Haushaltshilfen dorthin verfügt. Im Februar haben beide Länder eine Vereinbarung zum besseren Schutz von Haushaltshilfen in Saudi-Arabien unterschrieben.[44]

Jens kennt einen Fall, in dem ein malaysisches Ehepaar zum Tode durch Erhängen verurteilt wurde, weil sie ihre indonesische Haushaltshilfe verhungern ließen. Es gibt inzwischen wachsende Sorge um die Unversehrtheit von Millionen indonesischer, philippinischer, kambodschanischer und anderer Haushaltshilfen in Asien und im Mittleren Osten, seit schreckliche Fälle von Folter und auch Tötungen bekannt wurden.[45]

Telma ist einen Moment still. Dann sagt sie:

- Vielleicht braucht man einige Tabus, um einen groben Rahmen zu haben, Gut und Böse, damit man sich dann ein bisschen orientieren kann. Wenn da zu viele sind, ist das aber nicht gut. Ich glaube, Sexualität ist überall tabu, auch in Deutschland. Homosexualität ist immer noch ein Tabu, Sexualität an sich und Homosexualität sowieso. Sogar in Deutschland. Du redest nicht mit deinen Bekannten darüber, nur mit deinen ganz engen Freunden. Es ist ein sehr intimes Thema. Ich finde es okay, also, ich finde nicht, dass das alles weg muss, das schützt ja auch den persönlichen Bereich. Auch wenn etwas offen besprochen wird, in den Medien, es wird nicht über alles so offen gesprochen wie über die Planung eines Seminars. Homosexualität in Saudi-Arabien, also da gibt es die Todesstrafe, da wirst du geköpft.

Yousef schüttelt den Kopf.

- In Saudi-Arabien kommst du ins Gefängnis. Es steht in einigen Büchern, dass du getötet werden kannst, aber in der Praxis habe ich nicht gehört, dass Leute umgebracht wurden. Sie werden eingesperrt, und nun versucht man, ihnen zu helfen. Manchmal versuchen sie, sie gewaltsam dazu zu bringen, ihre sexuelle Präferenz zu verändern, aber man bringt sie nicht um. Es ist zu 100 % tabu im Islam, und das kann nicht geändert werden, es ist festgeschrieben.

Telma wägt ab.

- Aber das Problem ist, wenn man etwas tabuisiert, wenn man das nicht darf, das wirkt sich dann so aus, dass die saudischen Männer aufgrund dieser Geschlechtertrennung ihre ersten sexuellen Erfahrungen mit einem Mann machen. Bei Frauen wird das wohl auch so sein. Also, es gibt natürlich keine Zahlen und Fakten darüber, aber man vermutet es, ob das stimmt weiß ich nicht.

Rasha und Jan sehen zwischen den beiden hin und her, als stünden sie auf einem Tennisplatz. Yousef:

- Da bin ich nicht sicher, um ehrlich zu sein. Ich habe etwas gehört, aber meines Wissens haben die meisten Leute erst Sex, wenn sie verheiratet sind. Niemand kann es vorher machen, also versuchen sie, damit zurechtzukommen, bis sie heiraten. In Saudi-Arabien ist es normal zu heiraten, wenn man 18, 19 oder 20 ist, also halten sie das vorher zurück und heiraten jung.

Telma:

- Sehr jung, eine Frau darf mit acht Jahren verheiratet werden! Der Prophet hat Aische mit sechs Jahren bekommen und mit acht Jahren „verbraucht", „consumed", also, der hat zwei Jahre gewartet. Allerdings hat er dazwischen noch zwei Frauen geheiratet, aber auf Aisha hat er zwei Jahre gewartet. In den Großstädten weiß ich nicht, aber eine Frau mit acht Jahren ist reif.

RIYADH, SAUDI-ARABIEN

Yousef reagiert entschieden:

> Nein, diese Kinderheiraten, das wird von den Medien behauptet. Es gab wohl Fälle in Saudi-Arabien, aber hier leben 28 Mllionen Menschen. Als ich geheiratet habe, war ich 24, und meine Frau war 21, 22. Meine Töchter, ich erlaube ihnen zu heiraten, wann sie wollen, wenn sie mit der Universität fertig sind oder wenn sie über 20 sind. 99 % der Saudis sind gegen Kinderheirat.

Jan will wissen, ob es denn ein Gesetz dagegen gebe, worauf Yousef antwortet, dass es kein Gesetz gebe, aber dass es in der Kultur sei und dass die stärker sei als das Gesetz. Doch Jan beharrt auf dem Thema und fragt nach dem Beispiel mit dem Propheten und Aisha. Yousef erklärt:

> Das muss man im Kontext lesen. Wir leben 2014, nicht im 14. Jahrhundert. Also, wir müssen da genau hinschauen und es analysieren. Mohammed ist unser Vorbild, wir bewundern und lieben ihn, aber in diesem Fall müssen wir es ihm nicht gleichtun, die Leute müssen darüber nachdenken. Ich glaube, es war eine kulturelle Sache, keine religiöse. Als Mohammed Aisha heiratete, als sie sechs und neun war, also, die Medien nutzen das. Ich bin dagegen, ich denke an meine drei Töchter, und sie werden die Zeit wählen, wenn sie heiraten wollen.

Telma ist nun in ihrem Element:

> In Saudi-Arabien ist es erlaubt, bis zu vier Frauen zu heiraten. Einige haben vier Frauen, aber die müssen dann auch gut situiert sein. Ich habe in der Nähe von Bahrain gelebt, und Bahrain lebt von der Prostitution. Die fahren dann nach Bahrain, Männern ist das erlaubt. Alkohol ist natürlich ein großes Tabu. Also, die Saudis haben ich weiß nicht wie viel Prozent Leberzirrhosen und -transplantationen, aber offiziell gibt es keinen Tropfen Alkohol im Land. Und Prostitution ist auch tabu oder wenn Frauen sich Liebhaber halten.

Darauf sagt Yousef:

> Nun, das liegt an ihnen, das kann man nicht alles kontrollieren, es ist nicht erlaubt. Aber wie viele Leute nehmen im Westen Drogen? Auch hier gibt es Drogen, ja. Doch wenn du mit Drogen erwischt wirst, ist es das Schlimmste, die bekommen die härtesten Strafen. Wenn jemand Drogen ins Land bringt, kann er getötet werden. Aber wenn jemand Alkohol bringt, ist es etwas anderes.

Jan legt einen Arm um Telma und hat nun richtig Spaß an der Diskussion: „Das ist doch gar nicht so schlecht, also das mit den vier Frauen. Ich habe aber gehört, dass man die erste fragen muss, ob sie mit der zweiten einverstanden ist. Da hätte ich dann schon mal schlechte Karten …"

Yousef schüttelt den Kopf.

> Nein. Du solltest ihr den Gefallen tun, du musst sie auch gleich behandeln, sonst wirst du bestraft, wenn der Tag kommt, aber du brauchst keine Erlaubnis, du hast das Recht es zu tun. Solche Dinge sind nicht so einfach, es ist komplex, man muss es erklären. Also der Liebe wegen musst du fragen, aber es ist kein Gesetz. Du musst auch gut situiert sein. Ich bin nicht sicher, wie hoch der Prozentsatz ist, aber eine Minderheit heiratet mehr als eine Frau. Einige haben zwei oder drei Frauen, 5 oder 10 %. Es kann gut sein für die Gesellschaft, wenn die Zahl der Frauen höher ist als die der Männer. Frauen sind manchmal froh, die zweite Frau zu sein, sie wählen das. Wir müssen uns in andere hineinversetzen. Sogar in Saudi-Arabien schauen manche Frauen nach verheirateten Männern, weil sie zu beschäftigt sind. Sie sind Ärzte, Professorinnen, sie arbeiten voll, und sie wollen nicht die erste Frau sein und auf die Kinder aufpassen, auf das Haus und den Ehemann. Sie wollen ihren Job nicht aufgeben. Sie sind gern Chirurginnen oder Spezialistinnen, aber sie wollen mit einem Mann leben, einige Stunden am Tag oder einige Tage die Woche. Ein Weg dazu ist es, die zweite oder dritte Frau zu werden. Wenn sie das wollen, warum nicht.

Rasha will nun wissen, was passiert, wenn man ein Tabu bricht, wenn man diese Regeln einfach nicht einhält oder nichts von ihnen weiß. Yousef öffnet den Mund, aber Telma ist schneller:

> Da kann ich dir Beispiele geben. Sofort Nein zu sagen ist ein Tabu, da kommt so eine schockierte Reaktion. Ich hatte

zum Beispiel meine Kamera mitgenommen zu einer privaten Einladung, und ich wusste schon, die sagen nicht Nein, sondern „Ah, lieber nicht!", und dann weißt du schon Bescheid. Man kann schon erkennen, wenn man ein Tabu verletzt hat. Ich glaube, das ist ganz natürlich. Deshalb spricht man ja auch von der interkulturellen Kompetenz. Es gibt da bestimmte Sachen, die man beachten muss, oder man merkt es erst hinterher, also wie beim Spracherwerb. Hypothesen bilden, testen, und man bekommt eine positive Antwort oder eine negative, und dann weiß man ja, das war falsch.

Von Tabus kann man auch profitieren, man lernt, diese Tabus zu nutzen. Wir hatten einen Bus, und da saßen Männer und Frauen zusammen, weil wir alle Ausländer waren. Der Bus war einfach zu eng geworden, die Fakultät war gewachsen, und da haben wir dem Islamlehrer gesagt: „Wir sind hier, um unter islamischem Gesetz zu leben, und wir müssen neben Männern sitzen?" Und dann hatten wir am nächsten Tag einen Frauenbus.

Allgemeines Gelächter. Yousef meint, man solle sich vor allem gut vorbereiten, wenn man nach Saudi-Arabien reise.

Einige Leute reagieren mit Schweigen, einige werden dich nur anschauen, einige werden etwas sagen. In Saudi-Arabien sind die meisten Leute offen. Sie werden sagen, dass du das hier nicht machen kannst, manchmal auf freundliche Art und manchmal auf andere Art. Da kannst du aus der Reaktion der Leute lernen. Ich glaube, manche denken, dass eine Entschuldigung gegen ihre Ehre geht, und sie entschuldigen sich nicht, aber ich mache das.

Wenn ich ein religiöses Tabu breche, ist es zwischen mir und Gott. Um es zu reparieren, werde ich Gott bitten, mir zu vergeben. Ich werde mich schuldig fühlen, und ich werde immer wieder um Vergebung bitten. Ich bin sehr aktiv auf Twitter, ich habe etwa 50000 Follower. Wenn ich einen Fehler mache, wenn ich ein Tabu breche, also kein religiöses, dann muss ich mich bei den Leuten entschuldigen. Manchmal können wir Tabus gar nicht vermeiden, manchmal merken wir, dass etwas tabu ist, nachdem wir etwas gesagt haben. Also haben wir keine Wahl.

Telma stimmt ihm zu:

Genau, eine Gesellschaft ohne Tabus geht nicht, gibt's nicht. Die neuen Medien haben auch einen Einfluss. Es gibt ja diese Witze über Diktatoren im Nahen Osten. Der eine sagt: „Ich bin vergiftet worden!", und Mubarak sagt: „Ach, bei mir war es noch schlimmer!" „Na", fragen die anderen, „was ist dir denn passiert, womit bist du umgebracht worden?" Da sagt der: „Durch Facebook."

Wieder allgemeines Gelächter. Yousef steht auf, weil er etwas Essbares braucht, Jan schließt sich der Suche nach dem Speisewagen an. Telma und Rasha bleiben sitzen und sprechen über den arabischen Frühling. Telma erklärt:

Ich denke schon, dass die Kommunikation und der Weg nach außen nicht ohne Auswirkung bleiben, auch auf so eine Gesellschaft wie Saudi-Arabien. Dort wurde Facebook blockiert, oder im Iran, da ist Facebook auch nicht freigegeben. Im Iran kann man für jedes Blockiersystem einen Schlüssel kaufen und das entsperren, und das machen die.

Der Arabische Frühling hat noch keine großen Auswirkungen auf Saudi-Arabien gehabt. Noch nicht, aber demnächst. In Saudi-Arabien ist das ein sehr, sehr langsamer Prozess, also noch nicht, aber das kommt noch. Die haben Angst davor, es gab Unruhen. Ich würde die saudische Gesellschaft noch nicht als Zivilgesellschaft betrachten. Da, wo Arabischer Frühling stattgefunden hat, da hast du auch diese hochqualifizierten, zornigen jungen Leute. In Saudi-Arabien sind die noch nicht so weit. Da musst du auch beachten, wie viele von den Saudis alphabetisiert sind. Die Großeltern meiner Studentinnen, die können nicht lesen und schreiben. Es ist gerade mal ein paar Jahre her, dass alle zur Schule gehen, und um neue Medien zu nutzen, brauchst du auch eine Grundbildung.

Mir wurde gesagt, also, du machst die Seminare im geisteswissenschaftlichen Pflichtprogramm, aber über Regierung, Sex und Politik darfst du nicht sprechen. Ich spreche schon über solche Themen wie Frauen und Autofahren, Verschleierung usw., und da hatte ich auch schon einige sehr aufgeweckte Studentinnen, die auch reflektieren können. Die haben gesagt: „In unserer Gesellschaft gibt's das nicht. In unserer Gesellschaft müssen sich erst die Männer emanzipieren, sonst haben wir keinen Schutz, wenn wir unverschleiert rumlaufen. Die Männer müssen sich emanzipieren und uns nicht nur als Sexobjekt wahrnehmen."

Rasha will wissen, wo Telma in Saudi-Arabien gearbeitet hat.

Ich war hier, in der Ostregion, und es ist verhältnismäßig liberal. Also, ich musste die Abaya[46] anziehen, konnte aber die Haare freilassen. Da wird man ab und zu von der Religionspolizei angesprochen. Im Landesinneren musst du auch das Gesicht verhüllen. Die Religionspolizei spricht ja kein Englisch, das sind so ehemalige Häftlinge, die ihre Taten bereuen, und jetzt sind sie die Religionspolizei: „Cover your hair, cover your hair!" Bei Männern, die tragen ja auch diesen … also eine Kopfbedeckung und so weiter, aber einige tragen auch westliche Kleidung. Bei Frauen ist das so, dass sie außerhalb des Hauses vor fremden Blicken geschützt werden sollen.

Berührung darf sowieso nicht sein. Es gibt absolute Geschlechtertrennung, auch in der Bank, da gibt es eine Frauenabteilung und eine Männerabteilung. Wenn zum Beispiel der Uni-Campus evakuiert werden muss, darf eine Frau nicht in die Männerabteilung hineingehen. Auch in Restaurants gibt es diese Trennung zwischen männlich und weiblich, da herrscht klare Geschlechtertrennung.

Telma sollte ein westliches Curriculum unterrichten und Lehrmaterial verwenden, das auf westliche Studierende zugeschnitten ist. So finden sich Themen wie Dating und Brauereien im Buch, etwas unpassend in Saudi-Arabien.

> Irgendwann einmal hab ich gedacht: „Warum bist du hier in Saudi-Arabien? Ob du hier überhaupt etwas bewirken kannst?" Nach einiger Zeit habe ich gedacht: „Okay, du bist zwei Jahre hier, und dann kommt der nächste Professor, aber es sind diese ganz kleinen Schritte, wenn ich frage: „Ja, wo steht das im Koran?" Du kannst ja nicht das Humboldt'sche Ideal aufbauen, aber allein dadurch, dass du eine Frau bist, die ganz anders ist als die Mutter und die Großmutter, hast du eine Vorbildfunktion, und das reicht erst mal.
> Es gibt Untersuchungen zur semantischen Verschiebung im Koran. Wenn es zum Beispiel um das Schlagen von Frauen geht, das steht ganz genau drin. Anderes kann man interpretieren. „Schwein" ist genauso wörtlich im Koran, das hat auch Gründe in Saudi-Arabien. Aber dieser Schritt dahinzukommen, was hatte das damals für die Gesellschaft für eine Bedeutung und was hat das für die Gesellschaft jetzt für eine Bedeutung, wie kann ich das sozusagen übersetzen in die jetzige Zeit? Wie zeitgemäß ist die Übersetzung des Koran? Das ist wie im Judentum, du darfst das machen und das nicht. Da ist Doppelmoral, da ist die öffentliche Sicht und dann ...

Yousef und Jan kommen mit Fast Food und Kaffee zurück. Jan fragt, was sie verpasst haben, und Rasha antwortet ihm kurz und knapp: „Religionspolizei." Yousef nickt:

> Mhm, ja, gibt es noch. Die haben jetzt eine andere Ausrichtung. Sie haben noch Macht, aber nicht so wie früher und aus anderen Gründen. Leute, die für die Religionspolizei arbeiten,

sind nun besser ausgebildet. Sie werden weggeschickt, um ihren Master oder Doktor zu machen, also einige von ihnen. Einige haben nun auch einen offeneren Blick, einige sehen Vielfalt als etwas Positives, andere wollen nur den Status quo erhalten. Ich denke, sie tun etwas Gutes.

Es geht darum, wie man mit Vielfalt umgeht. Vielfalt ist sehr nützlich in Gesellschaften. Manche versuchen, sie in ihrem Interesse zu lenken, aber kulturell managen sie diese Vielfalt in Richtung Assimilation, also, sie versuchen Leute aus verschiedenen Ländern passend zu machen. Assimilation hat schon in den USA versagt. Wenn du Leute aus verschiedenen Kulturen zusammenbringst, dann musst du das richtig managen, weil du entschieden hast, sie zusammenzubringen.

Die wichtigsten Tabus sind doch Privatsphäre, Respekt und Würde. Die australische Regierung hat versucht, einen Paragrafen des Anti-Diskriminierungsgesetzes zu streichen, aber das sollte tabu bleiben. Leute aus anderen Gruppen zu beleidigen, das ist tabu. Das Gleiche mit Respekt, Würde und Privatsphäre. Leute sprechen über E-Mails, Facebook und so, aber es sollte tabu sein, die Privatsphäre zu verletzen, von Individuen oder Regierungen. Die Privatsphäre von Personen sollte geschützt sein.

Einige Beispiele meiner Arbeit sind über Kultur. Also, Diskriminierung und Rassismus sollten tabu sein, es geht um Kultur. Ich stimme der Idee der Gleichheit nicht zu, weil die Menschen unterschiedlich sind, aber ich bin zu 100 % für Respekt und Würde, egal welchen Hintergrund oder welche Kultur oder welchen Status die Menschen haben. Leider gibt es in Australien Diskriminierung, im Arbeitsleben. Nach einer neueren Studie muss man sich um einiges öfter bewerben, wenn man einen chinesischen Namen hat oder wenn er aus dem Nahen Osten ist.

Telma fällt ein Beispiel ein, über das sie schon lange gerätselt hat:

Ich hatte Kollegen, die wegen Tabus gekündigt wurden, zum Beispiel ist es in Saudi-Arabien tabu, Menschen mit Tieren zu vergleichen. Ich glaube, die Kollegin hat Menschen und Affen verglichen.

Darauf Yousef:

Ah, das war ein Amerikaner. Er hat an einer saudischen Uni gearbeitet, und in einer Vorlesung hat er über etwas Generelles gesprochen, verschiedene Kulturen, aber er hat einen Hund präsentiert, der das traditionelle Saudi-Outfit trug. Alle Leute, die in dieser Vorlesung waren, haben es als Beleidigung angesehen. Alle sind gegangen, haben einfach den Saal verlassen, und der Manager wollte erklären, aber alle sind sehr zornig geworden. Den Nachrichten zufolge wurde der Amerikaner aufgefordert das Land zu verlassen, am selben Tag. Es geht dabei um den Hund. Wir dürfen für einige Sachen Hunde haben, zum Schutz oder für polizeiliche Einsätze, Drogen und so, aber nicht als Haustier. Das ist aus religiösen Gründen nicht erlaubt. Hunde sind generell nicht erwünscht. Das war 2002 oder so.

RIYADH, SAUDI-ARABIEN

> Wir lieben Kamele in Saudi-Arabien. Hunde sind in Australien Teil der Familie, in Saudi-Arabien lieben einige ihre Kamele. So wie die Leute dort ihre Hunde. Die Leute haben sich über die Australier geärgert, weil sie Kamele töten, aber nun importieren wir sie aus Australien. Letztes Jahr hat das angefangen, weil Leute in Saudi-Arabien Kamele lieben. Ich mag sie nicht, um ehrlich zu sein. Wir haben ein Sprichwort in der arabischen Kultur: Wenn du Schafe hast, hast du ein weiches Herz, aber wenn du Kamele hast, bist du hart.

Die Zeit ist schnell vergangen, eine Zugdurchsage heißt die Reisenden in Riyadh willkommen. Es sind nur noch wenige Minuten bis zum Bahnhof. Die vier räumen den angehäuften Müll zusammen, nehmen ihre Taschen aus der Gepäckablage, und bei der Einfahrt in den Bahnhof erzählt Telma über die Baupläne für die sechs neuen U-Bahn-Linien in der Stadt: Gold und Marmor, wohin man schaue. Die goldenen Wellen an den Wänden der Bahnsteige werden sich durch die Hallen ziehen wie die Dünen durch die Wüste. Die Architektin sei Iranerin, Zaha Hadid. Schon 2017 sollen die ersten Züge rollen, da müsse man sich unbedingt noch einmal hier treffen!

EINE REISE NACH
ISTANBUL, TÜRKEI
ÜBER HARAM UND DIE POLITIK

»Der Gedanke von der „Unteilbarkeit des Staates, seines Staatsgebietes und seines Staatsvolkes" ist das größte Tabu der türkischen Republik. Die unaufhörlichen Bemühungen des türkischen Staates zum Schutze der Illusion einer geeinten Nation haben zur Leugnung der Identität seiner kurdischen Bürger geführt. Nach dem Militärputsch von 1980 wurde es ihnen verboten, Kurdisch zu sprechen. In den 1990ern wurden tausende Kurden in Nacht-und-Nebel-Aktionen umgebracht oder als „vermisst" gemeldet. Diese Wunden unserer dunklen Vergangenheit werden niemals heilen, wenn die öffentliche Debatte und Aufarbeitung der Vergangenheit nicht ausgeweitet werden.«[47]

EINE REISE NACH ISTANBUL, TÜRKEI

Cemil ist um die 30 und schaut sich gerade die original aus den 1920er und 1930er Jahren stammenden Wagen des *Venedig-Simplon-Orient-Express* an, die schon bald die Originalroute nach Istanbul zurücklegen werden. Leider könne er in diesen Luxuszug nicht einsteigen, meint Cemil. Er wird sich Zug um Zug von Budapest nach Belgrad, dann weiter nach Sofia und schließlich nach Istanbul bewegen, damit spart er einige tausend Euro. Er ist neuerdings wieder Student und schreibt seine Doktorarbeit darüber, wie Minoritäten Musik einsetzen, um sich und ihre neue Situation zu erfahren. Als der *Balkanexpress* sich wenig später in Bewegung setzt und Budapest verlässt, sitzt Cemil in einem Abteil mit jungen Rucksacktouristen aus verschiedenen Ländern, die miteinander ins Gespräch kommen. Auf die Frage, ob er denn Türke sei, antwortet Cemil:

- Halb griechisch, halb türkisch, meine Eltern sind beide aus Kreta, meine ersten sieben Lebensjahre habe ich in Griechenland verbracht. Dann zogen wir nach Izmir, in den Westen der Türkei.

Die anderen machen erstaunte Gesichter und fragen, ob das nicht eine schwierige Mischung sei.

- Es ist interessant, dass man immer von Leuten, die sich außerhalb des Kontexts bewegen, über Animositäten zwischen Türken und Griechen hört. Wenn du dann aber mal hinfährst, also, natürlich gibt es da Leute, die sich nicht mögen, aber im westlichen Teil der Türkei, in der Ägäis und auf den griechischen Inseln, da sind hunderte von Jahren gemeinsamer Kultur. Die Familien meiner Eltern waren Nachbarn auf Kreta, und sie sind in die Türkei gezogen, und dort haben sie sich getroffen. Ich erinnere mich an meinen Grundschullehrer, das war früher noch strenger, mehr alte Schule. Ich weiß noch, dass einige Lehrer diskriminierend waren wegen meines griechischen Hintergrunds. Es hat mich nicht sehr belastet, es waren keine schlimmen Ausdrücke, aber man konnte es schon fühlen. Zypern ist wieder etwas ganz anderes, die haben Probleme mit den Griechen und den Türken, jeder hasst jeden, man kann sie nicht trennen. Wenn du jemanden aus Kreta Zyprioten nennst, dann ist das eine Beleidigung.

Cemil wuchs in Izmir auf, bis er an die Uni ging. Dafür zog er in die Hauptstadt Ankara und dann für sein letztes Studienjahr nach Irland. Danach hat er etwas gearbeitet, und vor fünf Jahren kam er nach Australien. Die anderen sind beeindruckt. „Auf die Gefahr hin, noch ein Tabu zu brechen", setzt eine junge Frau mit Nasenring an, „wie hast du's mit der Religion?" Es ist einen Moment lang still, dann wird laut gelacht. Für den Rest der Reise heißt das Mädchen nun Gretchen. Cemil lehnt sich zurück und denkt nach.

Tabu ist etwas, das Leute nicht diskutieren können oder worüber sie nicht offen sprechen können, normalerweise eine kulturelle Norm, die eine Gruppe von Leuten lange nicht erwähnt hat, und so ist es wie ein Gesetz. Es verändert sich alles, aber Religion ist sicherlich ein Faktor und war es auch immer. Es war immer ein Tabuthema. Also Erdoğan ist jetzt seit 10, 12 Jahren im Amt. Vorher war Religion etwas Persönliches. Man hätte Leute nicht gefragt, was sie glauben oder was sie nicht glauben oder ob sie Schia oder Sunniten sind, aber jetzt ist es ein Tabu. Die Türkei ist als säkularer Staat entstanden, das ist ihre Basis. Es ist verwirrend, dass die Regierung das verändern will. In der Türkei sind Religion, Sexualität, LGBT[48]-Themen natürlich hochgradig tabu, auch Themen wie Redefreiheit, wie man mit Behörden umgeht, Gesundheit und solche Dinge, das sind große Tabuthemen. Abtreibung ist auch ein wichtiges. Rechtlich gesehen, war es die Wahl der Frau, aber die Regierung hat versucht, dies zu ändern und Abtreibung illegal zu machen, sogar in Vergewaltigungsfällen. Es gibt nun viel Bürokratie, zu viel Kontrolle über den weiblichen Körper. Ich bin nicht sicher, ob das Gesetz durch ist. Ich halte mich mittlerweile aus der türkischen Politik heraus, weil es so schmerzhaft ist und man sich sehr ärgert.

Kein Gesetz verbietet Homosexualität, aber gleichgeschlechtliche Ehe ist nicht erlaubt. Unter dem geltenden Gesetz ist eine kirchliche Heirat auch nicht anerkannt. Es ist bürgerlich, standesamtlich.

Die Türkei ist wie Frankreich nach der Verfassung laizistisch, das heißt, Staat und Religion sind strikt getrennt. In der Türkei ist die Religionsausübung dem Staat untergeordnet, das Amt für religiöse Angelegenheiten überwacht die Arbeit der Imame. Seher Çakir, eine Lyrikerin und Erzählerin, die heute in Österreich lebt, sieht religiöse Vorschriften als eingrenzende Tabus, die die soziale

Entwicklung in der Türkei aufhalten und andere Tabus stark beeinflussen:

> War es bis gestern in der Türkei ein Tabu, zum Beispiel den Staatsgründer Atatürk zu kritisieren, ist es heute weniger problematisch, so scheint es, da die derzeitige Regierung mit der Kritik einverstanden ist. Dafür waren und sind Kritik an der Religion und Hinterfragen religiöser Vorschriften weiterhin tabu. Tabus ändern sich, wie in jeder Gesellschaft, auch in der türkischen. Einige Tabus aber sind nach wie vor gültig und werden vermutlich noch einige Jahre oder sogar Jahrhunderte ihre Gültigkeit nicht verlieren.
> Ein großes Tabuthema für die türkische Mehrheitsgesellschaft ist die Sexualität und alles, was damit einhergeht. Vor allem in ländlichen Gebieten gilt dieses Tabu. Aber auch in den Städten wird Sexualität wieder zum Tabuthema. Zu beobachten war es bei der Diskussion, die vor einigen Monaten in der Türkei aktuell wurde. Es wird und wurde hitzig darüber diskutiert, die gemischtgeschlechtlichen Studentenheime beziehungsweise Wohngemeinschaften zu verbieten. Der Grund: Es könnte ja „etwas passieren"! Sex könnte passieren! Und das ist schlimm, wenn es einer Frau „passiert" und sie ist nicht verheiratet! Daher gilt es dem vorzubeugen. Mit der getrenntgeschlechtlichen Wohngemeinschaft, den Studentenheimen, hofft man, dem entgegenwirken zu können. Denn Sexualität steht nur verheirateten Paaren zu.[49]

EINE REISE NACH ISTANBUL, TÜRKEI

Cemil findet Tabus im Prinzip eher schlecht:

> Die Menschen sollten aufwachen und merken, dass sie sich nicht in anderer Leute Dinge einmischen oder sie eingrenzen können, wie zum Beispiel in die Abtreibungsdiskussion oder auch Homosexualität, also, diese Dinge halten das Land nur auf. Ein Tabu, das die Türkei sicherlich zurückhält, kommt von diesem säkularen Fundament, auf dem das Land aufgebaut wurde, als es von allen Seiten der Welt bedroht wurde. Deshalb gibt es diese Paranoia, dass andere bei uns einmarschieren wollen, uns teilen wollen. Die Muttersprachen spielen hier auch eine Rolle. Es ist tabu, Armenisch, Kurdisch, Griechisch zu sprechen, Millionen von Menschen in der Türkei sollten genau das tun können. Können wir nicht mehrere offizielle Sprachen haben? Es ist tabu, die Leute können sich mit der Idee nicht anfreunden, und das spiegelt unsere Gesellschaft wider.

Gretchen fällt wieder eine gute Frage ein, wie es sich denn mit den Ehrenmorden verhalte. In ihrem Land höre man öfter davon, dass ein türkisches Mädchen von ihrer eigenen Familie getötet werde, weil sie einen Freund habe, einen deutschen noch dazu. Sie habe gerade so einen Film gesehen, mit Sibel Kekilli in der Hauptrolle[50].

> Diese Ehrenmorde sind im Westen der Türkei kein Thema, Leute würden sagen: „Wirklich, ist das dein Ernst?" Aber in den östlichen Gebieten, weil die sozialen Strukturen dort traditioneller sind, dort ist das Wort des Landbesitzers oder

des Familienvaters Gesetz. Dort gibt es solche Bräuche, im östlichen, südöstlichen Anatolien. Wenn ihr das in Deutschland habt, dann ist es überproportional, wenn die Einwanderer von dort kommen und nicht aus dem Westen.

Sich in der Öffentlichkeit berühren, also meiner Erfahrung nach, wenn man weiß, wo man lebt, dann weiß man, wo man das tun kann und wo nicht. Aber so wie bei den Ehrenmorden, es gibt einen Unterschied zwischen Ost und West. Es gibt Gebiete in Ankara, wo man alles exzessiv machen kann, und es gibt andere Gebiete in Ankara, da würde man genauso beurteilt wie ganz in der östlichsten Ecke der Türkei. Aber Istanbul und Izmir insbesondere sind da viel entspannter, da wird so etwas eher akzeptiert. Auch Zugezogene hätten dort kein Problem. Den Körper zu zeigen ist in den meisten Orten, an denen ich gelebt habe, kein Thema. Ich glaube, ein Mädchen könnte so ziemlich alles tragen, was es anderswo auch trägt. Am Strand ist das sowieso kein Problem. In einigen Gegenden wäre Haut zeigen allerdings schon tabu.

Verschleierung ist eine persönliche Wahl. Da steuert das Land hin, seit wir diese Regierung haben. In Anatolien gab es immer verschleierte Frauen, aber sogar in türkischen Filmen der 50er und 60er Jahre sah man Frauen in Bikinis. Es gibt diesen historischen Hintergrund, sich zu verschleiern, nicht, den Körper zu zeigen ist eigentlich kein Problem, es ist mehr eine politische Sache als eine religiöse. Es gibt nun eine ganz neue Debatte, wie das Kopftuch getragen werden sollte, sehr trübe Gewässer. Die jetzige Regierung hat einen starken religiösen Hintergrund, sie spielen die Religionskarte.

EINE REISE NACH ISTANBUL, TÜRKEI

Am 31. Oktober 2013 kamen vier türkische Politikerinnen mit Kopftuch ins Parlament. Es gab im Gegensatz zu früheren Versuchen, das Kopftuchtabu zu brechen, keine großen Widerstände, auch nicht von der oppositionellen Partei CHP, die das Symbol des politischen Islam[51] aus öffentlichen Räumen heraushalten möchte. Erdoğan hatte schon einige Jahre zuvor Studentinnen das Kopftuchtragen erlaubt und durch eine Gesetzesänderung den Einzug des Kopftuchs in das Parlament ermöglicht. Letztendlich ist die Aufhebung dieses Tabus in der säkularen Türkei nicht das Ergebnis der Bemühungen der AKP-Regierung. Sie kann nur stattfinden, weil sich die Kultur gewandelt hat und die Unterstützung für das Kopftuch in der Bevölkerung gewachsen ist. Die Verbindung des religiösen Symbols mit der politischen Botschaft der Ungleichheit scheint nicht mehr präsent zu sein.

> Ich möchte ja nicht die ganze Zeit von regionalen Unterschieden sprechen, aber das Bildungslevel, soziale Unterstützung, es ist kein Kastensystem, aber es sind doch Klassenunterschiede. Die meisten Leute in der Türkei sind sich schon bewusst, dass es sehr wenig Redefreiheit gibt. Es ist doch erstaunlich, dass die Türkei mehr Journalisten in Gefängnissen hat als China. Proportional gesehen, sollte das nicht möglich sein, diese riesige Bevölkerung mit den 80 Millionen in der Türkei zu vergleichen. Wie kann es sein, dass die Türkei mehr Journalisten eingekerkert hat? Aber es stimmt, und diese Dinge sind oft nur Racheakte, der Staat hat die Peitsche in der Hand, um die Leute zu disziplinieren. Das fehlt, ein Pool an

alternativen Ideen und jemand, der aufsteht und etwas sagt, das total aus der Rolle fällt.

In den 90er Jahren war der EU-Diskurs über die Türkei auf die Wirtschaft bezogen oder auf das Bildungsniveau, vielleicht Arbeitslosigkeit hier und da, aber nun gibt es ökonomisch keine großen Probleme, die Türkei ist in einem besseren Zustand als die meisten südlichen Mitgliedsstaaten, Griechenland zum Beispiel (lacht). Heute geht es mehr um Menschenrechte und religiöse Sachen. Europäische Länder sind christlich geprägt, und die meisten Leute in der Türkei sind Muslime. Das ist aber gar nicht das Problem, eher die Einmischung der Regierung in verschiedene Sachen, Syrien zum Beispiel, zu viele Dinge werden gemacht, ohne dass sie zuvor gut durchdacht sind.

Es gibt sicher auch gute Tabus, soziale Verhaltensweisen betreffend, zum Beispiel auch Tischmanieren. Rülpsen oder Luftrauslassen – ich weiß nicht, was da das richtige Wort ist – sollte man nicht machen, wenn man am Tisch sitzt oder wenn man mit jemandem spricht. Das ist in der Türkei völlig inakzeptabel, man wird verachtet, wenn man das macht. Wir haben auch immer noch Respekt für die Älteren, im Bus bietet man seinen Platz an oder, wenn man beim Essen ist und der Großvater ist dabei, dann schlägt man nicht die Beine übereinander, und man raucht nicht. Meine Mutter ist Hochschullehrerin in der Türkei, eine sehr unabhängige Frau, aber sie hätte nie vor meinem Großvater geraucht. Ich bin sicher, dass er wusste, dass sie raucht, aber es wurde nicht darüber gesprochen, und es fand in seiner Gegenwart nicht statt. Ich finde, das ist eine gute Sache, und es nimmt der Person,

EINE REISE NACH ISTANBUL, TÜRKEI

die Rücksicht nimmt, nichts weg, aber es zeigt Respekt vor der anderen Person. Im Vergleich zur Türkei gibt es nicht so viele Tabus in Australien, aber vielleicht Religion. Die Leute können in Australien eher ausdrücken, was sie denken, aber ganz frei sprechen können sie da auch nicht. Etwas richtig zu diskutieren ist schwierig, es gibt so viele verschiedene ethnische Hintergründe, und Australien versucht, ein multikulturelles Land zu werden. Da leben über hundert Nationen in einem Land zusammen, aber jeder hat seine eigenen Bezeichnungen und Kategorien im Kopf, für jeden anderen. Unterschiede zu diskutieren findet noch immer eher innerhalb einer homogenen Gruppe statt, deshalb gibt es ein anderes Niveau von Rassismus, es ist strukturierter, und ich denke, der Hintergrund ist noch immer ein Tabu. Ich persönlich fühle mich okay, aber als ich versucht habe, ein Haus zu mieten, habe ich gesehen, wie schwierig es ist, wenn man international ist. Es war nicht wegen meines türkischen Hintergrunds, sondern nur, weil ich international bin. Ich musste Kreditkarten meiner Eltern haben und alles Mögliche. Australien ist nicht tabufrei, aber so im täglichen Leben gibt es weniger Tabus. Sich physisch ausdrücken, Sexualität, das ist in Australien weniger tabu. Die ethnischen Hintergründe, also, es ist weniger tabu, aber dann auch wieder mehr, weil es da so viele Minderheiten gibt, mehr als in der Türkei, also musst du wach sein und wahrnehmen, wo du bist und was du sagst, die ganze Zeit. In der Türkei weißt du, wo es okay ist und wo nicht, in Australien ist alles verschwommen, und eigentlich ist es nirgends okay. Du musst immer aufpassen, was du sagst, weil es für irgendjemanden beleidigend oder rassistisch klingen könnte.

In Izmir oder Istanbul ist die Reaktion auf eine Tabuverletzung wohl schwächer und wohldosiert, begleitet von einem betroffenen Gesichtsausdruck, etwas Körpersprache wie ein Kopfschütteln – „Was sagst du da?" –, oder jemand sagt einfach, dass er nicht mehr mit dir reden möchte, und zieht sich zurück. Diese Sachen kann man leicht erkennen, aber in ländlichen Gegenden passiert es eher, dass ein Tabu gebrochen wird. Sie wollen keine kritischen Kommentare über Religion hören, dass es keine Beweise gibt oder solche Dinge. Da kann es dann eine Reaktion geben, dass sich Leute sammeln und sich dir nähern, das ist dann nicht mehr 1:1. In einer ländlichen Gegend ist Richtig und Falsch klar definiert und voneinander abgegrenzt; wenn du eine andere Meinung hast, wollen alle auf der richtigen Seite stehen.

Ich möchte glauben, dass man einen Tabubruch reparieren kann, aber wenn man bis zum nächsten Tag wartet, ist es vielleicht zu spät. Ich denke, das Beste wäre, wenn man schon weiß, dass man ein Tabu berühren wird, dass man es vorbereitet und erst dann bricht, dann ist es sanfter. Wenn ich in so einer Situation bin, dann versuche ich mir vorzustellen, was die andere Person denkt. Dann formuliere ich den Standpunkt des anderen so, wie ich ihn verstehe, und sage: „Ich verstehe das schon, und ich respektiere das. Aber was ich sagen will, ist dies ..." Also anstatt zu streiten, versuche ich, ihnen meinen Blickwinkel zu erklären. Aber ich versuche nicht, ihre Meinung zu ändern. In Australien wäre es ähnlich, Gesichtsausdruck und Körpersprache, aber es wäre einfacher, sich in Australien damit auseinanderzusetzen.

Gretchen ist damit noch nicht ganz zufrieden. Sie möchte noch mehr über Australien wissen, da sie bislang dachte, dass es dort gar keine Tabus gebe. Cemil geht also weiter auf das Thema ein:

In den Medien geht es vor allem um Rassenthemen in Australien und wie sie diskutiert werden. Religion kann auch in Australien ein Tabu sein, doch die frühere Premierministerin Gillard[52] war offen atheistisch und hat nur mit ihrem Partner zusammengelebt, also außerhalb des Üblichen. Die australische Politik hat auch einen religiösen Kern, und es gibt keine Medien in der Welt, die nicht auf die eine oder andere Weise voreingenommen sind und in eine bestimmte Richtung tendieren. Es gibt keine Medien, die pure Information verbreiten. Wenn es Tabus in der Politik gibt, dann werden sie in die Medien transportiert. Muslimische Gemeinden im Westen Sydneys, Bandenkriege, nicht dass es das wildeste Land der Erde wäre, aber die Medien würden sagen, es ist in der Gegend da und da passiert, und dann weiß jeder Bescheid, man kann zwischen den Zeilen lesen. Es schützt also die Leute, aber die Zuschauer spekulieren, und das macht es schlimmer.

Die Regierung in der Türkei ist nicht so involviert wie die in Australien. Dort geht viel mehr Geld in psychische Krankheiten und die Betreuung Betroffener. In der Türkei ist es eher eine Sache, die in der Familie bleibt. Man tut so, als sei es nicht da. Das hilft den Kranken natürlich überhaupt nicht. Wenn man in schlechte und schlechtere Gegenden kommt, dann werden die psychisch Kranken nur angekettet und vielleicht gefüttert, sonst nichts.

Neue Medien sprechen auch Tabus an, aber nichts hält lange. Ein Typ in Amerika erschießt fünfzehn Leute in einer Schule, und dann, eine paar Wochen später, erinnert sich niemand mehr daran. Aber wenn es Geld bringt wie dieser Schapelle-Corby-Fall[53] … Es werden viele mit Drogen erwischt, warum müssen wir uns so viel mit ihr beschäftigen? Ich bin es leid. Das Beste an neuen Medien ist, dass es nicht so viel soziale Angst gibt, etwas zu sagen, wie in einer direkten Gesprächssituation. Das ist eine positive Sache, sogar wenn es wehtut, es eröffnet andere Möglichkeiten. Man kann sehen, was andere Leute sagen, und das annehmen. Es kann auch gefährlich sein, besonders für jüngere Leute, Bullying und so, Cyberbullying ist ein riesiges Problem. In einem politischen Diskurs ist es gut, vielleicht nicht im privaten.

Ich traue Facebook nicht oder irgendeinem dieser Anbieter. Die geben jede Information, die sie über dich haben, an jeden, der sie will. Ich lade keine Apps auf mein Handy, weil man jedes Mal einwilligt, dass man der App erlaubt, Bilder zu machen und zu versenden. Wer liest schon diese Einverständniserklärungen vor dem Herunterladen? Man tut also alles, was sie wollen. Hoffentlich wächst die Menschheit da heraus. Ich war seit drei Wochen nicht mehr auf Facebook und ich bin wirklich happy. Meine Freunde in der Türkei sagen: „Hey man, du machst nichts, wir dachten, du hast Probleme, irgendwas stimmt nicht mit dir." Es ist also auch ein Grund, schikaniert zu werden, wenn du nicht auf Facebook aktiv bist.

EINE REISE NACH ISTANBUL, TÜRKEI

Die Sache mit den Tischmanieren – Australien braucht diese Tabus nicht, weil sie jeden Tag gebrochen würden, und dann ist es kein Tabu mehr. Jeder rülpst und furzt, es gibt da nicht viele Manieren. Ich war in meinem ersten Seminar an der Uni ziemlich schockiert, Leute haben offen gerülpst, und da weiß man gar nicht, was man machen soll. Das ist mehrmals passiert, ich wusste nicht, ob das dort normal ist, ich wusste nicht, was so Sitte ist, also habe ich das gemacht, was ich normalerweise auch mache. Wir rülpsen nicht.

Religion ist so ein allgemeines Tabu. Du kannst getötet werden, wenn du etwas Falsches sagst, oder eingesperrt. Die meisten westlichen Länder haben ihre eigenen Tabus, die auf einem Ereignis in der Vergangenheit beruhen. In Australien sind bestimmte Wörter tabu, die sich auf Aborigines beziehen, die meisten Unterhaltungen über Aborigines sind tabu, und sie sind die Gruppe, die mehr Unterstützung und ein Diskussionsforum braucht. Ich fühle die Schuld nicht, weil ich international bin, ich fühle, dass Aborigines meine Brüder sind. In der Türkei sind wir die Schwarzen Europas. Weißt du, als ich Anthropologie studiert habe, habe ich Feldstudien in Papua-Neuguinea gemacht. Da dachte ich, ich habe einen Vorteil: Ich bin nicht weiß und nicht schwarz, ich bin in der Mitte, und das ist ziemlich cool.

Die Kurden sind in der Türkei ein großes Tabu. Als ich die Sprachen erwähnt habe, also, den Leuten sind schlimme Dinge im ersten Weltkrieg passiert, es ist ein Tabu. Jetzt kann man eher über die Armenier sprechen, die Kurden sind ein Tabu, weil es 50000 Kurden im Land gibt, aber es sind nur noch etwa 15000 Armenier übrig. Wir hatten auch viele Juden und Griechen. Izmir hatte eine der größten jüdischen Gemeinden in Südeuropa, aber das ist nicht mehr so. Niemand konnte die Sache mit den Kurden auch nur ansprechen vor zehn Jahren. Es ist noch immer ein Tabu, du kannst es nicht unter Leuten ansprechen, die du nicht kennst.

Die Medien hier sind scheiße, genau wie in Amerika. Türkische Medien sind mit zwei verschiedenen politischen Gruppen verbunden, alle Medien gehören der Regierung. In Amerika haben sie eine Balance gefunden: Es gibt rechte und linke Sender, und sie sind fast gleich stark repräsentiert. Es sind so viele, also, selbst wenn sie voreingenommen sind, hat man eine Wahl. In der Türkei bekommt man verschiedene Nachrichten, BBC und CNN, wenn man die Sprache spricht. Das bekommt man auch in den USA, aber die gucken trotzdem Fox[54]-News.

Die großen Tabus in der Türkei sind Sexualität, Abtreibung, psychische Krankheiten. Tod, vielleicht. Es ist nicht einfach, über Tod zu sprechen, außer im Scherz. Wenn jemand jemanden verloren hat, dann muss man fragen, ob es etwas gibt, was man für sie oder ihn tun kann, man muss fragen, aber es ist schwierig. Friedhofsthemen sind auch so etwas in der Türkei, es ist kein schöner Ort. Ich weiß, dass die Leute tot sind, da gibt es eigentlich kein Problem, aber es ist trotzdem so eine Sache. Ein Teil davon mag mit Geistern und übernatürlichen Aktivitäten zu tun haben. Im selben Raum mit einer toten Person, das ist tabu. Es gibt noch ein anderes, Pfeifen in der Nacht, weil man damit den Teufel ruft. Oder zum Beispiel, wenn man von einem Geist besessen ist: „Ich konnte nicht aufwachen, weil jemand auf mir war" oder „Die Tür fiel plötzlich zu, es ist ein Geist". Diese Dinge gibt es in verschiedenen Teilen der Welt und in der Türkei besonders unter religiösen Menschen. Das türkische Word dafür ist *cin*[55], und das Wort auszusprechen ist auch tabu. Wenn Leute sich darauf beziehen, sagen sie „drei Buchstaben" oder „die drei Buchstaben kamen letzte Nacht".

Wenn man Australien und die Türkei vergleicht, denke ich, mit der Beerdigungszeremonie ist es mehr eine geschlossene Sache und die Religion macht es tragischer, als es ist. In Australien gibt es manchmal einen offenen Sarg, also die Person ist kein Geist, aber tot, und du schaust sie an. In der Türkei gibt es das nicht. Die Kinder werden vom Haus ferngehalten, sie hören nichts, die Älteren flüstern Gebete, die tote Person ist nicht da. Es ist nur die Aufgabe der Familie, die jemanden verloren hat.

In der Türkei ist Fluchen kein Tabu. Familien fluchen die ganze Zeit, und die Sprache hat so viele Schimpfwörter, sie beschimpfen sich mehr als in anderen Ländern. In der Türkei ist es tabu, jemandes Mutter zu beschimpfen. Man kann nicht das sagen, was in Amerika ein nationales Schimpfwort ist, du weißt, was ich meine, jeder ist ein *mother...* Ich weiß nicht, ob ich das hier sagen kann.

Wenn du jemanden „fatherfucker" nennst, bedeutet das gar nichts. *Motherfucking son of a bitch*, es hat immer mit der Mutter zu tun. Dieses andere Schimpfwort, das große überall, es fängt mit „c" an, das kennen wir auch. Es ist ein anderes Wort

- für die Vagina, jedermanns Mutter hat eine, jeder kommt aus einer, was ist so schlecht daran? Ich habe gehört, dass das c-Wort auch gut sein kann, manchmal. Wenn man einen Mann „cunt" (Fotze) nennt, das ist gar nicht beleidigend. In einem Gespräch über Tabus ist es immer noch schwierig, diese Worte auszusprechen.

Die folgenden fünf Minuten sind dem Austausch von Schimpfwörtern in verschiedenen Sprachen gewidmet. Da hat jeder etwas dazu zu sagen, und die Stimmung steigt. Schließlich kommt Cemil wieder auf die Türkei zu sprechen:

- In jeder großen Stadt gibt es eine Gegend, *gecekondu*, das heißt so viel wie „über Nacht gebaut". Beispiele sind *Kadifekale*, da wohnen vor allem Kurden, oder *Tenekeli Mahalle*, eine Roma-Stadt. Das sind so etwas wie Wellblechhüttenstädte, bekannt als Paradies für Einbrecher und Diebe, also geht man dort nicht hin. Wenn man da einmal durchläuft, ist man schon so gut wie überfallen worden. Man kann so einen Ort in jeder großen Stadt finden.
- *Haram* bedeutet „verboten". Es ist alles, was die Religion dir nicht erlaubt, Trinken, Ehebruch, haram. Im Slang kann man es verwenden: „Ich hab das und das gemacht, ist das haram, ist das schlimm?" Wenn man sehr strikt ist, dann ist Schweinefleisch haram, Trinken manchmal. In Izmir würden 60 % sagen, sie sind Muslime, aber 95 % von den 60 % würden alles machen, was haram ist. Religion war nie ein bestimmender Faktor des öffentlichen Lebens, also hat die Regierung ein

EINE REISE NACH ISTANBUL, TÜRKEI

Problem, die Öffentlichkeit. Ich bin überhaupt nicht religiös, ich bin spirituell. Manchmal sehe ich freitags einen Studenten auf dem Campus mit dem vollen Outfit und Bart, und der ist dann sehr in der Religion. Wenn ich also vorbeigehe, sage ich: „*Salam Aleikum*", mit dem authentischsten Akzent, den ich hinbekomme, und ich mag die Reaktion, es ist eine Art Verbrüderung.

Es ist vier Uhr morgens, und Cemil sieht genauso frisch aus wie kurz vor Mitternacht. Zwei der Backpacker schlafen, Gretchen und ein Pärchen aus Dänemark sind fasziniert von Cemils Ausführungen und können es kaum erwarten, in Istanbul anzukommen. Doch in zwei Stunden werden sie erst einmal in Belgrad sein.

ENDSTATION
ÜBER DAS STERBEN

»*Wir sterben viele Tode, solange wir leben, der letzte ist nicht der bitterste.*«
Karl Heinrich Waggerl

Wenn man über den Tod nachdenkt, geht es eigentlich eher um das Leben. Ein Leben ohne Tod wäre wohl weniger wertvoll, es sind die Endlichkeit und auch das Geheimnis um die Zeit nach dem Sterben, die das Leben erst wichtig werden lassen. Gleichgültig, ob die Menschen an Wiedergeburt, Himmel und Hölle oder gar keine Fortsetzung in irgendeiner Form glauben, das sichere Lebensende und der biologische Tod des Körpers üben Faszination auf alle Menschen aus, und für viele ist es tabu oder einfach müßig, sich eine

ENDSTATION

Welt vorzustellen, in der sie dann nicht mehr mitspielen.

Wenn der letzte Tod nicht der bitterste ist, dann ist es der langsame Abschied vom Leben. Was hatte eigentlich jemand, der „nach einem langen, erfüllten Leben" stirbt, für ein Leben? *Erfüllt* kann für jeden etwas anderes bedeuten, eine große Familie zum Beispiel, Kinder, Enkel und Urenkel, oder gute Freunde oder einen sinnvollen Beruf, den man gern ausgeübt hat, oder etwas Gutes, das man anderen getan hat, oder einfach nur Spaß am Leben, den man mit anderen geteilt hat. Ein Leben, an das man sich gern erinnert und an das andere sich gern erinnern, ist vielleicht ein erfülltes Leben.

Mondnacht [mit freundlicher Genehmigung von Gundula Menking]

Ein langes Leben zu haben, heißt, dass man ein hohes Alter erreicht, und das sieht in der Werbung richtig gut aus. In alternden Gesellschaften wie Australien oder Deutschland entdeckt man die Alten vor allem als Konsumenten. Viele Verkehrsschilder weisen darauf hin, dass alte Menschen die Straße kreuzen könnten. Wohnungen werden für Menschen 55 plus angeboten, die dann gleich mit anderen vitalen Rentnern zusammenwohnen können, statt sich mit Kindern oder Party feiernden Jugendlichen abgeben zu müssen. Im australischen Abendprogramm der nationalen Fernsehsender läuft regelmäßig eine Werbung, die vitale Menschen über 50 zeigt, die alle eine Sterbeversicherung abgeschlossen haben, damit sie ihren Nachkommen nicht mit den Beerdigungskosten zur Last fallen. Man kann so eine Sterbeversicherung theoretisch schon im Alter von 18 Jahren abschließen, um dann einmal 60 oder 70 Jahre später beruhigt sterben zu können, alles inklusive, wie bei einer gut organisierten Pauschalreise. Allerdings macht auch ein 70-Jähriger, der eine Sterbeversicherung abschließt, nur dann ein gutes Geschäft, wenn er bald darauf stirbt, ansonsten wäre er mit einem Sparstrumpf unter dem Bett besser beraten. Die Psychotherapeutin Diana sieht die Werbung in Australien als direkte Konsequenz von Tabuisierung und Verdrängung. In Bezug auf die Werbung für „letzte Ausgaben" (final expenses) erklärt sie, dass ein großer Teil der Australier auch kein Testament hinterlegt habe. Die Menschen verdrängten den Tod, und deshalb sei es ein harter Schlag, wenn etwas passiere und jemand plötzlich sterbe. Extreme Themen müssten mit der Holzhammermethode erklärt werden, denn sonst spreche man nicht über sie.

Alter und Altern sind schon an sich Tabus, alle wollen alt werden, doch keiner will es sein. Über Sexualität im Alter, Alkoholismus oder eine andere Sucht wird erst recht nicht gesprochen. Es gibt aber auch andere Dinge, die z.B. Kinder mit ihren Eltern nicht zur rechten Zeit besprechen, nämlich die Pflege im Alter. Es gab in Deutschland einen lustigen Werbespot, in dem ein Sohn seiner Mutter etwas über ein wunderschönes Pflegeheim vorschwärmt. „Aber Junge", sagt die Mutter, „ich bin doch noch keine 50!" „Ach, das macht doch nichts", winkt der Sohn ab. „Die nehmen dich sicher auch eher!"

Dieser Werbespot klingt durchaus noch lustig, weil sich für viele Menschen in den Industrieländern erst Dekaden nach der

ENDSTATION

50 die Frage nach der Pflege im Alter stellt, sofern sie gesund bleiben. In der Werbung sehen Senioren heutzutage fit und vital aus, sie machen Urlaub und genießen ihre Rente beim Golf oder beim Essen mit vielen guten Freunden. Da ist es dann auch nicht weiter schlimm, wenn eine Frau ihren Freundinnen den Ventilator richtig einstellt: Das Leben beginne ja schließlich erst mit 50, aber da fingen auch die nächtlichen Schweißbäder, die Hitzewallungen und leichten Angstzustände an. Wie gut, dass es Produkt x gebe! Von der beruhigenden Sterbeversicherung ganz zu schweigen. In der zweiten Lebenshälfte darf man umsonst zu verschiedenen Untersuchungen zur Früherkennung von Krebs und anderen Krankheiten gehen, man bekommt preiswertere Bahntickets und Autoversicherungen, damit man seinen um die Ecke lebenden Kindern und Enkelkindern selbstgezüchtetes Gemüse aus dem Garten bringen kann.

Außerhalb der Werbung sieht Alter anders aus, oft ist es geprägt von Einsamkeit, Krankheit und Pflegeheimalltag, wenn man sich denn ein Pflegeheim leisten kann. In ihrem Buch *Das Wartespiel*[6] (*The Waiting Game*) spricht Bernice Rubens jene Tabubereiche an, die zum Altwerden und zum Pflegeheimalltag gehören. Die Bewohner eines Altersheims erleben Inkontinenz, Sex im Alter, Gewalt, Spekulationen auf ihr Geld, und sie spielen den Sport des Überlebens: Ein Heimbewohner führt auf der Innenseite seines Schranks eine Strichliste, die immer dann wächst, wenn mal wieder jemand gestorben ist. Der Journalist und Autor Ernst Klee rezensiert in einem Artikel Bücher über das Sterben. Nach fast 4000 Seiten kommt er zu folgendem Schluss:

Man kann die Bände lesen, ohne an das eigene Sterben erinnert zu werden. Und das hat mich schließlich mit meinem eigenen Sterben, also mit meinem Leben, konfrontiert. Sterben heißt etwas anderes, als in den Büchern steht. Man stirbt sehr früh. Der Arbeiter, dessen Leistungskraft mit Mitte 30 den Höhepunkt überstiegen hat, stirbt – er wird auf den sozialen Abstieg vorbereitet. Beziehungen sterben ab, und das heißt Sterben. Wer alt, funktionslos wird, stirbt den sozialen längst vor dem biologischen Tod. Selbst das Sterben wird noch nach Leistung eingestuft: Herzinfarkt zählt mehr, rafft er doch den Schaffenden hinweg; Tod im Altersheim wird zur Beseitigung eines Sozialkadavers, für den das Sozialamt nicht mal mehr die Trauerfeier bezahlen will.[57]

Klee ist vor allem durch seine Arbeit über Medizin im Nationalsozialismus und unfreiwillige Euthanasie bekannt. Vor allem in den siebziger Jahren des letzten Jahrhunderts hat er sich mit sozialen Randgruppen wie Obdachlosen, Patienten in der Psychiatrie und Behinderten auseinandergesetzt. Themen wie Behinderung, Krankheit und Tod sind überall auf der Welt zumindest sensible Themen, über die man nur in bestimmten Kontexten und mit bestimmten Menschen sprechen kann. Im alltäglichen Diskurs kann man zum Beispiel durchaus über verschiedene Krebsarten und ihre Behandlung, auch über Heilungsaussichten sprechen. Bei an Krebs Erkrankten haben viele Menschen dennoch Berührungsängste, es fällt schwer, über die Krankheit und den möglichen vorzeitigen Tod zu sprechen. Das liegt zum einen daran, dass man nicht verletzen will und Angst hat, etwas Falsches zu sagen oder zu fragen. Zum anderen ist die

ENDSTATION

Auseinandersetzung mit schweren Krankheiten immer auch eine Auseinandersetzung mit der eigenen Anfälligkeit und mit der Endlichkeit des eigenen Lebens.

STERBEN AUF FACEBOOK

Es gibt allerdings unzählige Bücher und Tagebücher von und über Menschen, die unheilbar krank sind und ihr Sterben selbst festhalten wollen, um damit anderen das Thema ein wenig näherzubringen. Im Zeitalter von Facebook und Twitter sind diese Tagebücher sogar online und in Echtzeit verfügbar. So starb im September 2013 die 21-jährige Lu Chao in China an Leukämie[58]. Sie hatte im Internet auf Weibo, der chinesischen Variante des dort verbotenen Twitter, über ihre Krankheit gebloggt und andere an ihrem Schicksal teilhaben lassen. Durch diese Öffentlichkeit konnte sie sogar Geld sammeln, das ihr und anderen Krebskranken helfen sollte. Unter anderem hat der chinesisch-amerikanische Milliardär und Business Angel Xue Biqun ihr mit seinem Namen zu großer finanzieller Unterstützung verholfen.

Auch die 31-jährige britische Ärztin Kate Granger hat sich in den Kopf gesetzt, im Internet Geld für die Krebsforschung zu sammeln und bis zu dem Zeitpunkt zu bloggen und über das Sterben zu berichten, an dem es nicht mehr geht[59]. Damit will sie anderen einen Weg zeigen, das Tabu des Todes, vor allem aber des eigenen Sterbens, zu brechen. Es wird allerdings, wie in den Büchern und Videos, die es bereits gibt, eine Annäherung an das Thema bleiben, denn so gern wir das Tabu des Sterbens vielleicht berühren möchten, so werden wir doch davor stehenbleiben, bis es unser eigener Tod ist, der das letzte Geheimnis lüftet. Dennoch bietet der Blog der jungen Frau etwas Wertvolles: Sie hat eine Antwort darauf, wie sie mit dem eigenen Sterben und dem eigenen Tod umgehen kann, sodass sie die ihr verbleibende Zeit wirklich lebt. Sie empfiehlt Humor als Bewältigungsmechanismus: So überlegt sie mit ihrem Mann, ob sie noch etwas essen könne oder ob es denn doch zu viel sei. „Nun", sagt ihr Mann geradeheraus, „strenggenommen zu viel, aber da du ja stirbst, ist es doch egal." Darüber kann sie mit ihrem Mann lachen.

In China ist mit dem Tod eigentlich nicht zu spaßen. Man spricht keinesfalls darüber, vor allem nicht mit alten Menschen. Ihnen wird eine schwere Krankheit auch oft von der eigenen Familie verschwiegen. Die Vier gilt als Unglückszahl, weil das Wort dafür genauso klingt wie das Wort „Tod". Man vermeidet alles, was an ihn erinnern könnte. So schenkt man älteren Menschen auch keine Uhren oder etwas in Weiß, Schwarz oder Blau Verpacktes, weil es mit dem Tod assoziiert wird, ebenso wenig weiße Lilien, die wie weiße Kleidung zu Beerdigungen gehören. In Polynesien dagegen sind Friedhöfe hochrangiger Chiefs tabu, doch Gespräche über Beerdigungen und den bevorstehenden Tod sind es nicht. In Fidschi belegen Trauernde oft ein Genussmittel mit einem Tabu, um ihre Trauer auszudrücken, so rauchen sie vielleicht ein Jahr lang nicht. Die Bestattung eines Verstorbenen, das Berühren des toten Körpers ist in China nicht tabu, wohl aber für die Aborigines in Australien. Für sie ist es eines der größten Tabus, das man nur mit bestimmten Ritualen umgehen kann. Vor allem ein Heiler, der eine Leiche berührt, muss Rituale vollziehen, um wieder praktizieren zu können.

ENDSTATION

In vielen Kulturen haben die Menschen Probleme im Umgang mit Trauernden. Maryse (Frankreich), Diana (Australien) und Cemil (Türkei) geben ähnliche Beispiele für die Ratlosigkeit, wie man mit Hinterbliebenen umgehen könnte, was man sagen oder tun soll. Cemil erklärt, dass man sich kümmern müsse, man müsse etwas tun, aber es sei sehr schwer. Wenn man ein Trauerhaus betritt oder mit einer trauernden Person spricht, dann weiß man instinktiv, dass es angebracht ist, leiser zu sprechen, nicht laut zu lachen oder etwas Negatives über die verstorbene Person zu sagen. Trauernde signalisieren durch ihre Kleidung, zum Beispiel schwarze in Europa und Australien oder weiße in China und anderen Teilen Asiens, dass sie sanft und vorsichtig behandelt werden wollen, weil sie in Trauer sind. Die Menschen in der Umgebung sind oft unsicher, wie sie sich genau verhalten sollen, was angemessen ist und was nicht. Wie spendet man Trost, was hilft Trauernden wirklich? Es gibt in jeder Kultur Rituale, zum Beispiel, Essen in das Trauerhaus zu bringen, um zu trösten und seine Anteilnahme auszudrücken. Im Wesentlichen geht es jedoch darum, den Trauernden zu zeigen, dass man für sie da ist. Da gilt es, zwischen Trostspenden und Raumgeben die Balance zu finden.

ENDSTATION EUTHANASIE

»Das schlimmste Übel ist ausscheiden aus der Schar der Lebendigen, ehe man stirbt.«
Lucius Annaeus Seneca (ca. 4 v. Chr. bis 65 n. Chr.)

Im 19. Jahrhundert hatten viele Menschen Angst davor, versehentlich lebendig begraben zu werden. In der Literatur finden wir solche Szenarien z. B. bei Edgar Allen Poe, aber auch in den heutigen Medien taucht von Zeit zu Zeit ein scheinbar Verstorbener wieder auf, der in der Leichenhalle erwacht ist. Eine andere, ebenso erschreckende Vorstellung ist wohl die, nach einem schweren Unfall oder nach einem Schlaganfall in ein Koma zu fallen und eventuell jahrelang durch Maschinen am Leben gehalten zu werden. Der Skiunfall des Formel-1-Stars Michael Schumacher ist ein prominentes Beispiel für ein Schicksal, das tausende Menschen teilen. In solchen Fällen sind die Familien, die vielleicht jahrelang hoffen und bangen, oft in der schwierigen Situation, sich über das Abschalten der Geräte Gedanken machen oder gar dafür kämpfen zu müssen, dass ihr Angehöriger nicht länger künstlich am Leben gehalten wird.

Man kommt bei diesem Thema schnell an ethisch-moralische Grenzen. Wer kann wann entscheiden, ob ein Leben noch lebenswert ist oder ob es noch einmal lebenswert werden könnte? Maya, Expertin in Sachen Südostasien, erklärt, dass eine Inderin, die ihren Mann verliere, kein Leben mehr habe. Das kann auch das Schicksal eines Menschen sein, dessen langjähriger Partner sich wegen einer Krankheit oder eines Unfalls viele Jahre lang zwischen Leben und Tod befindet. Dazu Maya:

Tod und Suizid, das steuert oder internationalisiert die Debatte über Euthanasie, kannst du über dein eigenes Leben bestimmen? Es ist so, dass du leben musst und glücklich sein musst. Wenn du dir selbst das Leben nimmst und die ganze Familie wird schief angesehen, weil du etwas nicht richtig gemacht hast, da ist dann Schuld.

Es gibt viele Möglichkeiten und Umstände, die jemanden den Ausstieg aus dem Leben und eventuelle Hilfe dabei erwägen lassen könnten. Manchmal ist es der Anstieg der Zahl bestimmter Erkrankungen, der eine tiefgreifende Diskussion auslöst, so zum Beispiel im Fall von Alzheimer und anderen Demenzkrankheiten. Es ist längst kein Geheimnis mehr, dass Demenzerkrankungen in einer Gesellschaft, in der die Menschen immer älter werden, zunehmen. Dennoch gibt es im Umgang mit Demenz Grenzen und Tabus, wie folgende Szene erahnen lässt:

Zwei Bekannte treffen sich nach längerer Zeit wieder. Die eine erzählt der anderen von ihrer Krebserkrankung und von den damit zusammenhängenden Ängsten und Sorgen. Dann fragt sie die andere nach deren Befinden.
„Nun", sagt diese, „leider ist meine Mutter sehr krank."
„Ach", sagt die Erste, „ist es etwas Ernstes?"
„Ja", ist die Antwort, „sie hat Alzheimer."
„Das haben ja viele heute", tröstet die Erste. „Da braucht man sich auch gar nicht für schämen."

Wenn man sich für eine Erkrankung schämen kann, dann ist diese wohl tabu. Die meisten Menschen, und sicherlich die, die noch nie mit Demenzkranken in Berührung gekommen sind, wissen wahrscheinlich nicht so genau, wie die Krankheit aussieht, wie sie verläuft, was auf Demenzpatienten und ihre Familien zukommt. Daran hat auch Ronald Reagan nichts geändert, der 1994 mit seinem Brief an die amerikanischen Bürger auf die Krankheit und ihre Auswirkungen aufmerksam gemacht hat. Sein Brief endet damit, dass er nun „die Reise in den Sonnenuntergang meines Lebens"[60] antrete, und man stellt ihn sich unweigerlich auf einem Pferd gen Westen reitend vor. Seitdem das Thema in den Medien öffentlich diskutiert wird, sieht man öfter Interviews mit Betroffenen – sie sind allerdings alle in frühen Stadien von Alzheimer oder anderen Demenzerkrankungen, können noch sprechen und sich bewegen. So stellen sich viele Nicht-Betroffene unter Demenzkranken alte, vergessliche Menschen vor, die ihre Hausschlüssel öfter verlegen als normal, doch die Realität sieht, zumindest in späteren Stadien, anders aus.

Ähnlich wie im Zusammenhang mit Depressionen und anderen psychischen Krankheiten haben sich auch immer mehr in der Öffentlichkeit stehende Personen mit Ihrer Diagnose Demenz öffentlich auseinandergesetzt. Damit verbunden ist die Diskussion um die Pflege und den Umgang mit Betroffenen, aber auch die Frage nach dem Recht auf den selbstgewählten Tod, den Freitod. Susan Sontag hat einmal gesagt, der Mensch fürchte sich gar nicht so sehr vor dem Leiden, sondern vor dem Leiden, das degradiert.[61] Wenn ein Mensch seine Selbstbestimmung nicht verlieren möchte und ein Dasein ohne seine Persönlichkeit, die im Laufe einer

Demenzkrankheit unwiderruflich verloren geht, ablehnt, darf er dann den Freitod wählen? Der Theologe Johann Wilhelm Schmid sagte 1794 über den „unmoralischen Selbstmord":

»*Der Selbstmord ist in der heiligen Schrift nicht untersagt. Er kann mit den Grundsätzen des Christenthums auf seine Weise bestehen. [...] In allen den Fällen, wo ein Mensch den freien Gebrauch seiner Vernunft nicht hat, kann der Selbstmord nicht als strafbar angesehen werden, wenigstens ist die Schuld oft sehr geringe.*«[62]

Der Schweizer Theologe Hans Küng nimmt Stellung zur rechtlichen und moralischen Seite des Rechts auf Selbstbestimmung am Ende des Lebens. Küng ist selbst an Parkinson erkrankt und hat seinen langjährigen Freund, den am Ende seines Lebens demenzkranken Philologen Walter Jens, bis zu dessen Tod besucht. Im Jahr 1995, als Küng die *Stiftung Weltethos* gründete, veröffentlichten die beiden das Buch *Menschenwürdig sterben*, in dem es auch um das Euthanasie-Tabu und die Rolle der Religion geht. Küng sieht sein Leben „dank der zehn Tabletten am Tag, dank der Fortschritte der Hygiene und der Medizin"[63] künstlich verlängert, doch er hat eine präzise formulierte Patientenverfügung und ist Mitglied der Sterbehilfeorganisation *Exit International*. „Nirgendwo in der Bibel steht, dass ein Mensch bis zum verfügten Ende durchhalten muss. Was ‚verfügt' ist, ist uns verborgen."[64] Küng will den medizinischen Fortschritt und den in der Palliativmedizin, doch sieht er Demenz als ein weltweites Problem, das es gesellschaftlich zu lösen gelte. Laut der Demenzstatistik von *Alzheimer's Disease International*[65] waren 2013

44,4 Millionen Menschen weltweit an Demenz erkrankt. 2030 sollen es schon 75,6 Millionen sein, 2050 dann 135,5 Millionen. Viele von ihnen werden alte Menschen in China, Indien und Südostasien sein. Was tun wir mit Millionen von Demenzkranken? Küngs Antwort ist, dass es nur eine Position gibt: *Wir können Demenz nicht ertragen.* „Für Menschen, die niemanden mehr erkennen können, wird es schrecklich." Damit und mit seinem eigenen Sterben will Küng eine ernste Diskussion über Euthanasie provozieren, auch in Deutschland. Sein Ziel ist eine Gesetzgebung mit klaren Richtlinien über das, was Ärzte dürfen und was nicht.

Es gibt viele alte Leute, die sich durchaus pragmatisch auf ihren eigenen Tod vorbereiten. Sie kaufen vielleicht ein Doppelgrab, wenn der Partner stirbt. Sie haben ein Testament und hinterlegen, welche Musik bei ihrer Beerdigung gespielt werden soll. Wie man am Ende „gestorben wird", kann man sich allerdings meist nicht aussuchen. Euthanasie ist in Deutschland sicherlich ein Tabuthema, und das zu Recht, wenn man an den Missbrauch in der Nazizeit denkt. Ein Gesetz zur individuellen Möglichkeit der Sterbehilfe müsste sehr genau die Schattenseiten solcher Regelungen ausleuchten, z.B. die etwaige Ausnutzung durch Krankenkassen oder die Mithilfe ungeduldiger Erben.[66] Ohne die Enttabuisierung des Themas muss man sich vielleicht fragen, wie eine Gesellschaft die langen Leidenswege Todkranker verantworten kann, die jahrelang nur noch ein Schatten ihrer selbst sind.

Holland hat bereits ein liberales Euthanasie-Gesetz, und Belgien war im Februar 2014 in den Schlagzeilen, als im Parlament über das Recht todkranker Kinder auf Euthanasie entschieden wurde.

ENDSTATION

Während es in Holland eine Altersgrenze gibt (12 Jahre), hängt es in Belgien nicht vom Alter des Kindes, sondern von der Untersuchung durch einen Psychologen ab, ob es entscheidungsfähig ist oder nicht. Allerdings braucht es auch die Zustimmung der Eltern, und das Kind muss unheilbar krank sein. Belgien ist das erste Land der Welt, dass dieses universelle Tabu bricht: Im Dezember 2013 hat der Senat die Gesetzesänderung mit 50 zu 17 Stimmen unterstützt. In Belgien dürfen sich auch Erwachsene, die nicht unheilbar krank sind, für den Tod entscheiden, so wie die gehörlosen Zwillingsbrüder, die sich kurz vor der Erblindung entschieden, aus dem Leben zu scheiden, oder wie eine transsexuelle Person, bei der die Geschlechtsumwandlung nicht gelungen war.[67]

Die 19-jährige Gertrude hat zwei Jahre in Belgien gelebt und studiert heute in Australien. Sie erklärt, dass das Thema nur in Belgien kein großes Tabu ist:

- Das Thema Euthanasie ist kein großes Tabu in Belgien, aber überall sonst in der Welt. Was da gerade angesprochen wird, ist, dass Kinder, die sterbenskrank sind, jetzt das Recht auf Euthanasie haben, was eigentlich ein Tabu ist, es war vor ein paar Jahren noch nicht so. Das gibt es nur in Belgien. Es ist ein Tabu, weil Kinder als nicht erwachsen genug angesehen werden, um solche Entscheidungen zu treffen. Ich würde dazu sagen, dass kein Erwachsener bestimmen sollte, wann jemand das Recht zum Sterben hat. Da glaube ich, dass ein Kind das gleiche Recht haben sollte, sich das auszusuchen, wie ein Erwachsener.
- Im Northern Territory (in Australien, Anm. d. Autorin) haben sie es versucht. Dort gibt es auch den *flying death doctor*

- („fliegender Todesdoktor"), der auf einer *Most-wanted-Liste* ist
- und der zu abgelegenen Orten fliegt und den Leuten hilft,
- friedlich zu sterben. Es ist nicht erlaubt, aber es wird dort
- trotzdem gemacht. Sie haben versucht, ein Gesetz dafür zu er-
- lassen, aber das ging nicht. Es ist so eine Sache, dass in der Ge-
- sellschaft nicht viel darüber geredet wird. Eigentlich ist die
- Mehrheit der Gesellschaft für eine Änderung des Gesetzes, wie
- zum Beispiel auch bei der Heirat von Homosexuellen, aber
- das Gesetz ist etwas langsamer.

Im Northern Territory war Beihilfe zum Suizid 1995 erlaubt worden. Ein Jahr später wurde sie in einer Bestätigungsabstimmung allerdings wieder illegal. Wie in Deutschland und anderen westlichen Ländern gibt es Befürworter und Gegner, und das ist auch nicht verwunderlich, denn eine solche Entscheidung muss jeder Mensch individuell und abhängig von der jeweiligen Situation treffen. Dazu bleibt oft nicht viel Zeit, und so fahren Europäer zum Sterben zum Beispiel früher in die Schweiz oder nach Belgien, als sie es eigentlich müssten, weil sie Angst haben, in ein oder zwei Jahren vielleicht nicht mehr selbst zum Giftbecher greifen zu können und so die Chance auf ein selbstgewähltes Ende vertan zu haben. So geht ihnen vielleicht schöne und wertvolle Lebenszeit verloren.

Im Juni 2014 haben sich zwei Freundinnen im australischen Melbourne das Leben genommen, weil eine von ihnen, Val Seeger, mit 75 Jahren an Alzheimer erkrankt war. Die andere, Claire Parsons, 66 Jahre alt und gesund, hat sich das Leben genommen, um nicht der Beihilfe zum Suizid angeklagt werden zu können. Die beiden hatten die Ausstattung zur Selbsttötung vom Exit-International-Arzt Dr. Philip Nitschke erhalten, der als Pro-Euthanasie-Aktivist bekannt ist. Die Weitergabe der Sterbeausrüstung ist durchaus legal, aber wenn Nitschke wegen Euthanasie verklagt wird, drohen ihm bis zu fünf Jahre Haft.[68]

2009 gab es eine Diskussion darüber, dass die australische Regierung das online erschienene *Peaceful Pill Handbook* („Die friedliche Pille") auf eine schwarze Liste gesetzt hatte, mit deren Hilfe der Internetzugang für australische Bürger gefiltert wird. Ein Regierungssprecher gab an, die Seite sei blockiert worden, weil das Buch detaillierte Anleitungen für den verbotenen Besitz, die Herstellung und den Import von Barbituraten enthalte. Nitschke sieht dies als massive Einschränkung der Freiheitsrechte in Australien, wo die Menschen Themen wie die Gestaltung des Lebensendes nicht am Telefon diskutieren, keine Bücher darüber kaufen oder gedrucktes Material importieren dürfen. Im Juli 2014 hat Nitschke seine Approbation verloren, weil er „eine Gefahr für die Allgemeinheit" darstelle.[69] Die australische Gesellschaft stehe dafür, Suizid zu verhindern und nicht zu ermöglichen.

Organisationen wie *Exit International*, *Dignitas*, *Sterbehilfe Deutschland* etc. werden immer wieder attackiert, weil ihre Informationen einige Menschen vielleicht negativ beeinflussen oder gar zum Missbrauch einladen könnten. Einzelne „Sterbeärzte" sind für die einen Engel der Erlösung, für die anderen sind sie unmenschliche Geschäftsleute, die mit ihren Angeboten vielleicht auch suizidgefährdete Jugendliche erreichen. Die Frage ist wohl, wie man einen Gesetzestext findet, der Missbrauch ausschließt und einer Gesellschaft, die neue Möglichkeiten sucht, sich um ihre Schwerkranken und Alten zu kümmern, nicht einen scheinbar einfacheren Ausweg bietet, als die Palliativmedizin auszubauen. Kommerzialisierte Sterbehilfe ist in jeder Hinsicht billiger als alternative Hospizbewegungen, die durch intensive Zuwendung, Zeitaufwand und gute Schmerztherapien zu kostenintensiv für die Medizinindustrie sind. Solange die Menschen Angst haben müssen, dass ihre Körper in einem Pflegeheim regelmäßig gewendet werden und ihnen Sondennahrung (PEG = perkutane endoskopische Gastronomie) zugeführt wird, die sie jahrelang am natürlichen Sterben hindert, entscheiden sie sich vielleicht eher für die schnelle Lösung. Eine echte Wahl hätten Menschen erst dann, wenn sie sich zwischen Sterbehilfe und einer intensiven Palliativmedizin, die ihr Leiden nicht unnötig verlängert, entscheiden könnten.

Im US-Bundesstaat Oregon hat die 29-jährige Brittany Maynard im November 2014 Schlagzeilen gemacht, weil sie sich im Kreise ihrer Familie das Leben nahm, um nicht an ihrem tödlichen Hirntumor sterben zu müssen. Dafür war sie von Kalifornien nach Oregon gezogen, denn Sterbehilfe ist nur in fünf der fünfzig US-Bundesstaaten erlaubt, und Brittany wollte die Dienste der Sterbehilfe-Organisation *Compassion and Choices* („Mitgefühl und Wahlmöglichkeiten") in Anspruch nehmen. Die junge Frau hat sich nicht nur auf Facebook verabschiedet, sondern auch anderswo ihre Geschichte und ihre Einstellungen veröffentlicht, um eine breite Diskussion über Sterben in Würde auszulösen. Das ist ihr gelungen, obwohl die Meinungen dazu in den USA wie auch in anderen Ländern weit auseinandergehen. Der Vatikan jedenfalls hat gleich den kirchlichen Standpunkt betont, dass

Meynards Tat „verwerflich" sei und „Würde etwas anderes ist, als seinem eigenen Leben ein Ende zu setzen."[70]

Die Diskussion über aktive und passive Sterbehilfe ist eine ethisch-moralische, die sich nicht mit einem einfachen Ja oder Nein beantworten lässt. Medizinische Fortschritte sind prima, aber sie werfen in vielen Fällen neue Probleme auf und lassen neue oder veränderte Verantwortlichkeiten entstehen. Wer wann was entscheiden darf oder soll, wenn ein schwerkranker Mensch es nicht mehr kann, muss von Fall zu Fall entschieden werden, im besten Wissen um den Wunsch des oder der Betroffenen – und der kann sich jederzeit ändern. Schließlich hat der Verfechter für aktive Sterbehilfe Walter Jens in seinen späten Tagen als Demenzkranker seinen Lebenswillen mit „nicht totmachen, bitte nicht totmachen" ausgedrückt.

KOTTBUSSER TOR,
DEUTSCHLAND
ÜBER MUSIK UND EXPERIMENTE

»*Wir töten Tiere und essen sie, warum also darf ich kein Blümchen pflücken und es rauchen?*«
(unbekannt)

Das Kottbusser Tor ist eine U-Bahn-Station mitten im Berliner Stadtteil Kreuzberg, einem Kiez, der einmal bei Künstlern, Studenten, Radikalen, Migranten und Aussteigern angesagt war. Die Gegend um die von vielen Berlinern „Kotti" genannte Station gehörte zum Bezirk SO 36 und ist heute vor allem für Drogenhandel bekannt. Es gibt hier allerdings noch immer eine bunte Mischung von Immigranten (vor allem aus der Türkei, aber auch aus dem Libanon und anderen Ländern), außerdem jede Menge

KOTTBUSSER TOR, DEUTSCHLAND

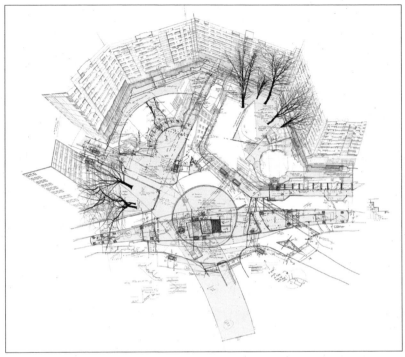

Kotti revisited, 2010 [mit freundlicher Genehmigung von Larissa Fassler[71]]

Szenebars, Schwulenclubs, Märkte und Restaurants mit Gerichten aus aller Welt.

Das neue Kreuzberger Zentrum stammt aus den 1970er Jahren und wird vor allem von türkischen Familien bewohnt, die in den 1960er und 1970er Jahren aus den ärmeren Gegenden im Osten der Türkei kamen. Mit der Integration hat es nicht so richtig geklappt, die Eingewanderten sind nicht deutsch, sie sind *Bürger mit Migrationshintergrund*. Die jungen Leute jonglieren mit Sprache und Akzent, mit verschiedenen Religionen und Lebenswelten, die hier aufeinandertreffen. Das Kotti wird oft mit New York City verglichen, nicht zuletzt wegen der weitgehend friedlichen

Koexistenz scheinbar nicht zusammenpassender Subkulturen. Allerdings ist die Gegend etwas heruntergekommen, die Straßen sind grau und eng, und die dem Kotti gewidmeten Rap-Songs klingen nicht allzu einladend:

»*Stampf' durch die Kotze am Kotti, Junks sind benebelt*
Atzen rotzen in die Gegend, benehmen sich daneben
Szene-Schnösel auf verzweifelter Suche nach der Szene
Gepiercte Mädels, die wollen, dass ich Strassenfeger lese.«
(Peter Fox, Schwarz zu Blau)[72]

»*8 Uhr am Kotti, ich ficke dein Leben.*«
(K.I.Z., Was willst du machen)[73]

Mit Tabuthemen gespickte Lieder, die sich vor allem an ein junges Publikum richten, bieten einen offeneren Umgang mit Themen, die im Alltag Schwierigkeiten bereiten können. In den 1970er Jahren sang Peter Maffay in *Es war Sommer* vom ersten Mal eines 16-Jährigen – sie war 31. Juliane Werding besang 1972 den Drogentod von Conny Kramer. Zwanzig Jahre später singen Tic Tac Tow (1996) in *Warum* über den Abstieg in Drogen und Prostitution, Purs *Kinder sind tabu* (1998) handelt vom Kindesmissbrauch und in Rammsteins *Spiel mit mir* (1997) geht es um Inzest. In *Other Side* von Rapper Macklemore geht es um den Tod von Pimp C und die Glorifizierung von Drogen wie Codein und Cannabis in der Hip-Hop-Industrie und darum, wie Jugendliche, die diese Lieder hören, davon beeinflusst werden. Das 2012 erschienene Album *Heist* von Macklemore & Ryan

Lewis enthält einen Song über die Rechte Homosexueller, *Same Love*, der zur Unterstützung der Legalisierungskampagne im US-Bundesstaat Washington aufgenommen wurde. Diese Texte schockieren, dienen der Aufklärung und stellen gleichzeitig die kommerzielle Verwertung von Tabuthemen dar. Die Auseinandersetzung mit Rauscherfahrungen in heutigen Gesellschaften ist diffus. Zigaretten und Alkohol waren lange in die Alltagskultur integriert, doch inzwischen sind in die Luft gehende HB-Männchen und Abenteuer suchende Kamele aus der Fernsehwerbung verschwunden. Auch Campari muss inzwischen überlegen, was sonst. Alle anderen Drogen werden sowieso als destruktive Bedrohung tabuisiert, auch wenn die Verfügbarkeit verschiedener Rauschmittel an Schulen bekannt ist und sich in den letzten Jahrzehnten gar nicht so wesentlich verändert hat. Rausch ist ein attraktives Phänomen und oft Teil der Entwicklung in der Jugendphase. Rauscherfahrungen sind irrational und risikoreich. Sie bilden einen Gegenentwurf zur leistungsorientierten, nüchternen Gesellschaft der Etablierten.

Die gelben U-Bahn-Wagen verlassen den Nollendorfplatz, der Wagon ist voll besetzt. Ein magerer junger Mann leiert seine Begrüßung herunter: „Guten Tag, ich heiße Dirk, ich bin seit vier Monaten obdachlos und verkaufe den *strassenfeger*. Wenn mir der eine oder andere ein Exemplar abkaufen würde oder eine kleine Spende hätte, gern auch etwas zu essen, würde ich mich sehr freuen. Ich wünsche Ihnen noch einen schönen Tag." Dirk stapft von einem Ende des Wagens zum anderen, verkauft keine Zeitung, bekommt aber eine kleine Spende von einer älteren

Dame. Am anderen Ende des Wagens wartet ein älterer Mann mit einer Mundharmonika, bis der Zeitungsverkäufer ausgestiegen ist, dann legt er los. Davon unberührt und in ihrer eigenen Welt scheinen zwei junge Leute mit Beanies[74] auf den Köpfen zu sein, die sich einen iPod teilen – jeder hat einen Stöpsel im Ohr. Yuri und Gertrude sind 18 und 19 Jahre alt und sogenannte Third Culture Kids: Beide haben in mehreren Ländern gelebt und legen sich in ihrer nationalen Identität nicht fest, kulturell fühlen sie sich als Europäer. Gertrude spricht lieber Englisch als Deutsch, aber Yuri meint, Berlin sei der perfekte Ort zum Üben, weil es dort viele Formen von Deutsch gebe. Beide haben internationale Schulen in verschiedenen Ländern besucht und studieren inzwischen in Sydney, Australien. Sie sind auf dem Weg zum Kottbusser Tor, das Gertrude als symbolischen verbotenen Ort identifiziert hat, wie es ihn in vielen Gesellschaften gibt:

- Die Drogensüchtigen, das ist in jedem Land ein verbotener Ort, wenn man sagt, dass dieser Drogensüchtige nicht mehr normal in der Familie leben kann. Die werden dann am Ende auch rausgeschubst und leben auf der Straße. Das Leben auf der Straße ist ein verbotener Ort, weil es ein Teil der Gesellschaft ist, der nicht reinpasst. Drogensucht ist hundertprozentig tabu.
- Man denkt mehr an die, die heroinsüchtig sind, aber heute ist das Problem ja noch ein anderes. Es gibt zu viele Ärzte, die Medikamente verschreiben, die viele, viele Probleme machen. Das ist ein Tabu, weil man sich dessen noch nicht bewusst ist und weil es unangenehm ist, darüber zu sprechen. Man

identifiziert sich damit nicht, wenn das Thema in den Medien vorkommt, weil es eher mit Berühmtheiten zusammenhängt, da denkt man, man ist eigentlich gar nicht Teil davon. Das ist ein Tabu, das noch nicht angesprochen wurde.

Yuri sieht das Tabu um Drogen herum generell als negativ, doch es komme natürlich darauf an, in welcher Kultur oder Subkultur man das betrachte:

Leute wollen ein Tabu nicht brechen. Bei Drogen kommt es darauf an: „Der konsumiert Kokain, also, ich weiß nicht, ob ich mit dem befreundet sein möchte." Das führt dann dazu, dass man sich das auch als potenzieller Konsument zweimal überlegt. Vielleicht finden das andere nicht so gut, oder was tut das meinem Körper an? Über vieles wird man da nicht aufgeklärt, weil das auch ein Tabu ist. Wegen dieses starken Tabus ist Information nicht leicht verfügbar. Das ist einerseits gut, weil es Konsum verhindert, denn er kann ja schließlich schädlich sein, andererseits ist es etwas Negatives, weil Leute keine Möglichkeit haben herauszufinden, wie das etwas sicherer gemacht werden kann.

Tabu und Gesetz beeinflussen sich gegenseitig, aber man kann etwas enttabuisieren, ohne es legal zu machen. Bei Drogen ist es eine gute Herangehensweise, Konsumenten nicht auszugrenzen und durch ein Tabu fernzuhalten von Informationen, sondern Sachen zu erklären. Viele Drogen sind schädlich genug, um Menschen abzuschrecken, Leute, die nicht bereit sind, große Risiken einzugehen.

Unter Drogenkonsumenten, also ohne Alkohol und Tabak, gibt es auch Tabus. Wenn ich sagen würde: MDMA, weißt du was das ist? Ja, guck mal, das ist Ecstasy. Genauso wie dieses Wort wird auch das Wort „Tablette" als Gattungsbegriff für Drogen verwendet, auch für Opioide. Das ist stigmatisiert. Du hast zum Beispiel „Spritzen", das ist das höchsttabuisierte, stigmatisierteste Wort in der Drogenszene. Selbst, wenn du etwas subkutan spritzen kannst und es milder ist als, sagen wir mal, oral eingenommenes Morphium, steht Spritzen trotzdem über Pillenschlucken. Du hast dann dieses Ranking. Es gibt Leute, die niemals eine Spritze berühren würden, aber heftig Tabletten schlucken. Spritzen ganz oben, dann intranasal und rauchen und dann orale Einnahme und dann Cannabis, das geraucht wird, aber drunter ist.

Überall gibt es einen Hauptbahnhof, und überall gibt es auch ein Kottbusser Tor.

Sehen junge Menschen ähnliche Tabus in der Welt wie ihre Elterngeneration? Sind Sexualität oder Flüche überhaupt tabu? Gertrude hat gerade in Sydney ein Ingenieurstudium begonnen. Sie wurde in Sydney geboren, hat mit ihrer Familie jeweils zwei Jahre in Hongkong und in Belgien verbracht, dann vier Jahre in Singapur und schließlich wieder einige Jahre in Australien. „Tabu" ist für sie „ein Wort, das eine negative Konnotation hat und für jede Kultur spezifisch sein kann". Als generelles Tabu, das es auf der ganzen Welt gibt, fällt ihr erst mal nur der Muttermord (matricide) ein, „also dass man seine eigene Mutter nicht töten darf, womit, glaube ich, jeder auf der Welt eigentlich einverstanden ist". „Tabu" heißt für sie:

> Dass es von der Kultur aus akzeptiert ist, dass man eine bestimmte Idee nicht umsetzen kann. Es muss nicht illegal sein, es ist einfach etwas, das nicht hinterfragt wird.
> Familienbeziehungen, also die Familie kommt meistens vor Freunden. Auch wenn man der Familie nicht sehr nahesteht, sollte man sein Leben lang für sie da sein, was kein Tabu ist, aber es ist schon ein Verständnis, das jeder hat, und es muss halt sehr schwierig sein, bevor man sagt: „Also für meine Familie bin ich jetzt nicht mehr da." Ja, also, man hat ein anderes Verhalten in seiner Familie und wie man sich gegenüber anderen benimmt, also offener, und man versteht sich besser, aber da sind die Beziehungen halt nicht so wie zwischen Mann und Frau, sondern man ist wirklich Familie, und da ist wieder ein Tabu, dass man keinen Inzest haben kann.

Yuri studiert Pharmakologie, ebenfalls in Sydney. Er wurde in London geboren, hat seine Grundschuljahre in Berlin verbracht und war danach drei Jahre in China. Seit 2008 lebt er in Australien. Er definiert „Tabu" als ein „stigmatisiertes Thema, etwas worüber Leute nicht reden wollen, weil es entweder peinlich ist oder seelische Verletzungen hervorrufen kann oder weil es aus irgendeinem anderen Grund einfach unangenehm ist". Generelle Tabus sind für ihn:

> Krankheiten, vor allem wenn man jemanden persönlich darauf anspricht. Dann psychische Krankheiten, Drogenkonsum, Gewalt und bestimmte Teile der deutschen Geschichte. Auch Sachen, wo Leute Geld verlieren können. Zum

> Beispiel, was in Bhopal passiert ist. Da sind Leute, die eigentlich die ethische Verantwortung tragen, aber die das dann nicht akzeptieren. Das ist tabu, weil Leute versuchen, solche Tragödien zu ignorieren. Obwohl sie die Verantwortung haben, tragen sie keine.
> Ich habe in China mal gesagt: „die Scheißkommunisten", weil ich gehört hatte, dass der Kommunismus zur Einschränkung von Freiheit führt, und da hat unser Lehrer davon gesprochen, wie man das hier nicht darf: „Ich glaube, du weißt nicht, wovon du redest. Damit musst du hier vorsichtig sein." Das war das erste Mal, dass ich das Wort „Tabu" in Bezug auf ein Thema im Kopf hatte.

Gertrude und Yuri steigen am Kotti aus und wandern in Richtung Türkischer Markt, der sich am Maybachufer ausgebreitet hat und den man schon von Weitem hören und riechen kann. Inmitten der frischen Oliven, Pistazien und Süßkartoffeln, Turkish Delight und bunten Stoffballen, erzählen sie über ihre Erfahrungen und Einstellungen. Die beiden zeigen einen pragmatischen Umgang mit klassischen Tabuthemen wie Sexualität oder Tod und geben einen Einblick in Erfahrungswelten, die man geografisch nur schwer einordnen kann – und zum Glück auch nicht muss.

Sexualität ist das erste Tabu, das Gertrude einfällt, wenn sie über Tabus nachdenkt. Sie vergleicht die relative Offenheit der westlichen Welt mit arabischen Ländern, in denen es wohl eher tabu sei, über Sexualität zu sprechen, da Frauenrechte und die dort herrschenden Vorstellungen, wie sich Frauen zu kleiden haben, schon problematisch seien. Gertrude ist sich ihrer Perspektive durchaus bewusst und relativiert ihren eigenen Eindruck:

> Tabus sind aus der westlichen Perspektive in arabischen Ländern gar nicht ansprechbar und sehr stark, und wir sehen sie als sehr negativ. Tabus dienen der Unterdrückung der Frauen. Andererseits gibt die Verschleierung den Frauen vielleicht auch Freiheit, so kann ich das nicht sagen.

Nach dem Muttermord ist Sexualität für Gertrude das stärkste und am weitesten verbreitete Tabu überhaupt. Sie ist hauptsächlich in westlichen Ländern aufgewachsen, und „da sieht halt alles sehr modern aus. Man ist sehr offen in seinen Beziehungen, da kann man ja auch mehrere Frauen oder Männer haben, nur nicht offiziell". Man dürfe wohl gesetzlich nicht zwei Frauen gleichzeitig heiraten, aber eine nach der anderen gehe ja schon. Dass die meistgebuchte Operation in vielen asiatischen Ländern die Wiederherstellung des Hymen sei, findet Gertrude pervers: „Es wird dann gesagt, es gibt da keine Tabus mehr und dann? Also das ist eine Doppelmoral." Akzeptabler findet sie eine persönliche Entscheidung, mit dem Sex bis nach der Heirat zu warten:

> Kein Sex vor der Hochzeit ist so aus der Religion. Ich habe Freunde, die sehr religiös sind, und da ist es kein gesellschaftliches Tabu, sondern ein privates, die wollen erst heiraten.
> Tabus bestehen aus negativen Sachen, und meistens sind sie auch für ein besseres Leben da. Als man AIDS als Homosexuellenkrankheit gesehen hat, hat man gesagt, man sollte keinen

Sex haben, damit man es nicht bekommt. Hat offensichtlich nicht funktioniert. Man wollte Sex zum Schutz tabuisieren. Tabus können auch missverstanden werden, und die ursprüngliche Idee wird dann nicht umgesetzt.

Yuri fallen zum Thema Sex lustige Begebenheiten aus seiner Kindheit ein. Sie zeigen, wie er gelernt hat, dass ein Thema vielleicht nicht generell tabu ist, aber in bestimmten Kontexten einfach „nicht geht":

> In Deutschland war ich mal bei einem Kinderzahnarzt, und da lagen so Puppen rum. Die hab ich dann genommen und aufeinander gehauen, so als hätten die Geschlechtsverkehr. Und da hat meine Mutter gesagt: „Hey, hör mal auf damit! Das ist voll peinlich!" Das war natürlich auch ein Tabu, und ich wusste das auch. Meine Mutter hat mich so erzogen, dass Sexualität eigentlich etwas sehr Natürliches ist und dass man sich nicht fernhalten muss von dem Thema, aber das ist halt noch mal was anderes, wenn man das als 6-, 7-Jähriger mit zwei Puppen vorspielt.
>
> Wir haben auch in der Schule einen Porno gemacht, als wir so 7 waren, da haben wir zwei Strichfiguren gemalt, die dann immer so aufeinanderkamen und die dann Geschlechtsverkehr hatten. Da hat eine Lehrerin gefragt, was das ist, und wir so: „Ja, das is 'n Porno." Sexualität bei Kindern ist ganz etwas anderes, da entwickelt sich viel zwischen 7 und 13. Mit 13 weiß man schon, was das ist, und hat auch, sag ich mal, den Bedarf für sexuelle Befriedigung, aber noch keine Fantasie dazu. Ich

habe so im Alter zwischen 11 und 13 Pornografie entdeckt und dann auch den Frauenkörper mit integriert in sexuelle Fantasien, bis ich dann mit 15 oder 16 zum ersten Mal Geschlechtsverkehr hatte. Als kleines Kind habe ich wohl mitbekommen, dass man nicht so darüber redet, aber ich hab nicht richtig verstanden warum. Und ich kannte auch den Zusammenhang mit Themen und Tabus nicht.

Die Australier gehen mit dem Thema sehr viel kindischer um als die Deutschen. Wir haben in Deutschland diesen Porno gebastelt, und das ist nicht sehr reif, aber wir haben das so wie Forschung behandelt, mehr über Sexualität gelernt, weil jeder was wusste. Wir haben das ins Internet eingetippt, weil wir mehr wissen wollten, und wir haben das ein bisschen lustig gefunden, aber wir haben versucht, das ein bisschen mit Respekt zu behandeln. Mir kommt es so vor, dass dieser Respekt in Australien nicht da ist. Es wird viel vulgärere Sprache verwendet, vor allem auch bei den Älteren. Bei den Jüngeren gibt es eine sehr kindische Umgangsweise, und im Alter von 15, 16, 17 haben wohl die meisten Geschlechtsverkehr, aber die Art, wie sie darüber oder über Sachen, die damit zu tun haben, reden, die ist sehr viel dreckiger und unverschämt. Man hat zwar das Wissen, weil man schon mal Sex hatte, aber man behandelt das Thema nicht mit Respekt.

Yuri wertet Tabus im Bereich Sexualität durchaus positiv, denn sie können etwas spannend machen und dadurch sehr nützlich sein. Er gibt auch ein Beispiel für den Umgang mit Facebook und Co und dafür, was eben nicht gezeigt wird oder werden soll:

Ich glaube, dass Tabus im Bereich von Geschlechtsverkehr ganz gut sind, und zwar nicht, weil sie was unterdrücken, sondern weil es dann etwas Besonderes bleibt und dadurch noch etwas Positiveres ist. Ich würde sagen, es ist weniger tabu als in früheren Generationen, aber natürlich ist das immer noch tabuisiert. Darüber reden ist vielleicht in bestimmten Gruppen, also unter Freunden, nicht unbedingt ein Tabu. Man redet offen über Geschlechtsverkehr, man redet vielleicht nicht über Personen, da fängt das Tabu an. Aber was eher tabu ist, würde ich sagen, ist Berührung, wenn man aus Versehen an eine Brust herankommt als Junge oder wenn das Mädchen aus Versehen an sein Geschlechtsteil rankommt, dann ist das schon etwas leicht Peinliches. Das sieht man auch, wenn man von Partys Bilder hat. Wenn man etwas getrunken hat, sind solche Berührungen schon leichter, aber wenn es davon ein Bild gibt, wie jemand die Brüste von einer Frau anfasst, das ist den meisten Leuten am nächsten Tag ziemlich peinlich. Ein Beispiel, also ich nenne keine Namen, aber es gab da ein Mädchen, das, wenn sie getrunken hatte, sehr offen wurde und auch sehr wild, und die hat sich rangemacht an mehrere Jungs. So, wir tanzen jetzt und du kannst mich anfassen und so. Jeder hatte ein Handy mit und hat ein Bild davon gemacht, weil jeder das lustig fand, und am nächsten Tag haben sie dann rumgeschrieben. Normalerweise ist dann dein Gesicht auf Facebook, aber da haben sie dann noch mal nachgefragt, ob das okay ist, und die Person hat dann gesagt: „Kann ich das Bild noch mal sehen? Ich weiß nicht mehr genau, was da drauf ist." Dann hat sie das angeschaut und gesagt: „Nee, also das möchte ich nicht auf Facebook haben. Das war alles ganz lustig, aber das war gestern Nacht, und das möchte ich nicht haben." So was kann auch schieflaufen, weil manche Leute nicht fragen. Sex im Rap-Song ist kein Problem, aber wenn man über Tod rapped, da hat Eminem dann den „controversial content"-Stempel (controversial content = problematischer Inhalt) bekommen, dafür kann man noch Stress kriegen. Das ist etwas Böses, wenn man darüber lacht, dass andere Leute sterben, vor allem, wenn sie zum Selbstmord getrieben wurden oder Krebs haben. Oder wenn Eminem sich über Christopher Reeves lustig macht. Das ist halt, weil er ein Krüppel ist, und darüber lacht man nicht. Das hätte er nicht gemacht, wenn er nicht all seine Anwälte hätte. Die haben dafür Publicity bekommen, genau wie *South Park*[75] und so.

Tabus entstehen ja auch ständig neu, sobald ein neues Ereignis stattfindet, Krankheiten, World Trade Center, Terrorismus. Was in den Medien als enttabuisiert gilt, ist auch ein bisschen Selbstverletzung. Medien stechen sich oft selber ins Bein, wie wenn man ein peinliches Thema freiwillig anspricht. Das tut man, um zu schocken, aber das ist keine Enttabuisierung. Holocaust, Terrorattacken und Leiden und Tod. Die anderen Sachen, Sex und so, darüber kann man reden.

In Massenmedien, im Fernsehen, da ist man Zuschauer. Bei den neuen Medien kann jeder der Produzent sein und in seiner eigenen Show, und das heißt, dass sich viel mehr Leute ins eigene Bein stechen. Das führt zu einer Scheinenttabuisierung. Der Schmerz, sich ins Bein zu stechen, wird normal. Ich benutze diese Medien nicht, aber ich werde von meinen Freunden beeinflusst. Wenn ich darüber rede, über Tod und Sterben, dann wäre ich viel betroffener, aber wenn man an der Oberfläche bleibt, kann man einfach darüber reden. Dieses Schreckliche wird zurückgehalten, also bei Tod und Leiden. Das ist nichts Lustiges, sondern das wird als lustig gesehen, um das zu entschärfen. Ich berühre nur die Oberfläche mit meinen Gedanken. Meine Freunde, die diese neuen Medien verwenden, nutzen diese Anonymität, selbst wenn man unter seinem Namen etwas ins Netz stellt, man sieht die anderen Leute und deren Reaktionen nicht. Also darf ich sagen, was ich will. Diese falsche Anonymität überträgt sich dann auch auf das echte Leben, und das hat auf mich abgefärbt, obwohl ich selbst nicht auf Facebook bin.

Leute sind weniger extrem im echten Leben, aber es wirkt sich schon aus. Wenn du auf Facebook ständig Sachen sagst, die tabu sind, dann hast du das Gefühl, du hast das sowieso schon gemacht, und das hat einen Einfluss auf das, was man dann direkt auch sagt. Ich hab mit 12 so ein Spiel gespielt, das hieß RuneScape[76], und da hat man Leute im Internet beleidigt, die kennt man nicht, das ist okay. Und dann war es auch einfacher, zu meinem besten Kumpel zu sagen: *„Fuck you!"* Das habe ich vorher nie gesagt.

Gertrude stimmt zu:

> Es entwickelt sich so schnell, und daher benutzen es mehr Kinder als Erwachsene. Ich denke an Bullying und an Mädchen, die ihre nackten Brüste rumschicken. Da wissen wir

noch nicht, wie wir das kontrollieren sollen. Diese Medien machen es einfacher, so was zu machen. Es hat zwei Seiten: Es ist einfacher, etwas Negatives zu machen, und positiv, weil man schnell reagieren kann und mehr Leute Zugang haben, also in westlichen Gesellschaften. Ich glaube, die Gesellschaft muss selbst davon lernen, anstatt das man alles kontrolliert, per Gesetz.

Tabus werden von Medien benutzt, um eine gute Story zu bekommen, wie bei Justin Bieber, der zu viel Party macht. Das kann positiv sein, wie im Fall von Angelina Jolie, die auf Brustkrebs aufmerksam gemacht hat, das erweitert Bewusstsein. Aber es wird auch negativ benutzt, einfach um berühmt zu werden. Für die Gesellschaft ist es positiv, wenn ein Tabu gebrochen wird, unter dem viele Leute gelitten haben. Wenn ein bekannter Mensch das macht, dann ist es für normale Leute auch leichter, damit offen zu sein. Es sollte etwas Positives sein, aber es wird oft nur benutzt, und das ist negativ.

WER SEINE GESCHICHTE NICHT ERZÄHLEN KANN, EXISTIERT NICHT. (Salman Rushdie)

Yuri und Gertrude nennen die beiden Weltkriege als Tabuthementräger für europäische Länder. Yuri nennt speziell für Deutschland die NS-Diktatur ein riesiges Tabu. Sein Beispiel lässt erkennen, wie er als Kind das Tabu um die Nazizeit erfühlt und erst später etwas über die Inhalte gelernt hat:

> Das ist einfach ein nationales Tabu, das ist leider Teil der deutschen Geschichte, und darüber reden die Leute nicht gerne, und wenn doch, dann ist ziemlich genau vorgeschrieben, wie man sich verhält. Als Deutscher ist das so, dass man das als ganz schrecklich sieht, was es natürlich auch ist, aber ich glaube, viele Leute denken nicht darüber nach. Als kleines Kind, als ich nicht viel darüber wusste, da war trotzdem klar, dass es ganz schrecklich ist, selbst wenn man nicht genau sagen kann, warum. Okay, es gab Konzentrationslager, das wusste ich, aber ich wusste keine Details und nicht viel über Hitler, aber ich habe das irgendwie gespürt, weil die anderen Menschen so gehandelt haben.

Gertrude und Yuri haben eine deutsche Schule in Sydney besucht und haben daher einen guten Vergleich in Bezug auf den Umgang mit diesem Thema aus verschiedenen Perspektiven. Was Yuri über die Reaktionen der „richtigen Deutschen" und der Australier sagt, unterstreicht auch seine Selbsteinschätzung als nicht richtiger Deutscher:

> An unserer Schule sind viele Leute, die nicht mehr wirklich deutsch sind, sondern Deutsch sprechen, weil ihre Eltern das tun, weil sie irgendwie daherkommen. Aber da sind auch Holländer, zum Beispiel. Ich würde sagen, wir sind da sensibler als die Australier, aber nicht so sensibel wie die richtigen Deutschen. Wir haben da Lehrer, die richtig deutsch sind, und die behandeln das auch mit dem Respekt, also diesem nationalen Respekt und der akzeptablen Verhaltensweise, und wir nehmen das zum Teil auf. Andererseits sind wir nicht ganz so

geprägt davon, weil wir halt auch Australien kennen, und die Australier gehen damit offener um. Nicht unbedingt besser, es gibt da viele Witze, die meiner Meinung nach geschmacklos sind, die würdest du in Deutschland nicht hören. Wenn du normal bist, hältst du dich in Deutschland von solchen Leuten eher fern, weil es klar ist, dass sie rassistisch sind oder antisemitisch oder sonst was. In Australien ist das nicht so, da kannst du solche Witze hören, und die finden das einfach lustig.

Die Deutschen in unserem Alter sind vorsichtiger. Da gibt es Leute, die sind mehr von der australischen Seite geprägt und andere mehr von der deutschen. Ich bin mehr von der deutschen Kultur geprägt durch meine Eltern, weil ich einfach Sachen nicht lustig finde, die mit Folter und Tod von Millionen von Menschen zu tun haben. Es gibt Leute, die lachen, weil sie es halt nicht unbedingt wissen, diese Zahlen, 6 Millionen und 25 Millionen, das bedeutet für mich etwas, weil ich darüber gelesen habe, aber in Australien hat das weniger Gewicht.

Ich glaube, das ist mit dem Umgang mit der australischen Geschichte überhaupt nicht zu vergleichen. Die Australier, die ich kenne, haben überhaupt kein Bewusstsein für diesen kleinen braunen Fleck in ihrer Geschichte mit den Aborigines. Die Deutschen gehen auch damit vorsichtiger um, weil sie das aus ihrer eigenen Geschichte kennen, dieses systematische Ausrotten einer Bevölkerungsgruppe, und das das einfach nicht geht. Das ist viel bekannter, weil der Zweite Weltkrieg von Deutschland ausgelöst wurde, und unter der australischen Jugend ist das nicht so bekannt, die scheinen das eher nicht zu wissen und meinen, dass Australien ein weißes Land ist.

Gertrude sieht das ziemlich ähnlich:

> So wie ich das verstehe, gibt es ja oft Tabus, die sich auf Ereignisse in der Geschichte beziehen, also so wie das, was mit den Ureinwohnern in Australien passiert ist. Sie wurden lange nicht als Teil der australischen Gesellschaft angesehen, offiziell, und es ist tabu, darüber zu sprechen. Ich finde es sehr wichtig, dass man darauf aufmerksam wird und dass man zugibt, dass es passiert ist.

Es gibt medial aufbereitete Tabus, über die viel gesprochen wird, bei denen aber die Meinungen weit auseinandergehen. Dabei geht es vor allem darum, was man wie sagt bzw. sagen darf und was man nicht sagt. Der Journalist und Polemiker Hendryk M. Broder erklärt zum Beispiel, wie in Deutschland einige Wörter zu Unwörtern gemacht wurden – eine Art Flucht in den Euphemismus. So wurden wegen der Besetzung des Wortes durch die Gräuel der Nazizeit Juden vor etwa 40 Jahren nicht mehr Juden genannt, sondern *jüdische Mitbürger*. Von dort, so Broder, sei es nicht weit zum Euphemismus für Einwanderer und Asylsuchende: *Bürger mit Migrationshintergrund*. Damit seien vor allem jene gemeint, die eben auffällig und nicht integriert seien, vor allem Türken. Über all dies wird sehr wohl gesprochen und gestritten, aber nur in einer bestimmten Weise und unter Ausschluss bestimmter Wörter.

Ähnliche Ansichten vertritt auch Telma[77]. Geboren im Iran, aber seit vielen Jahren in Deutschland lebend, sieht sie den Holocaust ebenfalls als größtes Tabu in Deutschland:

Ich bin nicht in Deutschland geboren und aufgewachsen, ich habe den sogenannten *Migrationshintergrund*. In Deutschland empfinde ich Antisemitismus als das größte Tabu überhaupt. Holocaust ist ein problematisches Thema, und da kann ich dir auch ein Beispiel geben: Also in meiner Forschungsarbeit geht es um Muttersprachenerwerb und die Stellung der Muttersprache und die Identität und wie in Deutschland mit Mehrsprachigkeit umgegangen wird, und da hatte ich ein Zitat aus dem Buch von Tove Skuttnabb-Kangas; das Buch heißt *Linguistic Genocide in Education – or Worldwide Diversity and Human Rights?* (etwa: Linguistischer Genozid in der Bildung – oder Multikulturalität und Menschenrechte?). Damals war die Diskussion in der Schule, wo die Kinder sich auf dem Schulhof nicht in ihrer Muttersprache austauschen dürfen. Also, ich hab' nur den Titel dieses Buches in einem Vortrag genannt und ich hab' bemerkt, wie die Atmosphäre sich verändert hat, allein dieses Wort „Genozid" in einem deutschen Kontext zu nennen. Also für mich in Deutschland ist das das größte Tabu überhaupt. Man darf über Beschneidung nicht sprechen, das ist gleich Antisemitismus, man darf Israel nicht kritisieren, das ist gleich Antisemitismus, also für die Deutschen ist das der wunde Punkt, tabu.

Der Zusatz „Migrationshintergrund" sei immer mit einem sozioökonomischen Hintergrund verbunden und auch mit bestimmten Sprachen:

> Man spricht über Migrantensprachen, und da spricht man nicht über Englisch und Französisch, eher über Türkisch und Arabisch. In meiner Arbeit habe ich diesen Bilingualismus einen „verschämten Bilingualismus" genannt. Also, das ist immer so, man spricht von Migrantenkindern und meint einen bestimmten sozialen und ökonomischen Hintergrund.

Waruno[78] stammt aus Indonesien und lebt ebenfalls seit Langem in Deutschland. Aus seiner Sicht hat sich seit den 1970er Jahren „entsetzlich viel, erstaunlich viel" geändert. Die Deutschen, die aus der Nazizeit hervorgegangen sind, seien durch das Regime einer Gehirnwäsche unterzogen worden und hätten sich zunächst befreien müssen. „Man würde fast sagen, es ist eine andere Nation." Auf Tabus bezogen habe sich ebenfalls viel verändert, vieles, das früher tabuisiert gewesen sei, sei jetzt nicht mehr tabuisiert, und was früher nicht tabuisiert gewesen sei, sei jetzt tabuisiert.

> Dass man gegen die Juden war und gegen Ausländer. Als ich nach Deutschland kam vor 35 Jahren, da war ein asiatischer Ausländer noch irgendwie minderwertig, um nicht mehr zu sagen. Jetzt wird man sehr freundlich. Wenn man einen Ausländer beschimpft, dann kommt sofort irgendjemand und wird einen beschützen, das ist völlig anders. Wenn man Soldaten nach Afghanistan schicken will, das ist mit so vielen Bauchschmerzen, wenn man irgendwohin Militärs schicken will. Das ist genau das Gegenteil davon, wie es früher war. Was soll ich sagen, das Judentum, wegen des Holocausts ist es so, dass man auf keinen Fall etwas Antijüdisches oder

KOTTBUSSER TOR, DEUTSCHLAND

Antiisralisches oder Antihebräisches macht. Das wird auch von einigen Teilen der Bevölkerung infrage gestellt, und ich meine nicht nur von der rechtsradikalen Seite, sondern auch von anderen. Es ist kein religiöses Tabu, es ist ein moralisches Tabu, das aus der Geschichte kommt.

Auf dem Türkischen Markt hat Gertrude sich durch einen großen Olivenstand probiert, zwei Süßkartoffeln und eine Tüte Pistazien gekauft. Yuri findet die Pistazien ganz lecker und fragt, ob es die nicht auch ohne Schale gebe. Gertrude rollt die Augen und spricht weiter über Sinn und Unsinn von Tabus:

Tabus wie Manieren sind eigentlich gut, sie machen es leichter, sich miteinander zu verständigen, wenn man sich nicht kennt. Ich kann nicht sagen, ob es eine gute oder schlechte Sache wäre, wenn es keine Tabus gäbe, ich glaube aber auch nicht, dass es möglich ist. Religion und auch Gesetze machen manche Tabus gleichzeitig illegal. Ich denke, sie werden benutzt, um das normale Leben einfacher zu machen. Ohne Tabus wäre theoretisch jeder sehr offen, aber ich weiß nicht, ob das etwas Positives ist.

Das Gesetz wird meistens akzeptiert, aber nicht immer. Ein Tabu wird nicht öffentlich diskutiert, und man ist einfach damit einverstanden, und das macht es etwas stärker, glaube ich. Wenn das Gesetz nicht da wäre, wären Tabus inoffiziell die Gesetze.

Wenn man zum Beispiel für Kindesmord in den Knast geht, spricht niemand darüber, und man wird sogar unter den Mördern

> ausgegrenzt, weil es halt so tabu ist. Das sind die Tabus, die schon so da sind. Vielleicht ist es sogar wichtiger für die, die schon im Knast sind, dieser Moral zu folgen als dem Gesetz.
> Was mir in Australien mehr auffällt als anderswo, ist der innoffizielle Rassismus. Das ist vielleicht sogar ein Tabu, weil es das Gegenteil von Tabu ist, also, dass öfters Witze darüber gemacht werden, und so verstecken dann die Leute den eigentlichen Rassismus. Das habe ich in Australien gesehen, und das habe ich einfach nicht erwartet, da es so eine multikulturelle Gesellschaft ist.

Yuri und Gertrude haben beide in verschiedenen Ländern Erfahrungen mit Tabus gemacht und wissen, dass es unmöglich ist, sich immer sicher in anderen Kulturen zu bewegen. Als Kinder hatten sie einen Bonus, es sei ihnen eher erlaubt gewesen, ein Tabu zu verletzen, und so hätten sie schneller gelernt. Erwachsene hätten die Möglichkeit, sich durch das Internet und Bücher zu informieren, bevor sie in ein neues Land ziehen. Von ihnen werde einfach erwartet, dass sie sich mit der neuen Kultur auskennen. Gertrude sieht allerdings die „Bringschuld" nicht nur bei denen, die Neuland betreten, sondern auch bei den Gastgebern:

> Das ist ein Problem mit der Globalisierung, dass die Tabus verletzt werden und man kein rechtes Verständnis dafür bekommt, deshalb kann es sehr problematisch werden. Wenn man etwas kulturell falsch macht, sind andere schockiert. Man verliert Respekt, weil erwartet wird, dass man etwas weiß und für die neue Kultur offen ist. Wenn man von außen kommt

> und ein Tabu bricht, das in der neuen Gesellschaft gilt, dann sieht es unzivilisiert aus, und es ist sehr schwer, sich zu entschuldigen. Da muss auch die Person, die ein Teil der neuen Kultur ist, etwas nachlassen und sagen okay, das war der Person nicht so bewusst und da muss man dann zusammenarbeiten. Als wir nach Asien gezogen sind, da musste man sich daran gewöhnen, in manchen Sachen offener zu sein, um sich mit den Leuten besser zu verstehen. Ich finde das auch positiv, dass man so was lernen muss.

Yuri rät vor allem dazu, sich vorsichtig heranzutasten, denn wer nicht achtsam sei, gerate eher in Schwierigkeiten oder verstehe einfach nicht, warum sich andere abweisend verhielten. Was nicht gesagt werde, möge schwieriger zu hören sein, sei aber im Tabukontext sicherlich am wichtigsten:

> Wenn man vorsichtig herumtastet, dann findet man den Lichtschalter auch im Dunkeln. Wenn man überall rumhaut, kommt man vielleicht aus Versehen auf den Lichtschalter, obwohl man gar kein Licht wollte. Wenn man nicht drauf achtet, dann lernt man das auf drei Arten: Etwas wird einem explizit gesagt: „Du, das kannst du hier nicht sagen." Das habe ich erlebt mit der Vier in China. Die Vier als Zahl ist tabu, weil sie auch Tod bedeutet. Dann durch Schweigen, wenn man ein bestimmtes Thema anspricht und alles wird plötzlich leise, zum Beispiel wenn man die Stäbchen in sein Essen haut, in China. Und die dritte Art ist einfach in einer Unterhaltung merken, dass etwas ausgelassen wird. Ein Thema, ein

bestimmtes Wort, eine bestimmte Bewegung wird einfach nicht ausgeführt. Indem man etwas nicht erwähnt, zeigt man, dass diese Sache eigentlich sehr wichtig ist.

Wenn man merkt, dass man ein Tabu berührt hat, kommt es auf die Umstände und auf das Tabu an, ob man das reparieren kann. Vielleicht ist es bei jedem Tabu peinlich, wenn man es berührt oder andere verletzt, aber es gibt lustige Peinlichkeiten. Da komme ich wieder auf Sexualität zurück, wenn man vielleicht etwas sagt, was man nicht sagen sollte. Aber das ist dann nicht so schlimm. „Oh, das wusste ich nicht", und ein bisschen rot werden, das genügt. Dann gibt es Themen, die peinlich sind, aber nicht auf eine lustige Art, sondern wirklich sehr ernst.

In Bezug auf Holocaust, das ist fast nie lustig. Das hat was Dunkles, und darüber zu lachen ist nicht angemessen. Ich hab mal aus Versehen in einem wissenschaftlichen Aufsatz das Wort „Endlösung" verwendet, und damit meinte ich einfach nur die ultimative Lösung, ich wusste nicht, was es bedeutet. Meine Mutter hat das gelesen und gesagt: „Das kannst du nicht einreichen." „Wieso nicht?", hab ich gefragt. „Ja, das haben die Nazis gesagt darüber, wie sie die Juden ausrotten wollten." Das ist ein bisschen lustig, einfach, weil ich das nicht wusste. Ich bin mir ziemlich sicher, dass mein Lehrer gewusst hätte, dass ich kein Nazi bin, aber da wird es dann wieder ernst. Wenn das so abgeschickt worden wäre, dann hätte das einen Einfluss auf meine Note gehabt, wenn diese Person nicht gerade so ein Hardcore-Nazi ist. Die Person kennt mich nicht, und ich würde sagen, in dem Kontext – das war ein Tierexperiment, und das ist schon selbst ein Tabu. Man will zeigen, dass man das aus wissenschaftlichen Gründen macht und das Tier gut behandelt und nicht, um es zu quälen. Ich hab die Tiere gut behandelt und sie auch gemocht. Ich hätte das abgebrochen, wenn es ihnen geschadet hätte. Aber so ein Wort zu verwenden, das könnte man vielleicht falsch einschätzen.

Gertrude unterscheidet bei der Tabubewältigung ebenfalls zwischen den Tabus, die man in humorvoller Form indirekt ansprechen kann, und denen, über die man nicht lacht:

> In der westlichen Gesellschaft scheint es oft so, dass man auch Tabuthemen ansprechen kann, aber es gibt trotzdem Tabus, die man gar nicht ansprechen kann, Vergewaltigung zum Beispiel. Das sollte man ansprechen, aber das will keiner, weil es so unbequem ist. Da ist das Tabu ein Problem, weil man keine Witze machen kann. Oder wenn jemand behindert ist, das ist auch ein Tabu, über das man keine Witze machen kann und über das man mit Respekt reden muss. Wenn man selbst eine Behinderung hat, dann darf man eher. Ich glaube, es gibt verschiedene Grade von Tabus, worüber man sprechen kann und worüber nicht. Da wäre Rassismus wohl an dem Ende, wo man drüber sprechen kann, und Behinderung so in der Mitte, und Vergewaltigung ist noch sehr am Anfang. Man kann über alle Tabus Witze machen, aber es ist einem bewusst, dass es Grenzen gibt. Jeder, der lacht, weiß auch, dass das tabu ist, und es wird richtig ungemütlich.

Yuri wirft ein:

- Ich hab im Behindertenheim gearbeitet, und da habe ich gelernt, dass es besser ist, Leute anzusprechen oder sogar anzuschauen, als sie einfach zu ignorieren, weil das ein Gefühl von Wertlosigkeit fördert. Der Mann unserer Putzfrau hat zum Beispiel ein paar Finger weniger, da habe ich gefragt: „Warum hast du ein paar Finger weniger?", und er hat gesagt: „Säge hat sie abgeschnitten." (lacht).
- Über Versagen Witze zu machen ist auch schwierig, aber es kommt darauf an, was für ein Versagen. Versagen in der Schule ist schon tabu, Leute wollen ihre Note nicht sagen, eine Auslassung, da merkt man, wenn das tabu ist. In meiner Umgebung sind die Leute nicht sehr berührt von Obdachlosen. Das muss kein Versagen sein, kann aber. Das ist ein Versagen, das viel intensiver ist als eine schlechte Note. Hat aber weniger Einfluss, weil wir weit entfernt sind von dieser Realität.
- Mord, Sexualität, Drogen, Klauen, das ist was Internationales. Tod auch, aber es ist nicht der Tod selber. Ich glaube, dass Leute kein Problem haben, wenn ein alter Mann, der ein volles Leben gehabt hat, an einer Herzattacke im Schlaf stirbt. Aber weil Tod sehr oft assoziiert wird mit Leiden, das Sterben ist sehr oft mit Leiden verbunden und du hast das Leiden der Überlebenden. Jede Person hat irgendjemanden auf der Welt, der einen liebt, und wenn dann jemand stirbt, dann ist einfach dieses Trauern. Wenn es ein natürlicher Tod einer sehr alten Person ist, das ist sehr traurig, aber es ist okay. Es ist viel

KOTTBUSSER TOR, DEUTSCHLAND

trauriger, wenn eine Person in einen Autounfall geraten ist, zu jung gestorben ist. Deshalb ist der Tod so ein Riesentabu. Ein guter Freund von mir, also der Bruder meines Freundes, hat Selbstmord begangen. Obwohl ich weiß, dass es ein Tabu ist, spreche ich es oft vorsichtig an, weil ich versuche, das Thema für mich etwas annehmbarer zu machen. Ich hab mal ein Buch angeschaut, das gehörte dem Bruder meines Freundes, und da war eine persönliche Widmung drin. Das war schon, also, weil er so jung gestorben ist und durch Selbstmord, fand ich es fast brenzlig, dass ich das gelesen habe. Ich habe mich ein bisschen unwohl gefühlt. Ich habe auch mal einen Witz gemacht, der hatte was mit Schienen zu tun, und dann hat mein Freund geschwiegen. „Oh, Scheiße", dachte ich. „Ich hab da indirekt diesen Selbstmord angesprochen", und ich hab dann versucht, das zu retten. Ich hab mich dann entschuldigt und gesagt: „Oh, ich hab echt nicht nachgedacht, es tut mir leid!" Er dann: „Ja, das ist okay." Ich weiß nicht, ob es okay war oder nicht. Deshalb kann Tod so eine Tabusache sein.

Yuri und Gertrude sind ganz ernst geworden, aber schließlich sichtet Yuri einen Dönerstand. „Die Pistazien sind toll, aber irgendwie zu klein", sagt er. „Reicht das erst mal zu Tabus?" Auf dem Weg zum Dönerstand haben die beiden wieder Stöpsel im Ohr.

EIN NACHTZUG AUS FRANKREICH ÜBER FAUXPAS UND MENSCHENESSER

In Ratgebern über richtiges Verhalten in Frankreich liest man immer zuallererst, dass man Französisch sprechen solle, wenigstens ein paar Brocken zum Aufwärmen. Denn die Franzosen seien alles andere als begeistert davon, dass ihre Sprache keine Lingua franca sei wie das Englische. Deshalb werden auch möglichst alle aus dem Englischen kommenden Begriffe übersetzt. So wird der Computer zum „ordinateur" und das Business-Meeting zur „réunion". Frankreich achtet auch darauf, dass möglichst viele Kinofilme aus dem eigenen Markt stammen und in französischer Sprache gedreht werden, 2011 waren es 40 %. Mit Tabus haben diese Regelungen allerdings nicht wirklich viel zu tun.

Ein Fauxpas, übersetzt „falscher Schritt", ist eine Indiskretion, eine Taktlosigkeit, die eine soziale Norm verletzt. So sollte man seinem französischen Gastgeber keine roten Nelken mitbringen

EIN NACHTZUG AUS FRANKREICH

oder gar Chrysanthemen, da sie eher zu Beerdigungen passen. Außerdem sollten Blumen nur in gerader Zahl geschenkt werden. Kaugummi kauen wird als unzivilisiert betrachtet, öffentliches Naseputzen ebenso, und man kleidet sich in der Öffentlichkeit adrett und korrekt – kurze Hosen und Flip-Flops gehören eher an den Strand. Während man in anderen europäischen Ländern durchaus nach einem „doggy bag" fragen kann, wenn im Restaurant Essen übrig ist, schickt sich das in Frankreich nicht. Das Personal würde sich wundern, wenn jemand darum bäte, dass ihm die Reste eingepackt werden. Andere Benimmregeln sind dagegen ähnlich: Ellenbogen gehören nicht auf den Tisch, Hände dagegen schon, und die Serviette liegt auf dem Schoss. Männer erheben sich, wenn sie hierarchisch Höherstehende begrüßen, Frauen schenken sich Wein nicht selbst nach. Den abergläubischen Brauch, in geschlossenen Räumen keinen Regenschirm aufzuspannen, weil es Unglück bringen könnte, gibt es auch in Deutschland und England, ebenso den Argwohn der Zahl 13 gegenüber. Bei so vielen Gemeinsamkeiten (und nur geringfügigen Unterschieden) fragt man sich, was die Dinge sind, über die man in Frankreich oder mit Franzosen lieber nicht sprechen, und was man dort lieber auch nicht tun sollte.

Maryse ist an diesem Morgen viel zu früh am Berliner Hauptbahnhof. Sie wartet auf ihre Tochter, die mit dem *City Night Line* aus Paris unterwegs ist. Maryse ist Französin, lebt in Berlin und arbeitet in einer Schulbibliothek. Ihr Mann ist Deutscher, die Familie spricht Deutsch, Englisch und Französisch. Wenn Maryse über den Begriff „Tabu" nachdenkt, fallen ihr zwei Bedeutungen ein: „Es ist etwas, über das wir vermeiden zu sprechen und das wir nicht tun. Es ist auch etwas Verbotenes, also über welches sprechen wir hier?" Dann erzählt sie:

> In Frankreich ist das Wichtigste – also, ich weiß nicht, ob es das Wichtigste ist, aber es ist etwas, über das wir nicht sprechen –, das ist Geld. Wir sprechen nicht darüber, was Leute verdienen, nicht wie die Amerikaner, das ist fast verboten, und ich denke, auch das Sexualleben ist tabu, wir sprechen wirklich nicht darüber. Die meisten Gesellschaften haben wohl Tabus im Bereich der Sexualität. Abtreibung in Frankreich, also, wir sprechen nicht darüber, außer, wenn es sein muss. Eine Frau, die abgetrieben hat, wird nicht sofort darüber sprechen, aber vielleicht später: „Ja, vor ein paar Jahren hatte ich eine Abtreibung." Es ist legal, aber man muss eine Beratung einholen, und es geht nur in den ersten drei Monaten. Früher musste man dafür nach Holland reisen.
>
> Es gibt gute Tabus, die die Leute schützen, Inzest zum Beispiel, und ich denke da auch an Kannibalismus. Das ist wirklich sehr tabu, würde ich sagen. Also, Cousin und Cousine, für mich wäre das kein Problem, wenn sie wissen, dass ihre Kinder ein Problem haben könnten. Wenn du einen Cousin triffst, den du nie im Leben gesehen hast, das kann ich schon verstehen, die können sich ineinander verlieben. Bruder und Schwester, das ist eine schwierige Frage, also, wenn die miteinander aufgewachsen sind. Für mich wäre das aber auch kein Problem, ich denke bei Inzest eher an Vater und Kinder. Wenn

einer den anderen zwingt, dann gibt es ein Opfer, und das ist tabu und sollte es auch sein.

Ein australischer Richter wurde im Juli 2014 suspendiert, weil er Inzest und Pädophilie mit Homosexualität verglichen hatte. Er erklärte, Homosexualität sei in den 1950er und 1960er Jahren tabu und kriminell gewesen, heute aber nicht mehr. Eine Jury könne einen Bruder, der mit seiner Schwester verkehrt, nicht belangen, wenn die Schwester sexuell reif sei, sexuelle Erfahrungen mit anderen Männern gemacht habe und nun frei sei, ohne Sexualpartner. Inzest sei nur deshalb strafbar, weil es ein hohes Risiko genetischer Anomalitäten in Kindern solcher Verbindungen gebe, aber es gebe ja heutzutage gute Verhütungsmittel und die Möglichkeit der Abtreibung.[79] Die Kommentare des Richters vor dem Hintergrund der gerade stattfindenden Massentribunale vor der *Royal Commission into Institutional Abuse*[80] (Königliche Kommission zum Missbrauch durch Institutionen) sind sicherlich schlechtes Timing, und der direkte Vergleich von Pädophilen und Homosexuellen ist ein Affront gegen alle Homosexuellen. Hinzu kommt der lapidar angefügte Kommentar zur Verfügbarkeit der Abtreibung, falls Bruder und Schwester doch ein Kind zeugen sollten. Richter Garry Neilson hat hier gleich mehrere Tabus gebrochen und befindet sich sowohl rechtlich als auch gesellschaftlich auf dünnem Eis. Wenn man sich den verhandelten Fall näher anschaut, sieht man, dass der ältere Bruder die Schwester schon als Kind im Alter von 10 Jahren missbraucht hat, sodass nicht von einem einvernehmlichen Sexualkontakt gesprochen werden kann. In diesem Fall gerät die Verteidigung des Inzests zum multiplen Tabubruch.

Das andere schützende Tabu, das Maryse nennt, ist der Kannibalismus: „Über Kannibalismus hört man auch ab und zu etwas. Es ist nicht so lange her, es war hier in Europa, ich weiß nicht mehr, ob in Frankreich oder in Deutschland, es ist etwa ein Jahr her." Sie erinnert sich hier an einen Fall, in dem ein vermutlich geistig verwirrter Obdachloser im Süden Frankreichs einen Mann tötete, um dessen Herz und Zunge zu essen. Auch in anderen Ländern tauchen solche Fälle zum Entsetzen der Öffentlichkeit immer mal wieder auf. Kannibalismus ist in der heutigen Zeit fast überall auf der Welt tabu, und es scheint nur vereinzelt Menschen zu geben, die entweder das Verspeisen anderer oder die Vorstellung, von anderen verspeist zu werden, sexuell erregend finden.

Die Südseeinseln, insbesondere Fidschi, waren als „Kannibalen-Inseln" bekannt. Vor allem getötete Feinde wurden gegessen, da man glaubte, sich so deren Kraft einzuverleiben. Es gibt auch Rituale, in denen Trauernde Teile frisch Verstorbener essen, um die Seelen der Toten den Lebenden zuzuführen. Kannibalismus wurde von den Missionaren und Kolonialmächten als Zeichen der Unterentwicklung gewertet, während sich Anthropologen vor die Aufgabe gestellt sahen zu entscheiden, ob Kannibalismus kulturell zwar anders, aber für sich gesehen ein akzeptables menschliches Verhalten sei oder nicht.

In Ausnahmesituationen, in Kriegen oder großen Hungersnöten, tritt Kannibalismus bis in die heutige Zeit in verschiedenen Teilen der Welt auf. Doch das Thema ist tabuisiert, und es wird nur hinter vorgehaltener Hand darüber gesprochen. Medienwirksam ausgeschlachtet werden dagegen Geschichten, in denen einzelne Täter ohne Not andere ganz oder teilweise essen, sei es ein Wiederholungstäter in Pakistan, der sich eine Babyleiche vom Friedhof holt, oder ein Sexualstraftäter und Serienmörder in Milwaukee, der Teile seiner Opfer isst.

Wahre Geschichten, in denen Menschen Menschen essen, üben auf viele Leute eine gewisse Faszination aus. Für die meisten ist es etwas Unvorstellbares, Unfassbares, Unaussprechliches. Ein Beispiel für Kannibalismus als Überlebensstrategie ist der oft zitierte Absturz eines uruguayischen Flugzeugs 1972 in den Anden. Die wenigen Überlebenden haben nach wenigen Tagen einen im eisigen Wetter konservierten Leichnam gegessen, weil sie nur so überleben konnten. Eine Situation, die sich wohl die meisten Menschen nicht vorstellen können und wollen. Da es hier um das nackte Überleben ging und der verspeiste Mensch bereits tot war, ist den überlebenden Tabubrechern zu verzeihen. Anders gelagert ist der Fall, in dem Schiffbrüchige 1884 nach dem Untergang der „Mignonette" an Bord eines Beibootes einen abgemagerten Schiffsjungen töteten, um ihn zu essen und dadurch zu überleben. Das soll früher auf See öfter der Fall gewesen sein. Doch den einen zu opfern, um die anderen zu retten, ist nicht nur tabu, sondern strafrechtlich immer noch Mord und daher nicht zu billigen, auch nicht in einer Ausnahmesituation.

Der Umgang mit Tabus ist immer auch der Umgang mit Ethik und Moral. Im 1973 erschienenen amerikanischen Science-Fiction-Film *Soylent Green*[81] wird das Überbevölkerungsproblem dadurch gelöst, dass Menschen sich dafür entscheiden dürfen, friedlich euthanasiert zu werden und dabei Bilder der Erde zu sehen, wie es sie früher einmal gab, mit blühenden Bäumen und weiten Wiesen, die inzwischen einer verpesteten Betonhölle gewichen sind. Die frisch Verstorbenen werden dann zum Lieblingsnahrungsmittel der Menschen, die Essen nur noch in Tablettenform kennen. Sie wissen nicht, was in den bunten Pillen enthalten ist, aber wenn *Soylent Green* ausgeteilt wird, sind sie kaum noch zu halten. In diesem Film werden die Menschen, ohne es zu wissen, zu Kannibalen. Überbevölkerung, ökologischer Kollaps und ökonomische Erwägungen machen den Kannibalismus in Pillenform notwendig und scheinbar ethisch vertretbar – die alten Menschen, die sich freiwillig euthanasieren lassen, scheinen ebenso zu gewinnen wie die jüngeren, die dadurch überleben.

Am Bahnhof überlegt Maryse derweil, was denn weniger wertvolle Tabus wären.

- Schlechte Tabus fallen mir nicht ein, also etwas, das verboten ist und nicht verboten sein sollte, nicht wirklich. Das Geld-Tabu hat vielleicht nicht wirklich eine Bedeutung, es ist einfach nur etwas, über das wir nicht sprechen. Natürlich sehe ich gar keinen Grund darin, das zu verstecken. Das wäre vielleicht eine Sache, die man ändern könnte.

Das Geld-Tabu stammt aus der Zeit, als sich nur die Bourgeoisie und die Arbeiterklasse um Geld kümmern mussten. Der Adel hatte Arbeit nicht nötig und sprach daher auch nicht über Geld. Während über Geld zu sprechen in angelsächsischen Ländern wie in England oder Australien einfach nicht zum guten Ton gehört, ist es in Amerika eigentlich kein Problem, denn im „Land der unbegrenzten Möglichkeiten" kann schließlich jeder zu Geld kommen. Allerdings scheint sich dies zu ändern, und die Frage nach dem Gehalt ist zunehmend unerwünscht. In Deutschland spricht man nicht gern über Geld, vor allem nicht über Gehälter, denn das schafft Hierarchien. Am stärksten tabuisiert ist Geld als Gesprächsthema aber wohl in Frankreich.

> Ein weiteres wichtiges Tabu in Frankreich ist die Religion. Es gibt viele Leute, die über ihre eigene Religion sprechen, aber das ist eine Sache, die wir als tabu beibehalten sollten. Sie bleiben immer bei ihrer Meinung, und Diskussionen über solche Dinge sind nicht rational, wenn du etwas glaubst, was dir jemand gesagt hat, das du glauben sollst. Es ist ja nicht etwas, was man beweisen kann, also bringt es nichts, darüber zu diskutieren. In Frankreich vermeiden wir, über Religion zu sprechen.

Frankreich ist nicht nur ein säkulares Land, es ist verfassungsmäßig ein laizistisches Land, eine *république laïque*. Jede Glaubensrichtung wird akzeptiert, aber die Ausübung der Religion hat im Privaten stattzufinden und ist von der Regierung total getrennt. In der Öffentlichkeit soll sie auch nicht sichtbar sein. Darauf beruht auch das 2011 eingeführte „Burkaverbot". Gleiches Recht für alle bedeutet hier, dass natürlich auch christliche Zeichen, wie zum Beispiel ein Kreuz am Hals oder in einem Klassenraum, nicht in den öffentlichen Raum gehören. Somit fühlt sich die katholische Kirche durch den Umweg über die Burka aus dem öffentlichen Leben entfernt. Die Kirche akzeptiert die laizistische Verfassung nicht. Die kanadische Provinz Québec, ein Ableger Frankreichs, hat versucht, sich an Frankreichs

Burkagesetz anzuhängen. Doch in Québec gibt es prozentual mehr Katholiken als in Frankreich, und die Kirche lässt sich nicht so einfach ausbooten. In Frankreich dürfen auch Homosexuelle nicht diskriminiert werden, daher macht sich ein Katholik, der sich mit Protestpostern wie „Homosexualität ist Sünde" auf die Straße stellt, gleich doppelt strafbar. Zum einen trägt er seine Religion in die Öffentlichkeit, zum anderen diskriminiert er Homosexuelle. Für Maryse ist Homosexualität allerdings kein Tabu. Das Thema wird in Frankreich offen diskutiert:

> Homosexualität ist nur tabu, wenn es in deiner Familie ist. Die Leute sprechen sehr frei über Homosexualität, aber wenn es dein Sohn ist, der homosexuell ist, dann würdest du das niemandem sagen. Ich habe eine Freundin, deren Sohn ist jetzt 20 Jahre alt. Meine Tochter ist mit ihm befreundet, und er ist homosexuell. Ich weiß, dass meine Freundin das weiß, er hat es seiner Mutter gesagt, aber ich habe einmal versucht, das anzusprechen, und sie sagte: „Nein, nein, er ist okay, er hat heute nichts Besonderes gesagt." Ihr Sohn geht offen damit um. In Frankreich haben wir gerade über gleichgeschlechtliche Ehe abgestimmt, gerade wurde dafür gestimmt, es ist durch. Die Katholiken waren nicht dafür und einige Leute, die nicht involviert waren, die haben sehr dagegengehalten. Mein Bruder zum Beispiel, er war nie bei einer Demonstration, er weiß nicht viel darüber, und er hat dagegen gestimmt.
>
> Wir sprechen auch nicht darüber, für wen wir bei Wahlen stimmen. Das gilt auch in der Familie. Ich wusste nie, wenn da eine Wahl war, wen mein Vater gewählt hat. Wenn jemand

zum Beispiel für den Front National stimmen würde, also, das würde dir niemand sagen, weil es peinlich ist, sie würden sich schämen. Niemand würde zugeben, rechts zu wählen.
Ohne Tabus wäre es Anarchie. Es würden viele Leute leiden, wenn es zum Beispiel erlaubt wäre, seine Frau zu schlagen und es keine Strafe gäbe, auch keine soziale, also wir brauchen Tabus.

Die Anzeigetafel zeigt etwa 20 Minuten Verspätung für den *City Night Line* an. Maryse holt sich einen Kaffee und zieht schließlich Vergleiche zwischen Frankreich und Deutschland:

Nacktheit ist ein Tabu in Frankreich, aber nicht in Deutschland. Die Amerikaner sind schlimmer, also, die sind sehr extrem, auch die Australier. Aber die Franzosen sind im Vergleich mit Deutschland prüde. In Frankreich würdest du nie offene Duschen sehen, man würde nicht gemeinsam duschen. Wenn Freunde aus Frankreich kommen, muss ich sie immer vorbereiten, es ist sonst ein großer Schock. Französische Filme haben all die Sexszenen, aber im wirklichen Leben ist das nicht so. Nicht einmal in der Familie. Ich habe meinen Vater nie nackt gesehen.
Zu den politischen Tabus in Frankreich gehörte früher das Privatleben der Politiker, aber das hat sich geändert, in Deutschland ja auch. Was sie verdienen, aber nun versuchen sie alle, offen damit zu sein. Über einige historische Dinge spricht man auch nicht, das ist so wie in Deutschland, da höre ich nie, dass jemand ein Stasimitarbeiter war. Dann gibt es noch Algerien, aber wir sprechen heute schon darüber, wir

tabuisieren eher jegliche Kollaboration mit den Deutschen gegen die Juden während des Krieges. Es ist verrückt zu sagen, dass es Franzosen waren, die so etwas getan haben. Es ist etwas, über das man nicht nachdenken möchte. In Algerien haben die Franzosen nicht so tolle Sachen gemacht, und deshalb wollen sie darüber auch nicht reden.

Also, wenn man etwas anspricht und die Franzosen wechseln das Thema, dann weiß man: „Ah bon, wir können darüber nicht sprechen." Ich glaube, sie würden dir das nicht ins Gesicht sagen, sie würden es einfach vermeiden. Die Deutschen würden es direkt sagen. Wenn man ein Tabu gebrochen hat, kann man sich entschuldigen, man kann sagen, dass es einem leidtut und dass man es nicht wusste, aber spezielle Rituale gibt es nicht. Wenn es etwas ist, wie über Geld zu sprechen, dann kann man so tun, als sei es nicht passiert, aber wenn es etwas Persönliches ist, dann sollte man etwas tun.

Mit dem Thema Tod geht Maryse zunächst locker um, am Ende komme es einfach auf die persönliche Einstellung an. Schwieriger findet sie den Umgang mit Hinterbliebenen. Wenn keine Rituale zur Verfügung stehen, wie zum Beispiel Gedenkfeiern und der Trauerfamilie Essen zu bringen, kann ein Todesfall zum Kommunikationsabbruch führen, weil die Betroffenen nicht wissen, wie sie mit dem Thema umgehen sollen.

Wir sprechen über den Tod. Meine Mutter sagt öfter mal: „Wenn ich nicht mehr da bin, dann wird dies und das zu tun sein." Mein Vater sagt das auch, und sie haben alle ihre Papiere geordnet. Meine Schwiegereltern sind schon gestorben, zuerst mein Schwiegervater. Dann haben sie ein Grab für ihn gekauft und zur gleichen Zeit eines für meine Schwiegermutter, aber sie hat gesagt: „Das geht auf keinen Fall! Ich will mein Grab nicht reserviert haben, ich will nichts davon wissen!" Ich weiß nicht, ob das allgemein in Deutschland so ist oder nur in dieser Familie. Manche Leute machen das so, kommt auf die persönliche Einstellung an. Tod ist kein großes Tabu in Frankreich. Wie man mit Trauernden umgeht, ist schon eher schwierig. Man weiß nicht, was man sagen soll, man weiß nicht, was man machen soll. Ich denke, das ist überall so, wenn jemand jemanden liebt und der stirbt, dann weiß man nicht, wie man darauf reagieren soll, und dann sucht man erst einmal nicht den Kontakt zu den Trauernden. Da ist eine Frau in Neukaledonien, die ich ziemlich gut kannte. Wir schrieben uns immer, und dann habe ich gehört, dass ihre Tochter gestorben ist, also wusste ich nicht, wie ich ihr schreiben sollte. Ich habe sie nicht mehr kontaktiert. Es gibt viele Menschen, die sich so verhalten. Ich habe sie auf Skype gesehen, und ich dachte: „Was, wenn ich mich melde, was kann ich sagen?" Sehr viel später habe ich einmal mit ihr gesprochen, nur einmal. Was sagt man zu jemandem, die eine Tochter verloren hat, 18 Jahre alt?

Es gibt noch etwas, über das wir nicht sprechen, und das ist psychische Krankheit, wenn jemand bipolar ist, manisch-depressiv und auf und ab. Wenn das jemand in der Familie hat, werden wir darüber schweigen. In den Medien sprechen sie darüber, die Medien sprechen über alles. Man spricht auch nicht über ein behindertes Kind zu Hause, ein Kind mit Handicap oder geistiger Behinderung, Down-Syndrom oder so, darüber wird auch nicht gesprochen. In einigen Gegenden, wenn sie sehen, dass ein Baby behindert ist, dann behalten sie es nicht. Die französische Sprache hat für Behinderungen auch Euphemismen, *mobilité reduite* zum Beispiel, eingeschränkte Mobilität. Eine andere Sache, die nur in der Familie bliebe, ist AIDS. Wenn jemand in der Familie AIDS hätte, würde das bedeuten, dass es um Homosexualität geht. In Deutschland ist das auch so.

Euthanasie ist auch so ein Medienthema in Frankreich, aber in der Familie wird es weniger diskutiert. Ich weiß nicht, ich hatte nie einen Anlass, darüber nachzudenken. Wenn man damit konfrontiert wird, ja. Ich denke, Kinder sind nicht reif genug, um so etwas für sich selbst zu entscheiden. Ich bin nicht sicher, ob das in Frankreich akzeptiert würde, was die Belgier akzeptieren, ich denke eher nicht. Es ist vielleicht diskutabel bei älteren Menschen, aber nicht bei jungen.

Maryse hat mit ihrer Familie schon in verschiedenen Ländern gelebt, zuletzt im Südpazifik, in Neukaledonien.

Europäische Länder sind in Bezug auf Tabus wohl recht ähnlich, aber in anderen Teilen der Welt ist es sehr anders. Ich denke, es ist schon ein Teil des Nationalcharakters, und wir sollten die Unterschiede beibehalten. In einigen Ländern gibt es Tabus im Hinblick auf den Naturschutz. Es gibt zum Beispiel einige Orte, wo man nicht fischen darf. Das wurde eingeführt, um die Nahrungsquelle zu schützen, die Ressourcen an Fisch. Oder man darf nicht schwimmen, weil man das Wasser kontaminiert. Das sind Tabus, die das Überleben sichern. Mit Tabus in Neukaledonien kenne ich mich nicht aus, ich kenne die Gesellschaft nicht gut genug, obwohl wir dort ein paar Jahre gelebt haben. Aber ich erinnere mich daran, wenn wir herumgereist sind, dann sind wir manchmal auf einen kleinen Platz gestoßen, so einen heiligen Platz mit einer Art Altar mit Holz und Dekoration und wir so: „Oh, là, là, was ist das hier?", und dann weiß man, es ist tabu, es ist etwas, dem man sich nicht nähern sollte, es hat mit Glauben zu tun. Es ist eine melanesische Gesellschaft, Kanak-Kultur, aber es leben so viele verschiedene Menschen in Neukaledonien. „Tabu" kommt ja wohl aus Tonga.

Es gibt Tabubereiche, bei denen es letztendlich um das Wissen von oder über etwas geht. Man denke an Galileo Galilei, der nicht laut sagen durfte, dass sich die Erde um die Sonne dreht, weil er damit das vorherrschende Weltbild erschütterte und dafür fast auf dem Scheiterhaufen gelandet wäre. Es gibt sicherlich auch heute Dinge, die man vielleicht lieber nicht wissen möchte, weil sie die Gesellschaft in ihren Grundfesten erschüttern oder weil sie uns so bedrücken, das wir es kaum aushalten, darüber zu sprechen, vielleicht sogar nur daran zu denken. Es wäre aber schlecht für eine Gesellschaft, sich diesen Themen nicht auszusetzen und es stattdessen den drei japanischen weisen Affen gleichzutun, die nichts sehen, nichts hören und nichts sagen. Man denke an die Beschneidung von Mädchen im Sudan, in Ägypten oder Somalia, an Ehrenmorde in Anatolien und in Berlin, an häusliche Gewalt überall in der Welt. Es gibt viele Beispiele, die deutlich machen, dass das Schweigen und Ausblenden des Wissens um ein Tabu der Erhaltung von Machtstrukturen dient, dass es die Machtausübenden schützt und die Bedrohten, in den genannten Beispielen vor allem Frauen, in bestehenden Strukturen ihrem Schicksal überlässt. Nur die Tabuverletzung, der Tabubruch kann hier eine Entwicklung in Gang setzen. Maryse nennt ein Beispiel:

> Die letzten Tabus sind wohl alles, was so in der Familie passiert. Häusliche Gewalt oder Kindesmissbrauch, das war etwas, über das nie gesprochen wurde, aber jetzt ist es in den Medien. Ich denke, wenn wir mehr über Tabus sprechen würden, wäre das besser. Statt alles zu verstecken, würde einiges mit der Zeit nicht mehr tabu sein, es würde die Leute auf Dinge aufmerksam machen. Zum Beispiel in Bezug auf häusliche Gewalt sollten wir aufhören, alles zu verstecken, und stattdessen darüber sprechen. Dann würden sich die Opfer nicht mehr schämen. Die Nachbarn und alle wissen Bescheid, aber sie tun nichts, weil es in der Familie ist, und da will sich niemand einmischen. In Frankreich ist das ganz genau und bis ins Detail diskutiert worden, das ist dann kein Tabu mehr.

In Frankreich wird Berichten zufolge jeden vierten Tag eine Frau von ihrem Partner getötet.[82] Allerdings hat Frankreichs Regierung eine Offensive gegen häusliche Gewalt gestartet und neue Gesetze erlassen, die die Opfer schützen. In Spanien gibt es ebenfalls öffentliche Diskussionen über das gern tabuisierte Thema, und neue

Schutzgesetze zeigen erste Erfolge. In Australien beginnt der Kampf gegen häusliche Gewalt gerade erst. Täter und Opfer verheimlichen die physischen Angriffe und haben Ausreden parat, so wie es auch in anderen Ländern der Fall ist. Nach Statistiken der *White Ribbon Organisation*[83] stirbt in Australien jede Woche eine Frau durch häusliche Gewalt. Medienwirksame Fälle wie der des Simon Gittani, der seine Verlobte zwei Wochen vor der Hochzeit aus dem 15. Stock warf, brechen nicht wirklich das kollektive Schweigen über dieses Thema. Seit im Februar 2014 ein 11-jähriger Junge auf dem Cricketplatz von seinem Vater ermordet wurde, hat sich allerdings etwas getan: Die Labour Regierung im Bundesstaat Victoria plant eine *Royal Commission* gegen häusliche Gewalt, die 2015 ihre Arbeit aufnehmen soll. Das Thema wird in der Öffentlichkeit diskutiert, und während sich die Polizei vor 20, 30 Jahren noch nicht in häuslichen Streit einmischte, ist sie auf solche Einsätze nun besser vorbereitet. In Russland wird das Thema nach wie vor der Privatsphäre zugeordnet. Die Aussage „Er schlägt mich, also liebt er mich" spiegelt dort noch immer die Einstellung mancher Frauen wider. Da das Thema in der Öffentlichkeit tabuisiert wird, gibt es in Russland kaum Angebote für Opfer häuslicher Gewalt. Hilfsorganisationen wie ANNA schätzen, dass in Russland alle 40 Minuten eine Frau durch ihren Partner stirbt. Medienpräsenz und Verhandlungen über Schutzgesetze müssen hier Hand in Hand gehen, um etwas zu verändern.

Maryse fallen für Frankreich noch weitere Tabus ein:

- In Frankreich gibt es viele Formen von Familie, Singles, Alleinerziehende, Patchwork-Familien, da ist kein Tabu. Aber

> ich habe gerade mit einem Familienstammbaum begonnen, und da gibt es ein Tabu: Manchmal findet man heraus, dass das Kind nicht vom Vater ist, also Geschwister sind nicht vom selben Vater. Das ist etwas, über das man nicht sprechen darf. Es kann sein, dass jeder es weiß, nur das Kind nicht, dass es nicht denselben Vater hat wie die Geschwister, und darüber sprechen wir auf keinen Fall. Ehebruch ist nicht wirklich tabu, aber ein Kuckuckskind schon.
>
> Es gibt auch Nahrungstabus in Frankreich, also, man isst keine Hunde und Katzen. Aber Frösche und Wachteln und Schildkröten, Pferd, kein Problem. Insekten aber nicht. Hunde und Katzen isst man nur in Asien. Als ich in Burkina Faso in Afrika gelebt habe, habe ich Hund probiert – es schmeckt wie normales Fleisch.

Endlich fährt der *City Night Line* in den Hauptbahnhof ein. Er hat 27 Minuten Verspätung. Maryse hat bereits ihr Handy am Ohr und spricht mit ihrer Tochter, die sie zur Mitte des Zuges dirigiert, damit sie mit dem Gepäck helfen kann.

MÄNNERSALON
ÜBER SPORT UND SPIEL

Tabus sind Dinge, über die man nicht spricht,
weil ohnehin alle daran denken.
(Ralph Boller)

Ein Mann, Anfang 30, ist tagelang in den Nachrichten und taucht schließlich unter, weil Interviewanfragen, Facebook- und Twitter-Meldungen einfach zu viel werden. Er macht international Schlagzeilen: Nach einem Interview in *Die Zeit* läuft die sensationelle Nachricht auf CNN, BBC, Al Jazeera, die ganze Welt scheint großen Anteil an seinem Schicksal zu nehmen. Er setzt eine internationale Diskussion in Gang, und das alles nur, weil er öffentlich sagt, dass er auf Männer steht. Welches Jahr schreiben wir? 2014. Wo findet dieses denkwürdige Ereignis statt? Mitten in Europa. Der junge Mann heißt Thomas Hitzlsperger und hat nach langer, detaillierter Planung beschlossen, der erste international bekannte Fußballspieler zu werden, der sich öffentlich zu seiner Homosexualität bekennt. Wenige Monate später outet sich der australische Schwimmer Ian Thorpe, der sich in seiner 2012 erschienenen Autobiografie noch als eindeutig heterosexuell beschrieb und gegen ständige Nachfragen wehrte, die er als verletzend empfand. In einem international beachteten Interview mit Sir Michael Parkinson erklärt er, dass er einfach nicht schwul sein wollte und deshalb nur heterosexuelle Beziehungen gehabt habe. Nach seinem Befreiungsschlag wünsche er sich nun einen gleichgeschlechtlichen Partner und Kinder.

Im Sport, und insbesondere in als maskulin angesehenen Sportarten wie Fußball, passt Homosexualität einfach nicht ins Bild. „Unsere Gesetze in Deutschland sind liberaler als die Gedanken in den Köpfen der Menschen", sagt der Sportsoziologe Gunter A. Pilz in einem Artikel in der Zeitschrift *Der Spiegel*[84], und deshalb sei es für Fußballspieler ein noch größeres Risiko, sich als aktive Spieler zu outen, als es das ohnehin schon ist. Homosexualität scheint eines der hartnäckigsten Tabus zu sein, denn in allen modernen Gesellschaften gibt es Menschen, die Homosexuelle nicht nur nicht akzeptieren können, sondern sie sogar hasserfüllt verfolgen und möglichst loswerden wollen.

Eine 16-jährige Texanerin wurde von ihren Softballtrainerinnen auf ihre Homosexualität angesprochen und dazu angehalten, ihre Mutter darüber zu informieren, wenn sie weiterhin im Team spielen wolle. Die Schülerin weigerte sich, die Trainer riefen ihre Mutter an, das Mädchen wurde am nächsten Tag aus der Mannschaft ausgeschlossen. Die Mutter der Schülerin verklagte daraufhin die Schule, weil sie die Privatsphäre der Tochter verletzt habe – und gewann. Allerdings dauerte es sechs Jahre, bis es zu einer Einigung kam: Die Schule zahlte schließlich $ 77.000 Schmerzensgeld an die Familie. Die Schulverwaltung erklärte sich außerdem dazu bereit, jährliche Antidiskriminierungstrainings für ihre Angestellten anzubieten. Der texanische Zivilrechtsanwalt Wayne Krause Yang begründet das positive Signal damit, dass Sportler sich heutzutage öffentlich zu ihrer Sexualität bekennten und die sexuelle Orientierung dadurch ein öffentliches Thema geworden sei.[85] Dieser Fall ist insofern interessant, als die Schülerin nicht selbst hätte klagen können. Wenn ihre Familie sie also wegen ihrer sexuellen Orientierung abgelehnt hätte, wäre diese Geschichte im Dunkeln geblieben.[86] Die Entscheidung, einen jungen Menschen gegen seinen Willen zu outen, ist also nicht nur respektlos, sondern unter Umständen auch riskant, denn die Familie hätte negativ reagieren und die Jugendliche aus dem Haus werfen können. Im erwähnten Fall in Texas ist das nicht passiert, aber das Mädchen wurde in den Jahren nach dem unfreiwilligen Outing von Klassenkameraden ignoriert oder verbal angegriffen, sie fing an sich zu schneiden und dachte an Suizid.

Die Forschung der amerikanischen Anti-Diskriminierungsorganisation *Gay, Lesbian and Straight Education Network* (kurz: GLSEN) zeigt, dass acht von zehn LGBT-Schülern aufgrund ihrer sexuellen Orientierung verbal belästigt werden. Schüler, die in Sportmannschaften engagiert sind, werden oft von Spielern des eigenen Teams verbal angegriffen. So werden sie ausgeschlossen, statt Teamgeist und Gemeinschaft zu erfahren.

Das Tabu ist in Deutschland und in anderen Ländern, in denen Homosexuelle gesetzlich gleichgestellt sind, stärker als das Gesetz. In anderen Teilen der Welt ist das Gesetz eindeutig intoleranter: In Saudi-Arabien, Nigeria oder im Iran steht auf homosexuelle Handlungen die Todesstrafe, in vielen asiatischen Ländern drohen lange Haftstrafen. Gesetzesänderungen können eine größere Offenheit zur Folge haben, sie können aber auch die bestehende Offenheit wieder einschränken, wie zum Beispiel in Indien, wo Homosexualität 2009 erlaubt worden war, aber seit 2013 wieder bestraft werden kann.[87]

Während Gesetze und auch die Moralvorstellungen in westlichen Ländern wohl noch am offensten sind, gibt es auch hier ein hohes Maß an Diskriminierung: „In vielen Ländern werden sie [Homosexuelle] häufig Opfer von Gewalt, Belästigung, willkürlichen Festnahmen, Folter und Morden aufgrund ihrer sexuellen Identität."[88] Abgesehen von diesen krassen Beispielen ist die Diskriminierung oft in scheinbar toleranten Aussagen enthalten. So hört man zum Beispiel oft, privat könne ja jeder machen, was er wolle, aber in die Öffentlichkeit gehöre Homosexualität doch wohl nicht. So wird eine vermeintlich positive Aussage am Ende ausgrenzend. Ein interessanter Kommentar, über den es sich im Bereich der interkulturellen Kommunikation nachzudenken lohnt, bezieht sich auf internationale Verbindungen: Das Privatleben sei jedem selbst überlassen, ein Bürgermeister oder gar Außenminister solle aber heterosexuell sein. Begründet wird diese Einstellung damit, dass er schließlich das Heimatland im Ausland vertrete und dass es sein könne, dass ein schwuler Außenminister in einem Land, in dem Homosexualität verboten sei, nicht akzeptiert werde. Cavan[89] gibt ein Beispiel für die Entwicklung des Homo-Tabus in Australien:

> In New South Wales war es bis in die 70er Jahre illegal, homosexuell zu sein, und es gab kein höfliches Wort dafür, „gay" kam erst später. Einige Leute sahen es als Krankheit, einige einfach als Abweichung, falsch, soll man nicht machen. Ich erinnere mich an einen Cousin meines Vaters, er wurde als *delicate*, zart, beschrieben. Das war der Ausdruck, aber es war tabu zu sagen, was er wirklich war. Und man sprach nicht darüber, nicht nur weil es illegal war, die Haltung in der Gesellschaft war definitiv negativ. Heute haben wir die „gay pride parade", Mardi Gras[90], obwohl ich nicht sicher bin, was das mit Pfingsten und der katholischen Kirche zu tun haben soll. Im Grunde hat die Einstellung der Gesellschaft sich gewandelt und das Gesetz ist dann der Haltung der Gemeinschaft gefolgt. Zu einem gewissen Grad haben die Medien gesagt, es sei in Ordnung. Sie haben angefangen, das Wort „gay" in seiner neuen Bedeutung zu verwenden, also haben sie definitiv dazu beigetragen, dass etwas das tabu war, jetzt nicht mehr so tabu ist.

Chi kommt ursprünglich aus Taiwan, lebt aber schon seit vielen Jahren in Australien. Er arbeitet an von der australischen Regierung geförderten Projekten im Bundesstaat New South Wales. Bei Chis Arbeit dreht sich alles um Aufklärung. Seine Abteilung kümmert sich um HIV und andere sexuell übertragbare Erkrankungen, zum Beispiel um die Ausbreitung von Hepatitis C in den Kommunen. Dabei arbeitet er eng mit HIV-positiven Leuten zusammen, zunehmend auch mit alternden Menschen, die schon lange mit HIV infiziert sind und betreut werden müssen. Seine Zielgruppe sind vor allem homosexuelle Männer, aber unter denen, die schon länger mit HIV leben, sind natürlich auch Frauen. Im multikulturellen Australien arbeitet Chi viel mit Menschen aus anderen Kulturen, die sprachlich auf Hilfe angewiesen sind, um sich im Gesundheitssystem zurechtzufinden. Tabu ist für ihn:

> Erst einmal etwas Geheimes, etwas, über das man nicht sprechen soll oder darf oder wo man Angst hat, darüber zu sprechen. Aus meiner Erfahrung sind viele Dinge mit Stigma assoziiert. Kulturell gesehen, zum Beispiel in Taiwan, wo ich herkomme, da sind viele Dinge mit religiösem Glauben verbunden und mit Aberglauben. Eine andere Sache in Taiwan sind die politischen Umstände. Ich denke, vor vielen Jahren hatten viele Tabus mit politischer Ideologie zu tun. Aber heute hat sich die Situation verändert.

In Australien sieht er Tabus als etwas sehr Privates, etwas, das Leute nicht fragen wollen oder nicht gefragt werden wollen. Allerdings sieht er hier kulturelle Unterschiede. So sei es in Australien zum Beispiel sehr tabu, jemanden nach seinem Einkommen zu fragen, aber in Taiwan sei das total okay. Ein weiteres Tabu sieht er in der Sexualität:

> Sexualität ist hier auch ziemlich tabu. Australien ist ziemlich fortgeschritten, aber da ist dennoch ein Tabu bei diesem Thema, weil es sehr privat ist. Ich glaube, das ist generell so. In Taiwan ist die Kultur noch konservativer, und es ist daher noch mehr tabu. Aber hier, Homosexualität zum Beispiel, die Eltern meines Partners leben in einer ländlicheren Gegend, also, in Sydney ist das nicht so tabu. Da ich im Gesundheitswesen arbeite, im HIV-Sektor, ist das für mich nicht tabu, aber wenn ich da hinfahre, wo mein Partner herkommt, nahe Canberra, da ist es sehr ländlich und du fühlst sofort, dass die Leute es einfach nicht erwähnen. Sie wollen dieses Thema einfach nicht berühren.

In vielen asiatischen Ländern ist es wichtiger in einer Gruppe, zum Beispiel in der Familie, Harmonie zu erhalten, als recht zu bekommen oder bei einer Meinungsverschiedenheit sein Argument detailliert darzulegen. Chi fällt zunächst in langes Schweigen, als er über ein „gutes, schützendes" Tabu nachdenkt. Schließlich sagt er:

> Da komme ich wieder auf Taiwan, zum Beispiel Sexualität. Ich kann aus eigener Erfahrung sagen, dass es gut sein kann, über etwas nicht zu sprechen. Es ist ja nicht etwas, das alle akzeptieren können, und es wird Konflikte und Streit geben und so. Also, wenn man nicht darüber spricht, dann kann man die Harmonie erhalten. In der Familie, wenn du die Familienstruktur schützen willst, dann ist es okay, nicht darüber zu sprechen. Die ältere Generation, die müssen sich nicht

> wirklich damit auseinandersetzen, es gibt keinen Grund, sie dazu zu zwingen, sich mit etwas auseinanderzusetzen, über das sie nicht sprechen wollen.

Diese Art von Konfliktvermeidung ist für Chi wertvoll, das Tabu schützt die Harmonie und das Image der Familie. Das Leben in Australien, vor allem in der Szenestadt Sydney, war für ihn ein Befreiungsschlag, denn in Taiwan ist es schwieriger, offen als Homosexueller zu leben. Allerdings wuchs hier auch sein Wunsch, mit seinen Eltern über seine sexuelle Orientierung sprechen zu können und so akzeptiert zu werden, wie er ist. Chi ist in einer gut gebildeten, bürgerlichen Familie aufgewachsen. Nachdem sich die Familienmitglieder gegenseitig vor zu viel Information schützen wollten (die Geschwister den Vater, der Vater die Mutter), hat Chi über einen Zeitraum von mehreren Jahren schließlich erreicht, dass seine engere Familie weiß, dass er schwul ist. Er hat zwar einige Blessuren davongetragen – so war eine der ersten Reaktionen die, dass er enterbt werden sollte, da ja keine Nachkommen zu erwarten seien –, inzwischen lebt er aber zufrieden mit seiner Entscheidung und hat guten Kontakt zu seiner Familie.

Er erinnert sich auch an politische Tabus in Taiwan während der Zeit, in der er aufwuchs:

> Als ich Kind war, habe ich gern gebastelt, Sachen ausschneiden und so. Ich erinnere mich, dass ich einen roten Stern geschnitten habe, und meine Mutter sagte: „Nein, nein, nein, nein, du darfst nie, niemals einen roten Stern schneiden!" Und ich fragte warum, und dann hat sie mir die Flagge[91] gezeigt

MÄNNERSALON

und ich so: „Okay." Ich erinnere mich auch an die Grundschule, da musste ich zur Strafe draußen vor dem Klassenzimmer stehen, weil ich *Hokkien* benutzt hatte, also Taiwanesisch, in der Klasse. Also, das war damals sehr tabu. Du durftest auch nichts Kommunistisches machen. Und da gab es diese chinesische Ideologie, chinesische Kultur, chinesische Sprache, also, die taiwanesische Kultur hat nicht wirklich versucht, sich durchzusetzen. Aber jetzt hat sich das politische System geändert, und es ist das Gegenteil: Alles dreht sich um Taiwan, und wenn man über China spricht, ist das manchmal tabu (lacht). Die Leute denken: „Wenn du über Taiwan redest, warum erwähnst du dann China? Wenn du China so sehr magst, dann geh doch nach China." Also, das hat sich geändert. Wir nennen uns Taiwanesen und wir lieben diesen Namen. Ich bin aus Taipei. Auf dem Land, im Süden, oh Gott, da ist Taiwanesisch, *Hokkien*, die Muttersprache, nicht *Mandarin*.

Über einige Dinge nicht zu sprechen, nicht sprechen zu dürfen, sei ein Schutz gewesen, da die Regierung „umfassende Kontrolle" hatte. Seiner Meinung nach komme es auf das Timing an, die Zeit sei damals nicht reif gewesen, aber inzwischen habe sich die politische Lage verändert und nun hätten die Leute auch angefangen, darüber zu sprechen.

Unter Chiang Kai-shek hatten die Nationalisten totale Kontrolle über das Land. Sie waren gegen die taiwanesische Ideologie. Chiang Kai-shek hatte sein Haus in Shilin, das ist da, wo ich herkomme. Shilin ist ein heiliger Ort, weil es das

> Zuhause Chiang Kai-sheks war, und dort durfte niemand hingehen. Niemand wusste, wie es dort aussah und was dort vor sich ging. Als nach seinem Tod sein Sohn das Land übernahm, war es das Gleiche, wir wussten nur, wo es war, mehr nicht. Geografisch liegt dieser Ort neben einem Berg, es ist also fast ein religiöser Ort. 1996 hat dann die demokratisch progressive Partei übernommen und sie haben das Gebiet und das Haus für die Öffentlichkeit zugänglich gemacht. Es gehört nun der Regierung und ist ein Park und eine Touristenattraktion, wie ein Museum.

Mit der Sexualität sei es ähnlich: Je mehr man zur richtigen Zeit darüber spreche, desto eher werde das akzeptiert. „Alles, was mit Sex zu tun hat, ist tabu, zu einem gewissen Grad", sagt Chi. In anderen Kulturen, auf den pazifischen Inseln gebe es ein drittes Geschlecht. „Ich habe eine Doku dazu gesehen", erzählt er. „Aber gleichzeitig haben diese Leute unterschwellig doch ein Tabu erfahren. Einige Leute behandeln sie wie Männer, andere wie Frauen. Sie sind alle etwas verwirrt, und es war vielleicht in der Kultur mehr akzeptiert, aber unterschwellig, ob es wirklich verstanden wurde?" Im Grunde findet Chi die meisten Tabus schlecht und ist davon überzeugt, dass man ohne sie besser leben würde:

> In Australien redet man schon über einiges. An meinem Arbeitsplatz, wir sprechen über homosexuelle Männer, wir sprechen über psychische Gesundheit. Aber im Allgemeinen wollen die Menschen nicht darüber sprechen, es klebt viel Stigma daran. Es gibt so viel Stigma in Bezug auf Hepatitis C.

Leute haben Angst, sich behandeln zu lassen, denn da ist ja auch eine starke Verbindung zu Drogenmissbrauch, weil sich die Krankheit über Spritzen überträgt. Und natürlich sind Leute mit HIV stigmatisiert. Da ist immer noch diese Vorstellung, dass es eine Schwulenkrankheit ist, und darüber will man nicht sprechen.

Ich denke, es ist die Angst vor dem Unbekannten. Wir wissen nicht so genau, womit wir es zu tun haben, und es ist außerhalb unserer Wohlfühlzone. Bei vielen sexuell übertragbaren Krankheiten weiß die Öffentlichkeit einfach nicht genug. Letzte Woche gab es eine Story in den Nachrichten, da ist einer im Zug gestürzt und hat sich das Bein gebrochen. Er hat ziemlich stark geblutet. Er hat den medizinischen Helfern gesagt, dass er HIV-positiv ist, und die haben dann die ganze Station evakuiert. Das war in den internationalen Nachrichten! Es ist eigentlich irre, nahe Wollongong, eine Stunde von der Hauptstadt der Schwulen, Sydney, entfernt. Ich denke, deshalb ist es so wichtig, aufzuklären und Wissen zu verbreiten.

Ein anderer Bereich, nehmen wir häusliche Gewalt. Viele Leute wollen nicht darüber reden. Heterosexuelle Männer wollen nicht darüber sprechen. In Heterobeziehungen geht man normalerweise davon aus, dass der Mann der Gewalttätige ist (obwohl das nicht immer stimmt). Die Polizei weiß nicht, wie sie mit häuslicher Gewalt unter Gleichgeschlechtlichen umgehen soll. Du musst Leute aufklären. Es gibt jetzt ein Trainingsangebot für die Polizei. Das Training soll sie vor allem offener machen. Gewalt in gleichgeschlechtlichen Beziehungen ist nicht neu, aber es ist so tabu, also muss da

Aufklärung stattfinden. Und dann gibt es bei diesem Thema noch die Migranten. Die Männer aus bestimmten afrikanischen Kulturen haben eine bestimmte Art, Frauen zu behandeln. Das ist ein sensibles Thema.

Wir haben einen Aborigine-Mitarbeiter in unserem Team. Ehrlich gesagt, er ist eine Drama Queen. Er macht nicht, was ihm gesagt wird oder was besprochen wurde, er hat immer neue Ideen, und manchmal sind es schlechte Ideen. Er lässt sich nicht gut managen. Er sagt oft: „Ich bin aboriginal, also haltet alle die Klappe! Das ist meine Gemeinschaft" und so weiter. Du kannst fühlen, dass das im Büro so ein Tabu ist. Du willst es nicht berühren, es ist alles okay, okay, okay. Er spielt diesen Trumpf aus. Ich hatte nie so engen Kontakt mit einem Aborigine. Nicht nur mein direkter Vorgesetzter, sogar der Direktor nimmt ihn in Schutz und sagt: „Es ist okay, kein Problem. Wir kriegen das schon hin." Nur weil er Aborigine ist! Seine Stelle ist garantiert, es gibt in jedem Team eine Stelle für einen Aborigine. Leider ist es so, dass es nicht genügend qualifizierte Bewerber für diese Stellen gibt, also bleiben die Stellen frei oder sie schieben irgendjemanden rein, besser als keinen. Wir haben einen Kollegen aus Australien, einen aus Großbritannien, einen aus Bangladesch, mich aus Taiwan und den Aborigine. Allerdings hat er so viel Unruhe gebracht, dass er nun nicht mehr da ist. Er hat wohl seine Vorgesetzte verbal angegriffen und behauptet, sie habe ihn diskriminiert, weil er Aborigine ist. Er ist bis zum Direktor gegangen, hat es aber nur als Vorwand genommen. Ich könnte ja auch sagen: „Ich bin aus Taiwan", aber du machst einfach deinen Job. Ich denke, wir müssen mehr über Aborigine-Kultur sprechen. Die Regierung hat das auch schon getan in den letzten Jahren, aber die Aborigine-Gesellschaft muss sich auch selbst helfen, die Regierung besitzt sie ja nicht. Das wäre besser als eine Menge Leute, die das System ausnutzen und so.

Was mir am meisten als Tabu begegnet in Taiwan, ist die Sexualität. Ich denke, Taiwan ist sehr konservativ. Es ist eine Kultur, die viele Informationen internalisiert hat, viele Dinge werden nicht ausgesprochen. Das passt mit dieser Tabugeschichte zusammen, vieles bleibt unausgesprochen, aber du hast das Gefühl, es wurde viel gesagt. Zum Beispiel Heirat: Wenn die Mädchen über 30 sind, die werden ständig gefragt, ob sie schon verheiratet sind oder wann es denn so weit ist, aber dann in dem Alter ist da ein Tabu, dann fragen die Leute nicht mehr. Wenn ich nach Hause komme und frage: „Also, hast du geheiratet?", dann sagt meine Mutter: „Pst!", weil offensichtlich etwas nicht stimmt. In Bezug auf die Männer hat sich die Kultur verändert, also wenn die Männer 30 werden und nicht verheiratet sind, dann entsteht heutzutage die Idee, vielleicht ist er schwul. Aber natürlich würdest du nicht fragen: „Bist du schwul?" Das ist tabu. Weil Taiwan so konservativ ist, sprechen wir nicht über Sexualität, und doch sehe ich Veränderungen in der Gesellschaft. Also, Heteropärchen können sich in der Öffentlichkeit berühren, aber Homopärchen nicht. Also, wenn du auf jemandes Schoß sitzt oder so, nein, aber sogar hier (in Australien) würdest du wohl sagen: „Nehmt euch ein Zimmer." Wenn du zwei Mädchen siehst, die Händchen halten, das ist nicht so tabu, aber wenn du zwei Jungen siehst ... ja, das ist schwul. Ich war in Guangzhou und habe diese Typen gesehen, Hand in Hand, und ich so: „Wow!" Niemand hat irgendwie reagiert. Mein Cousin hat mir gesagt, es gibt eine Menge Typen, die Hand in Hand gehen. Sie denken gar nicht darüber nach, es ist nicht unbedingt schwul.

In Thailand ist Homosexualität ja sozial akzeptiert. Taiwan ist aber eigentlich wohl am offensten unter den asiatischen Ländern, sie haben nämlich die größte Parade, jedes Jahr im Oktober. Es gibt eine in Thailand, aber nicht so groß. Auch in Tokyo, aber kleiner. In Taiwan bekommen sie eine Menge Aufmerksamkeit, besonders von den Touristen. Es ist nicht so organisiert wie Mardi Gras (Schwulenparade in Sydney, Anm. d. Autorin), und die Leute ziehen schon noch die Augenbrauen hoch: Was passiert da? Da sind Leute in wilden Klamotten. Viele Leute tragen auch noch Masken, aber gut, dass sie mitmachen. Also in dieser Hinsicht ist Taiwan ziemlich offen.

Man kann an den Reaktionen ablesen, wenn man ein Tabu verletzt hat, wie sie gucken, die Körpersprache. Wenn du auf dem Land bist, kann es ein Ausdruck von Angst sein. Du kannst fühlen, wie unbehaglich den Leuten ist, und dann gibt es da eine längere Sprechpause. Manchmal denken Leute scharf nach, oder sie wissen nicht, wie sie antworten sollen, weil es Dinge gibt, die man einfach nicht fragt.

Die beste Möglichkeit, so eine Grenzüberschreitung zu reparieren, ist meiner Meinung nach Ehrlichkeit. Ich spreche darüber, nicht im Detail, aber ich entschuldige mich. Ich will nicht bohren, aber manchmal sind Leute dann doch bereit, über etwas zu sprechen, es macht die Unterhaltung einfacher. Wenn Leute mich etwas fragen, das tabu ist, also, da antworte ich mit einem Witz, kommt darauf an. Ich habe gelernt, dass man hier nicht über Gehalt spricht. Als ich hier ankam, hab ich das gemacht, und du kannst fühlen, dass die Leute dazu nichts sagen wollen, also lernst du durch Erfahrung. Außer meinem australischen Partner habe ich nie mit einem Australier gesprochen, der über dieses Thema diskutieren würde. In Taiwan reden sie so viel darüber, aber hier gilt es als Angeberei.

Die Medien sprechen über Aborigines, Rassenthemen, im Gesundheitswesen sprechen wir über sogenannte Migrationsthemen. Die Mehrzahl der heterosexuellen Menschen mit HIV sind Migranten aus südafrikanischen Völkern, da gibt es eine Diskussion. Ich wohne in Sydneys Westen, da gibt es viele Rassenprobleme. Als schwuler Mann sehe ich mir in den Medien an, was in der Welt passiert, alles über Homophobie. Es gibt hier nicht viele offen homosexuelle Sportler. Da muss das Image gewahrt werden, wie auch in der Kirche. Abnormales Verhalten würde das Image schädigen.

Die neuen Medien, ja, hoffentlich kann man da Leute offener machen. Da wird viel über Sexualität gesprochen. Leute teilen ihre Ideen mit, das Coming-out hat sich verändert, aber das ist nicht notwendigerweise alles positiv. Es gibt zum Beispiel viel Homophobie auf Facebook. Das stigmatisiert bestimmte Leute noch mehr, zum Beispiel Leute mit HIV. Insgesamt sind die neuen Medien aber eine gute Sache, sie bringen Menschen zum Sprechen.

Für meine Arbeit kann ich die neuen Medien nicht einsetzen, also das ist tabu. Es sind Abteilungen der Regierung, da ist nicht genug Kontrolle. Sie würden dir nicht sagen, dass sie Kontrolle wollen, aber man kann die Beiträge von außen nicht kontrollieren. Natürlich könnte man da gut Informationen über Gesundheitsrisiken verbreiten, aber die Regierung sieht das nicht, sie sehen nur die negativen Seiten. Es gibt keine klare Ansage, dass du die neuen Medien nicht benutzen darfst, aber ich wurde gebeten, sehr vorsichtig damit zu sein.

In Taiwan wird es wahrscheinlich eher benutzt, Technologie und so. Taiwan hat Facebook, China nicht. In China versuchen sie, alles zu verbieten, aber Leute finden einen Weg, wenn sie reden wollen, es gibt so viele Möglichkeiten. Da hilft die Anonymität, bis zu einem gewissen Grad können sie sich mitteilen.

In verschiedenen Ländern gibt es verschiedene Bedürfnisse und verschiedene Arten, mit Tabus umzugehen. Werbung, du siehst nicht so viel Nacktheit in Taiwan, aber Kondome sind überall erhältlich. Aber diese Sache mit dem Heiraten, meine Mutter wird in diesem Jahr 72, und sie redet darüber. Auch zwischen den Generationen werden viele Dinge offener. Diese Dinge sind einfach Teil des Lebens, und sie verschwinden nicht, also muss man über sie sprechen, über Drogenkonsum, psychische Gesundheit und so weiter. Sie haben versucht, den Kopf in den Sand zu stecken, aber ich glaube, die Gesellschaften werden offener. Sexualität ist nicht mehr so tabu, es wird immer besser. Das ist in anderen Ecken der Welt anders, in Russland zum Beispiel oder in Uganda. In Uganda haben sie grad dieses Gesetz erlassen: „Kill gays."

FÜHRE MICH NICHT IN VERSUCHUNG, ICH FINDE SCHON SELBST HIN. (Mae West)

Chis Partner hat vor einigen Jahren im Westen Sydneys einen Sexshop übernommen. Chi beginnt seine Beschreibung mit der Besonderheit, die sich im hinteren Teil des Ladens befindet:

> Wir haben einen Männersalon, wir bieten einen sicheren, diskreten Raum, in dem Männer Freunde finden können (lacht). Also Sexshop ist schon tabu. Wenn Leute zum ersten Mal in den Laden kommen und noch nie in einem Sexshop waren, die wollen dann oft nicht sagen, warum sie wirklich da sind. Also benutzen sie Körpersprache. Es ist sehr interessant, wie Leute mit Dingen umgehen, über die sie nicht sprechen wollen. Es gibt vielleicht Probleme mit Produkten, und auch der Männersalon ist schwierig. Also zeigen sie nur auf etwas, oder sie hängen rum, bis wir sie fragen. Wir müssen das initiieren. Also im Grunde fragen wir nur: „Was können wir für dich tun?" Und dann sagen sie: „Oh, ich guck mich nur um." Dann sagen wir ihnen, wir haben dies und das, und dann fügen wir hinzu, dass wir auch einen Männersalon haben. Wir sagen ganz neutral, was wir anbieten, und am Ende: „Und dann gibt es noch den Männersalon." Das ist dann oft der Eisbrecher: „Ach, erzähl mir mehr darüber" oder: „Das ist interessant, wie geht das?"
>
> Für Ersteinkäufer, die Damen möchten einen kleinen Vibrator haben, und sie laufen nur ein bisschen rum und lachen, aber an der Körpersprache kannst du sehen, dass

sie etwas wollen, aber nicht wissen, wie sie danach fragen sollen. Mein Partner kann das gut erkennen, er geht da humorvoll ran. Es soll Spaß machen, relaxen, es soll spannend sein. Er kann jeden, der reinkommt, davon überzeugen, dass er nicht über sie urteilt. Viele Leute haben Angst, dass sie beurteilt werden.

Der Männersalon, das ist ein großes Tabu. Der Laden vorn ist für alle und der Salon hinten für schwule und bisexuelle Männer. Im Westen (im Westen Sydneys, Anm. d. Autorin) nennen wir diese Gruppe „Männer, die mit Männern Sex haben", nicht Homosexuelle. Es ist sehr tabu, dass viele unserer Kunden Frau und Kinder haben. Die sind beim Einkaufen, und zack, eine Minute später sind sie im Hinterzimmer, Freunde finden. Mein Partner findet das abstoßend, ihm wird schlecht davon. Wir wissen, was die im Hinterzimmer machen und dann ... Das ist kein Thema, das wir ansprechen können, sicher nicht bei uns im Geschäft. Wir bieten Informationen und Ressourcen, wir stellen sie aus, zum Schutz, wir bieten das auf sehr passive Art an. Es ist sicher nichts, was wir ansprechen: „Hey, übrigens, ich habe gestern deine Frau und deine Kinder getroffen." Mein Partner findet das wirklich sehr schwierig. Ich denke, die Sexualität ist etwas in dir selbst, aber die andere Sache ist die Konsequenz – du hast kleine Kinder, also hängt da viel mehr dran. Mindestens die Hälfte der Männer haben Familien.

Die Sexindustrie ist tabu, aber in St Marys (im Westen Sydneys, Anm. d. Autorin) allein gibt es etwa 15 Bordelle, es ist das Kings Cross[92] des Westens. 15 allein auf der Hauptstraße in einem Bezirk. Die transsexuelle Sache ist auch so ein Tabu. Im Männersalon wollen sie Männer sein. Es gibt einen Ort nahe Parramatta, da geht alles, gay, transsexuell, aber im Männersalon müssen sie Männer sein. Wenn jemand Transvestit ist und als Mann in den Laden kommt, ist das okay, mir egal, aber wir haben auch Leute rausgeworfen. Der frühere Besitzer des Ladens, bei dem ging alles, Mädchen, bi, Transsexuelle, Sexarbeiter, also kamen sie alle. Aber in den ersten Wochen haben wir sie dann rausgeworfen. Um ehrlich zu sein, zu viel Ärger. Es gibt viel Ärger mit den Transen, nicht mit allen, aber wir wollen uns damit nicht abgeben.

Wir verkaufen mehr Spielzeug an Heteromänner als an Homomänner, weil sie Spielzeug und DVDs kaufen und zu ihren Frauen nach Hause bringen. Aber die Heteromänner können nicht mit den schwulen Sachen nach Hause kommen. Wir haben DVDs mit Transsexuellen und Lesben, die sind angesagt, viele Heteromänner sind davon angeturnt. Wir haben aber nur eine kleine Auswahl an Homoporn, kauft keiner.

Wir bieten reduziertes Risikoverhalten, Kondome und Papiertücher. Der Raum ist ziemlich dunkel. Also haben wir Lichter, die zu diesen Produkten führen, bleibt dann auch sauberer. Reinigen, ganz ehrlich, das ist ekelhaft. Leute pinkeln in den Eimer oder sogar in die Ecke, weil sie einfach nicht warten können, um eben zur Toilette zu gehen. Duschen, das ist so tabu. Es gibt eine ganze Menge Kunden, die kannst du schon von weitem riechen. Denen würdest du am liebsten erst mal eine Dusche anbieten. Wir haben Duschräume, wir haben dafür früher Geld verlangt. Niemand redet darüber, aber jeder

TABU · HINHÖREN, HINSEHEN, BESPRECHEN

- weiß es, sie stinken einfach. Mein Partner sagt nie etwas. Wie soll man das auch machen? Sie wollen nicht. Da sind zwei besonders ungepflegte Leute, denen hat er gesagt: „Wenn du das nächste Mal so riechst, dann kannst du nicht reinkommen." Das Hinterzimmer ist ganz geschlossen, und es stinkt einfach. Wir haben so einen automatischen Raumerfrischer alle 15 Minuten, aber trotzdem. Wir haben eine Danke-E-Mail von einem Kunden bekommen, dass unser Club der sauberste ist. Darauf ist mein Partner stolz. Es ist nicht einfach, aber es gehört zum Job.

Sexualität gehört zweifellos in die Intimsphäre der Menschen. Es ist ein geschützter Bereich, der nur in bestimmten Zusammenhängen diskutiert wird. Das Thema selbst ist nicht tabu, aber wie man darüber spricht und sich in der Öffentlichkeit verhält, zum Beispiel in Bezug auf den Austausch von Zärtlichkeiten, hängt von den Umständen ab, vor allem davon, wo man ist und wer man ist. Homosexualität scheint noch immer eine komplexe Angelegenheit zu sein. So zeigt dieses Kapitel, dass Homosexualität zumindest in Gesellschaften, in denen sie öffentlich akzeptiert ist, eigentlich kein Thema mehr sein sollte, das Coming Out eines Prominenten aber dennoch schnell zum Medienspektakel werden kann. Sexshops gehören zu jedem Stadtbild, und sie sind oft in Gegenden, in denen man auch sexuelle Dienste kaufen kann. Allerdings würden sich wohl die meisten Anwohner wehren, wenn unmittelbar in ihrer Nachbarschaft ein Sexshop eröffnet würde, noch dazu mit einem „Männersalon" im hinteren Bereich. So ein Geschäft lebt gut von Männern, die mit Männern

Sex haben. Sofern diese Kunden allerdings Frau und Kind zu Hause haben, melden vielleicht sogar die Geschäftsinhaber moralische Bedenken an. Nicht zuletzt bleibt es wohl eine persönliche Entscheidung, wie man mit Sexualität umgeht. Es gibt allerdings auch hier Verantwortlichkeiten, zum Beispiel sich selbst und seine Sexualpartner vor sexuell übertragbaren Krankheiten zu schützen oder sich über die Gesetze in den Ländern zu informieren, die man bereisen möchte.

STÖRUNGSSTELLE
GEHIRN ÜBER HÖHENFLUG
UND TIEFSINN

Ein Reporter interviewt den Leiter einer psychiatrischen Klinik: „Wie stellen Sie denn fest, ob jemand verrückt ist oder nicht?" Der Psychiater bringt ihn in ein Badezimmer. Die Wanne ist voll Wasser. Daneben befinden sich ein Kaffeelöffel, eine Kaffeetasse und ein Eimer. „Wir bringen die Kandidaten hierher und bitten sie, die Wanne zu leeren." – „Okay, klar!", meint der Reporter. „Wer nicht den Eimer nimmt, sondern den Löffel oder die Tasse, der ist verrückt!" – „Fast!", meint der Psychiater. „Die Normalen ziehen einfach den Stöpsel raus. Möchten Sie ein Zimmer mit oder ohne Balkon?"

STÖRUNGSSTELLE GEHIRN

Melancholia and Mania [Thomas Stothard, 1755-1834]

Psychische Störungen sind in vielen Ländern ein Tabu. Schon die Bezeichnung „psychische Störung" ist eine momentan als politisch korrekt empfundene Umschreibung *psychischer Krankheiten*. „Störung" soll weniger bedrohlich, weniger schlimm klingen als „Krankheit". Wie tabu dieses Thema ist, zeigt sich im Vergleich mit anderen Tabuthemen: Die Menschen scheinen weniger bereit, sich als psychisch krank zu outen, als offen zu sagen, sie seien homosexuell.[93] In vielen asiatischen Ländern wie zum Beispiel in China, Vietnam oder Korea werden für psychisch Kranke keine Hilfen und Therapien angeboten. Betroffene müssen zu Hause allein klarkommen und ihre Situation verheimlichen, um nicht das Gesicht zu verlieren und Schande über sich und ihre Familien zu bringen. Auch in Indien gibt es nur eine kleine Anzahl von Psychiatern, da es noch immer ein Stigma ist, zu einem solchen Arzt zu gehen.[94] In Mexiko und in südamerikanischen Ländern ringen ebenfalls viele Menschen damit, ihre mentalen Probleme zuzugeben – sie haben genauso wenige Anlaufstellen, um sich Informationen und Hilfe zu holen, und möchten ihren Familien ein solches Stigma nicht zumuten.

Das Wort „Stigma" kommt aus dem Griechischen und bedeutet ursprünglich eine Markierung, wie der blutrote Buchstabe A (für Adultery = Ehebruch) als Markierung der Ehebrecherin in Hawthornes Roman *The Scarlett Letter* aus dem Jahr 1850. Medizinisch kann „Stigma" auf eine Krankheit hinweisen und bezieht sich dann auf Ausschläge oder Male. Es unterscheidet also die „Gezeichneten" von den Normalen. Für psychische Erkrankungen gilt das ebenfalls: Die Betroffenen sind markiert, stigmatisiert, ihre Krankheit wird aber verschwiegen und tabuisiert.

Es sind vor allem bekannte, in der Öffentlichkeit stehende Menschen, die dieses Schweigen brechen und so zu einer Öffnung und einem neuen Bewusstsein beitragen können. Sportler, Schauspieler und Regisseure, Künstler und Politiker sprechen als Erste über ihre Depressionen, über *Burn-out* und andere psychische Störungen, die vor allem durch Unwissenheit innerhalb einer Gesellschaft tabuisiert werden. Psychische Probleme haben auch mit anderen Tabubereichen zu tun, die dann ebenfalls angesprochen, durchdacht und gelöst werden müssen. In einer sogenannten *Leistungsgesellschaft* ist zum Beispiel die Angst vor dem Versagen groß. Die Erwartungen und Ansprüche an den Einzelnen wachsen, und wenn die Leistung nicht mitwächst, hat der

Mensch verloren. Berühmte und weniger berühmte Menschen können sich mit Hilfe neuer Medien ein „zweites Ich" zulegen und auf Facebook und Co. ihren Tagesablauf minutiös festhalten, spannende Reisen dokumentieren und ihre Erfolge mit ihren Anhängern teilen. Profilseitenbesucher, die vielleicht nicht so viel Positives zu berichten haben, die nicht „mithalten" können, sehen dann eigene Defizite, die es in der Realität vielleicht gar nicht gibt. Soziale Medien machen es Nutzern einfach, sich hinter einem Facebook-Profil und einer hohen Anzahl von „Freunden" zu verstecken, auch wenn es ihnen eigentlich nicht gut geht. Hinzu kommen all jene, die sich in der vermeintlichen Anonymität trauen, andere bloßzustellen oder ihnen damit zu drohen – traurige Beispiele von Suiziden aufgrund solcher Attacken gibt es immer wieder. Das Ex-Model und Fernsehgesicht Charlotte Dawson nahm sich im Februar 2014 in Australien das Leben. Ihr Tod löste eine Debatte über Cyberbullying aus, denn Dawson hatte auf das Problem aufmerksam gemacht und eine Frau aus Melbourne mit den ausfälligen Posts konfrontiert, die sie an Dawson geschickt hatte, indem sie sie auf ihrem eigenen Tweet wiedergab. Einige dieser Tweets forderten Dawson, die offen damit umging, dass sie an schweren Depressionen litt, direkt zum Selbstmord auf.

Unwissenheit und Vorurteile innerhalb einer Gemeinschaft halten jene, die einmal durch eine psychische Störung stigmatisiert sind, in Isolation gefangen. Allerdings scheinen nicht alle psychischen Störungen gleich stark stigmatisiert zu sein. Menschen mit Depressionen erfahren inzwischen viel Mitgefühl und Unterstützung, was auch der Aufklärung durch Prominente und Medien zu verdanken ist. Anders sieht es mit Schizophrenie,

Manie und Psychose aus. Hier überwiegt die Angst des Einzelnen vor dem unwiederbringlich Geistesgestörten, von dem eventuell Gefahr ausgeht und das daher besser weggesperrt werden sollte. Allein das Wort „geisteskrank" löst Apathie und Angst aus, während mit „psychisch krank" eher das Traurige, Depressive, schlimmstenfalls Selbstmordgefährdete verbunden wird. Seele, Geist und Psyche geraten hier durcheinander.

Als sich der beliebte Schauspieler und Komödiant Robin Williams im August 2014 das Leben nahm, waren seine Freunde und Fans von Entsetzen und Trauer erfüllt. Die neuen Medien schienen die Nachricht schneller zu verbreiten als die alten, die ersten Meldungen in Fernsehen, Radio & Co. griffen schon auf Twitter-Meldungen zurück. Schnell verbreitete sich die Nachricht, dass Williams schwer depressiv und nach 20 trockenen Jahren auch wieder alkoholabhängig gewesen sei. Die Medien blendeten Notrufnummern für Menschen ein, die ebenfalls unter Depressionen leiden. Ein Kommentator sagte den wirklich wichtigen Satz: „Robin Williams ist an einer Erkrankung gestorben, nur war es nicht das Herz oder ein Krebsleiden, sondern sein Gehirn." Depression kann zum Suizid führen und muss immer ernst genommen werden. Streng genommen ist Depression zwar keine Krankheit des Gehirns, sondern eine Störung, und wie genau sie entsteht, ist auch noch nicht erforscht, aber es wird Zeit für die Gesellschaften, sich damit auseinanderzusetzen und Menschen, die unter Depressionen leiden, ernst zu nehmen, statt sie zu stigmatisieren.

Im September 2014 widmete der australische TV-Sender ABC dem Thema psychische Störungen die bisher größte Aufklärungskampagne, die eine nationale Debatte auslösen und zur Enttabuisierung beitragen sollte. Unter dem Titel „Mental As…" liefen die verschiedensten Programme, von Komödien über Dokumentarfilme und Studiodebatten bis zur Unterhaltungsshow mit Spendenmarathon, alles im Zeichen der Aufklärung über Depressionen, Schizophrenie und Bipolarität. Man wird sehen, ob dieser erste mutige Schritt medialer Enttabuisierung zur Nachahmung und Weiterführung anregt.

Wenn man sich die Kommentare von Menschen aus unterschiedlichen Ländern zum Thema psychische Störungen anschaut, sieht man viele Gemeinsamkeiten: So berichtet Eta[95] aus Fidschi, dass es in ihrer Sprache nicht einmal ein Wort für Depressionen gebe. Der australische Yaeglmann Clarence[96] erklärt, dass psychische Krankheiten in vielen Gegenden noch immer sehr negativ gesehen und mit übernatürlichen Kräften in Verbindung gebracht würden:

> Durch die holländische Seite der Familie bin ich wahrscheinlich ziemlich offen für moderne Zeiten, wir sprechen über psychische Krankheiten und helfen einander, aber es könnte auch so gesehen werden, dass jemand von einen Geist besessen ist. Sie brauchen dann bestimmte Rituale oder sie werden aus der Gruppe ausgestoßen, weil sie diese Krankheit verbreiten könnten. Jemand in einem schlechten Gesundheitszustand bekam im Stamm keine Unterstützung. Meine Mutter hat eine psychische Krankheit, und sie wird von allen unterstützt, von der Familie, die immer um sie herum sein muss. Das ist der Medieneinfluss, Medien haben uns beigebracht, dass man Menschen, die krank sind, unterstützen muss.

Ähnlich beschreibt es der Australier Cavan:

> Psychische Krankheiten, also, wir nennen das psychische Krankheiten, aber anderswo wird es als von Geistern besessen angesehen. In England gab es so eine Unterhaltungsform, man ging nach *Bedlam*[97], all die Verrückten ansehen! Foucault[98] hat darüber geschrieben. Also, es gibt verschiedene Herangehensweisen, und traditionell gesehen ziehen wir es vor, einfach nichts davon zu wissen. Ich glaube, heutzutage haben wir einerseits eine viel offenere und weniger tabuisierte Einstellung dazu, andererseits sehen wir es als etwas Beschämendes an.

In Indien sind psychische Störungen oft so inakzeptabel, dass Familien ihre Angehörigen in völlig ungeeigneten Institutionen unterbringen, in denen sie häufig angekettet und vernachlässigt vor sich hin vegetieren. Oft werden Kranke misshandelt oder einfach ausgesetzt und sich selbst überlassen, oder sie werden Heilern vorgestellt, die geistig Gestörte durch Austreibung des Geistes, von dem sie besessen sind, gesund machen wollen. Viele dieser Vorgänge gelangen nicht an die Öffentlichkeit, aber als 2001 bei einem Feuer im Küstenort Erawadi im Süden Indiens 26 Patienten verbrannten, die sich nicht retten konnten, weil sie angekettet waren, gab es einen öffentlichen Aufschrei. Allerdings hat sich nicht viel an den Verhältnissen geändert, und den gerade einmal 4.000 ausgebildeten Psychiatern stehen viele Millionen Kranke mit psychischen Störungen gegenüber. In China und auch in Taiwan wird eher nicht über Depressionen gesprochen, über andere psychische Krankheiten erst recht nicht. Li erzählt:

> In China wissen wir, was Depressionen sind, und wir sprechen darüber. Es gibt Psychiater, aber in China wollen die Leute normalerweise nicht zugeben, dass sie irgendein mentales Problem haben. Sie würden nicht zu einem Arzt gehen, wenn sie ein bisschen deprimiert sind. Ich kenne keine anderen psychischen Krankheiten, Depressionen ja, gibt es auch in den Medien, aber wir geben es nicht zu. Eltern wollen es nicht zugeben, wenn ihre Kinder depressiv sind, und es gibt viele Suizide unter Studenten.

Chi erklärt:

> In Taiwan würde man nicht über Depressionen sprechen. Es ist ein Stigma. Wenn man in Taiwan psychisch krank ist, ist man psycho, plemplem. Demenz ist nicht so tabu wie andere psychische Krankheiten. Es hat etwas mit dem Alterungsprozess zu tun, jeder wird älter, also reden Leute vielleicht nicht gern darüber. Aber psychische Krankheit im besten Alter, also, das ist tabu.

Der junge Deutsch-Australier Yuri gibt zu bedenken, dass das Thema auch Interpretationssache sei:

> Psychische Krankheiten sind auch ein großes Tabu, weil das Thema so schwierig ist. Solche Krankheiten sind ja auch Interpretationssache. Wenn man sich das Spektrum anschaut, was ist normal und was ist nicht normal, dann liegt ja jeder irgendwo außerhalb des Normalen, aber ab wann bin ich so abnormal, dass ich krank bin? Das ist schwierig, aber so was

anzusprechen, stört mich nicht, weil ich das auf eine wissenschaftliche Art und Weise versuche.

Depressionen sind ein ganz großes Thema und Angstzustände, was ich auch persönlich kenne und nie erwähnt hab vor meinen Freunden, weil ich es peinlich finde. Weil dieser Film abläuft – „Oh, ich bin doch ein bisschen verrückt!" – und weil es auch emotional schwierig ist. Depressionen habe ich persönlich nicht, aber ich weiß, dass jeder mal deprimiert ist in seinem Leben. Ich weiß, dass Depressionen als eine Art Trauer definiert werden, die länger anhält als sechs Monate oder so. Bei einer Bekannten von mir war es eindeutig, dass sie Depressionen hatte, aber sie hat das nie erwähnt. Sie hat sich zurückgezogen, sie hat Interesse an sozialen Sachen verloren, und ja, anfangs hat man das falsch interpretiert. Sie hat sich auch ein bisschen zickiger verhalten, das wurde komplett falsch gedeutet. Ich habe das später mit ihr diskutiert, offen. Ich hab das auch mit zwei guten Freundinnen besprochen, also, nicht was sie gesagt hat, aber sie war früher in derselben Clique wie ich, sie war auch kurze Zeit in mich verliebt, aber das war okay, damit konnte man umgehen, obwohl das auch tabu ist. Deshalb war das so schockierend, dass sie sich so zurückgezogen hat und auch Freunde verloren hat, und das habe ich natürlich besprochen. Ich glaube, die Freundin hatte dafür nicht so viel Verständnis wie ich. Ich habe die Betroffene angesprochen und wollte sie fragen, was denn da eigentlich war. Dann hat sie mir das erklärt, und das hat mir ein bisschen die Augen geöffnet, weil ich gemerkt hab, dass ich bestimmt Sachen gesagt habe, die ich jetzt niemals sagen würde.

> Ob Öffentlichkeit durch bekannte Personen hilft, kann ich so nicht sagen. Es kommt ja nicht immer von den Personen selbst, sondern die zeigen vielleicht Symptome, und dann sagen die Medien, soundso hat Depressionen, dann bleibt ihnen nicht viel übrig. Vieles ist vielleicht auch nur ein Publicity Stunt. Der Einfluss, den diese Öffentlichkeit auf die Leute hat, ist eher ein schlechter. Ich kenne drei Leute, das ist ziemlich viel, die sind nicht mit mir befreundet, aber ich kenne sie gut genug, die haben die Krankheit gar nicht. Natürlich darf ich das eigentlich nicht sagen, ich weiß ja nicht, was die fühlen. Die Freundin meines Kumpels zum Beispiel, sie hat angeblich Angstzustände, Depressionen, bekommt tausende Tabletten dafür, und ich glaub, die hat einfach einen kleinen Knall. Die probiert ständig Medikamente, die alle nicht funktionieren. Die funktionieren wahrscheinlich auch wirklich nicht, aber sie nimmt sie auch aus den falschen Gründen.

Diana studiert Psychotherapie an der University of Sydney. Davor hat sie ein Jahr lang für ANZAP gearbeitet, die Australisch-Neuseeländische Gesellschaft für Psychotherapie (Australian/New Zealand Association of Psychotherapy). In beiden Programmen werden die Studierenden mit der Betreuung von Patienten betraut. 2013 hatte Diana eine Patientin, bei der die Persönlichkeitsstörung Borderline diagnostiziert worden war. Diese Diagnose trägt ein Stigma und ist tabu. Borderline, erklärt Diana, habe den alten Ausdruck „Hysterie" ersetzt. In früheren Zeiten habe es sofort eine Verbindung zu Freud gegeben und der Begriff sei geändert worden, weil Hysterie „so eine Art

Frauenkrankheit" war, allerdings sei der Ausdruck „Borderline" auch nicht viel besser: Die hysterische Frau sei verletzt gewesen, die Borderline-Frau gelte als gefährlich. Wenn Diana Borderline anspricht, sieht sie Angst in den Augen ihrer Gesprächspartner.

Diana ist Australierin in der fünften Generation, fühlte sich aber mit ihrem spanisch-irischen Hintergrund erstmals richtig „zu Hause", als sie nach England kam. Sie verweist darauf, dass sie durch ihre Familie etwas über ihre Wurzeln gelernt habe und darum wissen wollte, wie das sei, sich zu „verankern". Sie habe nie das Gefühl gehabt, nach Australien zu gehören:

> Ich glaube, das kommt dadurch, wie ich aufgewachsen bin, mit der besten Freundin meiner Mutter, die hat ein Aborigine-Mädchen adoptiert. Ich hüpfte auf einem Trampolin mit Sally, als wir vier Jahre alt waren, und ich stellte ihr viele Fragen, warum sie immer weiße Kleider trägt, wie das ist, nicht mit ihrer Mutter zu leben, und so weiter. Mit 16 habe ich Sally verloren, als sie auszog, um ihre eigene Mutter zu finden. Meine ganze Familie und die beste Freundin meiner Mutter, alle haben gesagt, wie undankbar sie doch sei. Sie habe diese Möglichkeiten bekommen und dann habe sie es vorgezogen, „zurückzugehen und ihre Mutter zu suchen und Witchetty-Maden[99] zu essen", ich glaube, das waren ihre Worte.
>
> In anderen Kulturen, in denen es große Familien gibt, da gibt es auch viele Stimmen. In westlichen Ländern, und sicherlich in Australien, wo es in vielen Fällen sehr isoliert und einsam ist, da wird diese Stimme sehr mächtig und baut ihre eigenen Tabus auf. Da gibt es dann Dinge, über die man sprechen darf oder

- eben nicht. Innerhalb der Familie ist das klar, und du wirst ausgeschlossen, wenn du diese Grenze überschreitest.

Sally blieb in ihrer Aborigine-Familie und -Gemeinde. Sie war im Alter von vier Jahren aus ihrer Familie entfernt worden, weil ihre Mutter als „ungeeignet" eingestuft worden war. Die Gründe dafür kannte die Ziehfamilie nicht. Es ist möglich, dass Sally, wie viele andere Aborigine-Kinder zu der Zeit (bis in die 1970er Jahre), aus ihrer Familie gerissen wurde, um ihr ein „besseres Leben" zu ermöglichen und sie in die weiße australische Kultur zu integrieren. Heute sagt Diana, dass jeder, der aus seiner Familie entfernt werde, – ungeachtet der Kultur, aus der er komme –, sich entfremdet fühle. Und das habe Konsequenzen:

- Wenn man nicht passt, dann wird man ausgeschlossen.
- Tabus entwickeln sich, sie sind sehr mächtig, weil es Konsequenzen hat, wenn man die Grenze überschreitet.
- Es gibt diese Vorstellung, dass Australier sehr offen sind, und ich erkenne, dass es komplett das Gegenteil ist. Es gibt viel Verstecktes und viel, das aus dem viktorianischen England stammt. Da ist viel falsche Fassade, es ist sehr offen und man redet über alles. Es ist dann schockierend zu entdecken, dass wir sehr geübt darin sind, die meisten Dinge zu verstecken – sicherlich in Bezug auf psychische Krankheiten. Ich habe eine gute Beobachtungsgabe durch meine Erfahrung als Fotografin, das war ich bis vor ein paar Jahren. Die Reaktionen, die ich bekomme bei Abendessen und Cocktail-Partys, wenn sie fragen, was ich mache, also, das ist eine akzeptable Frage, aber

meine Antwort wohl nicht. Mir ist aufgefallen, dass viele Leute sich dann einen neuen Drink holen, also denke ich, ich sage wieder, dass ich Fotografin bin.

Ich denke an einen brillanten Psychotherapiestudenten, der hat eine gute Frage gestellt. Im Raum waren all diese Psychologen und Psychotherapeuten und Psychiater, mit vielleicht 200 Ehepaaren. Und der fragt: „In eurer ersten Sitzung, würdet ihr Sex und Geld ansprechen?" Und alle zucken mit den Schultern. Das ist Australien, es ist tabu. Die beiden Dinge, die wirklich Partnerschaften zerstören, sind Sex und Geld. Natürlich sollte der Partner, der nur ein Viertel so viel verdient wie der andere, auch nur proportional für etwas zahlen. Geld ist ein großes Problem, und deshalb haben Partnertherapien so eine geringe Erfolgsrate. Es ist faszinierend, dass es so eine hohe Scheidungsrate gibt und Geld so wichtig ist, gerade hier in Sydney. Die Paare wollen oft nicht einmal in eine Therapie investieren.

Diana fühlt sich schon dadurch stigmatisiert, dass sie im Bereich psychische Krankheiten arbeitet. Das Tabuthema Pädophilie scheint ihr besonders wichtig zu sein. Es wird oft als Erstes genannt und als etwas beschrieben, das man keinesfalls tun sollte. Ähnlich wie andere Begriffe hat sich „Pädophilie" verselbstständigt und wird losgelöst von der sexualmedizinischen Definition in verschiedenen Kontexten verwendet. Betroffene setzen sich vor allem dafür ein, den Begriff durch „Pädosexualität" zu ersetzen, da nur so sichtbar werde, dass es um Machtmissbrauch und Gewaltanwendung durch den Erwachsenen gehe, was nichts mehr mit Liebe zu tun habe. Für Diana ist Pädosexualität eine unheilbare Krankheit und ein unbezwingbares gesellschaftliches Phänomen:

> Es ist eine psychische Krankheit, und ich frage mich, ob sie heilbar ist. Wie gehen wir damit in der Gesellschaft um? Für mich ist das ein Tabu. Es ist ein kompletter Kreis, es ist versteckt, es geht weiter, egal, wie viele Kampagnen dagegen laufen, nichts wird es stoppen. Ich glaube, es ist nicht heilbar, und das ist sehr bedrohlich. Es ist ziemlich verbreitet, wenn du mal anschaust, was wir alles im Internet entdecken. Da muss man schon drüber nachdenken. Wir haben so eine starke Reaktion auf das Thema, und dennoch ist es so weit verbreitet. Es sind nicht nur katholische Priester, es sind Ringe von Pädophilen, die überall operieren.

Als Diana über Tabus nachdenkt, die eine Gesellschaft schützen können, die gut für sie sind, sagt sie:

> Mir fallen nicht viele Tabus ein, die nützlich sind, eher im Gegenteil. Ich denke, es ist wichtig sich anzupassen. Also ein Rülpser, das sehen wir als einen kleinen Ausrutscher, aber im Nahen Osten kann es ein Kompliment sein. Das könnte also, je nachdem, mit wem man isst, etwas Wichtiges sein. Ich denke, wir müssen lernen, was angemessen ist in der Gesellschaft, in der wir uns aufhalten. Ich habe aber ein Problem damit, wenn etwas starr und fest ist. Familien und Kommunen brauchen klare Strukturen und Gesetze, Gemeinschaften

- brauchen Regeln. In manchen Dingen ist man aber auch einfach überfordert und kann sich nicht von seinen eigenen Berührungsängsten lösen.

Diana gibt ein Beispiel: Ihre Nachbarin war an Krebs erkrankt, und es sah nicht gut aus. Sie backte einen Kuchen und brachte ihn vor die Tür. Dort zögerte sie und dachte, sie solle einfach klopfen und den Kuchen übergeben. Doch am Ende tat sie es nicht, sondern ließ den Kuchen vor der Tür stehen. Heute denkt sie, dass es einfach Vermeidung gewesen sei. Sie habe nicht genau gewusst, wie sie sich hätte verhalten sollen. Das Tabu um solche Alltagssituationen sei schlecht für alle Beteiligten, denn die Nachbarin sei dadurch isolierter und sie selbst im Prinzip auch. Schädliche Tabus in einer Gesellschaft haben oft mit Angst zu tun. Um Angst und Isolierung geht es auch bei der Reaktion auf psychische Störungen:

- Vor etwa 20 Jahren war Homophobie ein wichtiges Thema in Australien und Großbritannien. Psychische Krankheiten kommen erst jetzt in die Medien. Es hat Konsequenzen, wenn man offen ist und offen darüber spricht. Ich finde das verstörend. Anscheinend haben Leute zu viel Angst, über ihre psychische Krankheit zu sprechen, weil sie Angst haben, den Job nicht zu bekommen oder dass sie ihn nicht behalten können oder dass sie stigmatisiert werden. Es ist tabu zu akzeptieren, dass ein hoher Prozentsatz von Australiern psychische Probleme hat, und das Ergebnis davon, nicht offen darüber sprechen zu können, ist physische Krankheit.

STÖRUNGSSTELLE GEHIRN

> Eine meiner Patientinnen in den letzten beiden Jahren war eine Kinderfrau. Sie hatte eine psychische Krankheit, die ich selbst stigmatisiert habe, obwohl ich nicht dachte, dass sie sehr gefährlich sei. Ich musste also meine eigene Meinung kritisch prüfen, und ich bin mir noch immer nicht sicher. Das Verstörende ist, dass diese Dinge versteckt sind, deshalb die Angst. Es ist die Angst vor dem Unbekannten. Wenn die Krankheit sich zeigt, dann flippen diese Leute aus. Meine Klientin, also, wir waren im Gespräch und jemand hat die Tür geöffnet, sie ist ausgerastet. Wenn sie also auf ein Kind aufpasst und jemand einfach reinkommt, was passiert dann? Das Kind muss dann mit jemandem zurechtkommen, der ausflippt.

Die Angst vor negativen Konsequenzen sieht Diana als berechtigt. Wenn jemand zum Beispiel am Arbeitsplatz offen zu einer psychischen Störung steht, kann es sein, dass er seine Arbeit unter einem Vorwand verliert. Dies ist also durchaus ein Thema, mit dem sich eine Gesellschaft beschäftigen muss, da sonst viel Potenzial brachliegt. Die Ursachen psychischer Erkrankungen sind nicht gut erforscht, doch hängen sie nicht von Einzelfaktoren ab, sondern von Anfälligkeit, Lebensumständen und Einflüssen auf die Entwicklung des Gehirns und der Persönlichkeit.

> Wenn man in Australien solche Sachen anspricht, ist die Reaktion Schweigen. Rückzug. Noch einen Drink holen. Zur Toilette gehen. Solche Sachen. Sie werden einfach still sein. Sie werden nicht geradeheraus sein. Niemand wird dich zur Seite nehmen und etwas sagen, also, man tritt dir nicht auf die Zehen.

Es ist sehr passiv-aggressiv, du wirst nächstes Mal nicht eingeladen, wenn du dazu tendierst, offen über Dinge zu sprechen.

Stephen Fry hat gerade eine Serie mit Interviews über Homosexualität in verschiedenen Ländern gemacht. Ich denke, Stephen Fry trägt sein Herz auf der Zunge, er ist so ein netter Kerl. Wir können als Zuschauer sehen, wie grässlich die Ansichten von Leuten sein können, weil Stephen Fry nicht sehr weit gehen kann, das hält er nicht aus. Ich glaube, vielleicht tasten Interviewer bestimmte Themen nur an, weil die Einschaltquoten davon abhängen, wie viel die Zuschauer ertragen können. Ich als Zuschauer könnte mehr ertragen. Ich glaube, alle Arten von Sexualität sind tabu. Wir werten Filme mit R[100], weil wir nicht wollen, dass Kinder sehen, wie Menschen Liebe machen. Wir stecken Sex in die gleiche Kategorie wie extreme Gewalt, wie das *Texas Chainsaw Massacre*. Wir wollen nicht, dass unsere Kinder etwas sehr Natürliches sehen. Das ist auch ein Teil von „Oh, igitt, Mama und Papa, macht ihr das wirklich?" Ich habe tatsächlich gesehen, wie meine Schwester ihren Kindern die Augen zuhielt, wenn Sexszenen gezeigt wurden. Und dann gibt es auf der anderen Seite diese Sexualisierung kleiner Mädchen in sexy Unterwäsche, die *Target* (Billigkleidungskette in Australien, Anm. d. Autorin) verkauft.

Die wichtigsten Tabus heutzutage sind Pädophilie, psychische Krankheiten, Rassismus, und es ist egal in welchem Land. Gestern Morgen auf *Radio National* (Australian Broadcasting Corporation, Anm. d. Autorin) haben sie das Thema als Aufhänger benutzt: Wir werden über Luke Battys[101] Tod sprechen. Es war ein Aufhänger, um uns am Sender zu halten, und sie haben dann gleich angefangen, drum herumzureden: „Wir werden nicht wirklich detailliert über Herrn Battys Diagnose[102] sprechen." Da ist so eine Angst, es war verpackt. Sie haben es als etwas verkauft, das mit psychischer Gesundheit zu tun hat, aber es war nicht sehr genau. Ich glaube, dass die Leute das Thema für zu groß halten, es ist heikel. Die Medien teilen nichts mit, aber sie versuchen, Leute mit psychischen Krankheiten zu schützen, indem sie sagen: „Also, wir sollten keine Angst vor diesen Menschen haben. Nur weil jemand psychisch krank ist, heißt das nicht, dass er seinen Sohn mit einem Cricketschläger tötet." Ich denke, damit erreichen sie das Gegenteil. Es gibt kein Hintergrundwissen. Vielleicht hat er seine Medikamente nicht genommen, und vielleicht hatte er keinen Psychotherapeuten, zu dem er gehen konnte. Ohne Details denken wir doch, das könnte jederzeit passieren.

Wer kennt schon den Unterschied zwischen Schizophrenie und Depressionen, es gibt einfach nicht genug Informationen. Wenn du fragst, was macht ein Psychologe, was macht ein Psychotherapeut, was ein Psychiater? Die meisten Leute wissen nicht einmal, was „Borderline" bedeutet. Also die Diagnose, in die das gehört, diese Diagnose passt zu so gut wie jedem. Wenn wir die Angst minimieren könnten, statt sie zu schüren – wir werden gefüttert, mit Kriminalität, mit dem, wozu wir fähig sind. Das ist dieser Borderlineanteil, den wir wohl alle haben.

Wenn Prominente in den Medien über ihre psychischen Krankheiten sprechen, ist das toll, das ist etwas sehr Reales. Die meisten von uns sterben nicht, ohne einmal depressiv gewesen zu sein. Also ist es prima, wenn jemand im Fernsehen so leidet wie wir alle auch. Das sind mächtige Stimmen, junge Leute werden Stephen Fry bewundern, wenn er so ist wie sie selbst. Einige Krankheiten werden langsam mehr akzeptiert, und man hört öfter von ihnen. Wenn bekannte Personen darüber sprechen, dann sind sie sehr vorsichtig damit, wie sie ihre Diagnose benennen. Es gibt die Tendenz zu Depressionen. Leider, wie im Fall von Ian Thorpe[103], ist es auch etwas, das benutzt wird, um etwas viel Explosiveres zu verdecken, Steroide in diesem Fall.

Ich habe früher am Empfang und in der Aufnahme der *North Side Clinic* gearbeitet, abends. Jeder konzentriert sich da auf die Privatsphäre, weil unter den Klienten viele gut bekannte Fernsehstars sind, Filmschauspieler. Sie kommen rein und sagen, wie wir es aus dem amerikanischen Fernsehen kennen: „Ich weiß nicht mehr, wer ich bin!" Es ist alles sehr diskret, sehr verschwiegen, denn es hat Konsequenzen, wenn du sehr bekannt bist. Du wirst beurteilt, also braucht es schon jemanden wie Stephen Fry, um offen darüber zu sprechen.

Untersuchungen zeigen, dass junge Leute, die misslungene Suizidversuche hinter sich haben, junge Leute in ihren 20ern, dass sie in ihren 40ern und 50ern erfolgreich damit sind. Diese Leute sind wirklich depressiv, aber sie wollen sich nicht umbringen.[104] Sie wissen, dass sie jung sind, sie kommen durch, sie bekommen ein bisschen Kontrolle über ihr Leben, dann finden sie eine Beziehung oder Stabilität durch einen Job. Also kommen sie durch. Sie halten sich gerade so über Wasser, und dann passiert etwas: Die Frau verlässt ihn oder sie verlieren den Job und dann fühlen sie sich verloren. Es ist also immer noch da, es schläft nicht, so funktionieren die meisten Leute. Es kommt darauf an, wie tief das Trauma sitzt. Bei Borderline ist es ein kompliziertes Trauma. Wenn die Patienten jung sind und niemand für sie da ist und Dinge passieren in der Familie, und es wird jede Nacht schlimmer, jede Woche, dann gibt es da viel aufzuarbeiten, und man muss viel neu aufbauen, wie zum Beispiel Vertrauen. Je eher das passiert, je jünger die Patienten sind und je nachdem, was genau passiert ist, desto einfacher ist es. Wenn es nicht erkannt wird, dann können sie diese Dinge wiederholen, und sie missbrauchen sich selbst oder andere. Sie wählen später im Leben nicht so gut, wen sie heiraten zum Beispiel. Sie treten die ganze Zeit auf der Stelle, und mit 50 sind dann diese Abwehrmechanismen, die sie aufgebaut haben, nicht mehr genug.

Neue Medien spielen eine riesige Rolle im Hinblick auf Tabus, wenn man sich Suizid und die Veröffentlichung anschaut. Wenn Leute wissen, was sie sagen müssen, damit es wirklich wehtut, wird das Tabu gebrochen, ob anonym oder nicht, da fehlen die Grenzen. Leute wissen, welches Schweigen sie brechen müssen, um einen Menschen zu brechen. Durch Tabus entsteht Schweigen, und sie können wie Waffen benutzt werden, das fängt am Familienesstisch an.

Das Tabu um psychische Krankheiten ist weit verbreitet und sitzt tief. Rationale und irrationale Ängste, die mit psychischen Störungen verbunden sind, behindern eine Enttabuisierung, die für alle Betroffenen wünschenswert wäre und ihnen das Leben erleichtern könnte. Wenn man sich anschaut, wie westliche

Medien das Thema zurzeit aufgreifen, sieht man erste Schritte weg von der Verheimlichung und hin zur Aufklärung, die Akzeptanz und Zuwendung möglich machen kann. Die Probleme, die dabei zu lösen sind, sind allerdings nicht klein: Die medizinische und psychologische Forschung steckt hier noch in den Kinderschuhen, und viele Menschen reagieren negativ, wenn sie erfahren, dass jemand in ihrem Umfeld, zum Beispiel an ihrem Arbeitsplatz, eine psychische Störung hat. Es wird noch einige Zeit dauern, bis dieses Tabu gelüftet ist, aber der Anfang ist gemacht.

PEINLICHE KÖRPER ÜBER KÜNSTLER UND OBJEKTE

»*Es gibt nichts, was man so gern berühren möchte wie ein Tabu.*« (Erwin Koch)

Es ist Zeit für eine globale Auseinandersetzung mit dem Thema Tabu. Im Museum of Contemporary Art (MCA) in Sydney, Australien, gab es im Januar/Februar 2013 eine Tabu-Ausstellung. Der Gastkurator Brook Andrew, Künstler und Hochschullehrer aus Melbourne, initiierte mit der Ausstellung ein Forum für die Diskussion mit Aborigine- und Nicht-Aborigine-Künstlern. Die Künstler, die 2013 zu Themen wie Rasse, Ethnizität, Politik und Religion ausstellten, wollten herausfordern und anregen.

Besucher der Tabu-Ausstellung waren unterschiedlicher Meinung darüber, ob sie nun Neues angeregt hat oder nicht. So schrieb ein Besucher, die Ausstellung würde „offene Türen einrennen über Rassenthemen und Genozid. Aber auf eine NETTE Art, harmlos, nicht schockierend. Tabus über was? Das Obskure, Verborgene der Aussagen dieser Kunststücke, der fehlende Biss dienen eher der Beruhigung der Mittelklasse. Viel Tabu um nichts."[105]

Was erwartet ein Besucher von einer Tabu-Ausstellung? Was findet man in einer Ausstellung zu Themen, über die nicht gesprochen werden darf? Was zeigen Bilder und Objekte, deren Ausstellung tabu ist? Im Oktober 2014 organisierte ein Professor aus West-Australien, Ted Snell, als Kurator eine Ausstellung über den Tod, mit der er ein soziales Tabu ansprechen wollte. Es ging darum, wie der Tod aus dem Alltag der westlichen Gesellschaften verschwunden ist, Menschen in Krankenhäusern und Heimen sterben, so dass junge Menschen keine Toten mehr sehen und ein Kult des ewig Jungen und Schönen entsteht. In Thailand gebe es die bewundernswerte Art, Beerdigungen bunt und in Gold zu feiern, da es sich um den Übergang in ein anderes Leben handle.[106] Ob es sich wohl in Bunt und Gold schöner stirbt als in Schwarz-Weiß? Künstler sind nicht per se befreit von den Tabus, die Nicht-Künstler begrenzen, eingrenzen, befangen, aber sie suchen nach einem Ausdruck für das schwer Artikulierbare.

In den 1990er Jahren gab es in der Whitechapel Art Gallery in London eine Ausstellung, in der zwei Videoinstallationen Besucher schon am Eingang in die symbiotische Verbindung von Leben und Tod einführte: Auf einem Monitor wiederholte sich eine Geburt wieder und wieder, auf dem anderen wiederholte sich das Sterben einer sehr alten Frau. Die beiden Szenarien sind einerseits Gegenpole, andererseits haben sie gemeinsam, dass sie jeweils einen Übergang zeigen, der mit Anstrengung, Schmerz, Emotionalität behaftet ist und immer eine Reise in die Ungewissheit bedeutet.

Der Teufel steckt im Detail [Mit freundlicher Genehmigung von Gundula Menking]

Mit dem Körper geschieht etwas, und das Baby, das geboren wird, hat am Prozess nur eingeschränkt teil, so wie die sterbende Person. Außenstehende haben sowohl auf die Geburt als auch auf das Sterben einen technischen Einfluss, stehen aber am Ende einem Wunderwerk der Natur ohnmächtig gegenüber.

In der Wanderausstellung *Körperwelten* von Gunther von Hagen erzeugen die Plastinate menschlicher Körper und Körperteile nun schon seit Jahren Faszination und Ekel, Neugier und Abscheu. Es geht um den Zyklus des Lebens, den genauen Aufbau des menschlichen Körpers bis in die kleinste Zelle, um Schwangerschaft, Alter, Krankheit und Tod. Auch die Geschichten und Gerüchte um die Herkunft der Plastinate haben etwas Geheimnisvolles, Verbotenes. Schließlich soll von Hagen Körper und Organe von zum Tode verurteilten Häftlingen in China erhalten haben, ohne deren Einverständnis, versteht sich. Nicht zuletzt ist es die Figur Gunther von Hagen selbst, die, interessant und kontrovers zugleich, ein internationales Publikum in ihren Bann zieht. Von Hagen hat die Plastinationsmethode in den 1970er Jahren entwickelt und in Labors in verschiedenen Teilen der Welt Plastinate herstellen lassen, die für die einen ästhetisch anziehend, für die anderen moralisch abstoßend sind. Bei der Betrachtung des ultimativ nackten, aus seiner Haut geschälten Körpers mischt sich anatomisches Interesse mit voyeuristischer Neugier auf das Wunderwerk Körper und seine Vergänglichkeit. Die einen mag der Anblick von Plastinaten, die noch aussehen wie intakte Teile von Menschen, die aber schon lange keine mehr sind, gruseln, die anderen mag er zur Körperspende inspirieren.

Körperwelten wurde gleichermaßen gelobt und verurteilt, und von Hagen genießt seinen Ritt auf der Tabubruchwelle, da ihm und seiner Ausstellung beide Reaktionen nutzen. Sollte eine Tabu-Ausstellung tabu sein oder Tabus zeigen, schockieren oder erklären? Es kann sein, dass eine Tabu-Ausstellung nicht schockiert, weil das Abgebildete nicht mehr tabu ist, weil sich Einstellungen und Kontexte geändert haben oder weil die Ausstellungsstücke nicht wirklich berühren. Ob sie berühren, hängt letztendlich von der Erfahrungswelt und der Einstellung des einzelnen Besuchers ab. Eine Tabu-Ausstellung kann also so wenig aufregend sein wie eine Geisterbahn, in der man keine Angst bekommt und in der man nicht erschrickt. Der Schock in der Geisterbahn ist aber anders als der, dem man in einer Tabu-Ausstellung begegnet. In der Geisterbahn werden der Schreck und die vorübergehende Angst durch Effekte erzeugt, durch das gruselige Aussehen eines plötzlich auftauchenden Gesichts, durch

Licht und Dunkel, Geräusche und Bewegungen, vielleicht auch durch Berührung. Das Tabu dagegen ist oft still. Es erwartet Erkennen, Nachdenken, Sich-Hineinversetzen in die Lage und Empfindungen anderer. Das Verbotene ist uns erst dann bewusst, wenn (eigene) Grenzen überschritten werden. Tabu muss berühren, es ist nicht plötzlich, sondern entsteht und vergeht durch Zeit.

Die Idee des Schockierens und der Mehrwert, der durch die Lust am Ausdrücken des Tabuisierten entsteht, stecken auch in mehr oder weniger unterhaltsamen, in jedem Fall breit rezipierten Produkten wie zum Beispiel Charlotte Roches Buch und dem gleichnamigen Film *Feuchtgebiete* oder in der britischen TV-Serie *Embarrassing Bodies* (Peinliche Körper). Beide postulieren die Notwendigkeit der Enttabuisierung des Körpers, seiner Ausscheidungen und Funktionen. Beide gehen voyeuristisch mit Großaufnahmen auf Körperteile zu, gern auf Genitalien. Hämorrhoiden, Warzen und andere unerwünschte Gewächse liegen ebenfalls vorn auf der Beliebtheitsskala des enttabuisierten Körpers. *Embarrassing Bodies* und die Spin-offs *Embarrassing Fat Bodies* (Peinliche dicke Körper), *Embarrassing Teenage Bodies* (Peinliche jugendliche Körper) und *Embarrassing Old Bodies* (Peinliche alte Körper) verstehen sich als medizinische Aufklärungssendungen, bei denen ein mobiles Ärzteteam sich der kleinen und großen Probleme mit dem Körper und seinen Funktionen annimmt. Die Patientinnen und Patienten kämpfen oft jahrelang mit Symptomen und Unannehmlichkeiten, sei es beim Urinieren oder beim Sex, bis sie sich den Fernsehärzten anvertrauen – und mit ihnen einem Millionenpublikum. „There is no shame, we are all the same" (Man braucht sich nicht zu schämen, wir sind alle gleich), heißt die grotesk anmutende Zauberformel der Sendung. Für das Fernsehen wird die Schamgrenze vorübergehend aufgehoben, und Körper werden wie reparaturbedürftige Dinge behandelt, deren Nahaufnahme nicht als degradierend gilt, sondern lediglich als informative Notwendigkeit fungiert. Scham und Ekelgrenzen werden für einen angeblich medizinisch notwendigen Diskurs, der die Aufklärung der Massen mit sich bringt, aufgehoben. Die Sendung, die auch im australischen Fernsehen läuft, wurde mit Preisen ausgezeichnet, weil sie „aufklärt und Leben rettet". Die 19-jährige Gertrude findet die Sendung unterhaltsam:

- In *Embarrassing Bodies* geht es fast nur um Probleme, die
- mehr oder weniger tabu sind. Ich bin ja auch ein Teil der Ge-
- sellschaft, für die das tabu ist, und ich finde das sehr lustig,
- dass das so offen gemacht wird. Ich guck einfach, weil man an
- Sachen interessiert ist, die nicht oft angesprochen werden. Ich
- könnte das nie machen, ich hab vor den Leuten viel Respekt.
- Ich könnte auch nicht zu meinem Arzt gehen, weil das so pein-
- lich ist, aber dass die noch weiter gehen und das im nationalen
- Fernsehen machen, wow! Zum Teil wollen die fünf Minuten
- berühmt sein, aber zum Teil ist es für die Gesellschaft auch
- gut, weil die dann davon profitiert.

Weniger um Aufklärung und eher um eine Liberalisierung des Umgangs mit dem eigenen Körper soll es in Roches Werk *Feuchtgebiete* gehen. Sie schreibt sehr direkt und benutzt zuweilen ein

Sprachregister, das ihrem Buch die Beschreibung „Charlotte im Pippi-Kacka-Land"[107] eingebracht hat. Der vermeintliche Tabubruch gerät zur guten Vermarktung eines in Fäkalsprache abgefassten Textes, der gleichermaßen verrissen und gelobt wurde. Das Buch avancierte 2008 zum Bestseller. Das Obszöne wird zum Tabubruch erhoben und zur gewollten Provokation wie schon bei Henry Miller oder bei dem Japaner Nobuyoshi Araki. Miller sprach sich in jedem Fall für den Tabubruch aus:

- Wann immer ein Tabu gebrochen wird, passiert etwas Gutes, etwas Vitalisierendes. Tabus sind am Ende nur Nachwirkungen, das Produkt kranker Gedanken, man könnte sagen von ängstlichen Menschen, die nicht den Mut hatten zu leben und die uns diese Dinge unter dem Deckmantel der Moralität und Religion aufgezwungen haben.[108]

Passiert wirklich bei jedem Tabubruch etwas Gutes? Millers Aussage klingt wie eine radikale Befreiung aus von Religion und Moral eingeschränkten Lebenswelten, die erst der Tabubruch lebenswert macht. Der Tabubruch markiert den Ausstieg aus begrenzten Räumen.

Nun kann man eine Serie wie *Embarrassing Bodies* oder ein Buch wie *Feuchtgebiete* gut oder schlecht finden, schaden werden diese Produkte nicht. Wie steht es aber mit politisch kontroversen Werken wie Salman Rushdies 1988 erschienenen *Satanischen Versen*, die dem Autor bis heute Morddrohungen bescheren? Nachdem Ayatollah Khomeini gegen Rushdie eine Fatwa verhängt hatte, brachen die Briten die diplomatischen Beziehungen zum Iran ab, und Rushdie musste mehrere Jahre unter Polizeischutz leben. Ähnliche Auswirkungen hatte es, als das dänische Blatt *Jyllands-Posten* 2005 Cartoonisten einlud, den Propheten Mohammed zu zeichnen. Verleger und Cartoonisten wie Kurt Westergaard, der Mohammed mit einem Bombenturban gezeichnet hatte, erhielten Morddrohungen, die diplomatischen Beziehungen zwischen Dänemark und verschiedenen islamischen Ländern wurden unterbrochen. Die Protestaktionen von Muslimen in mehreren Ländern kosteten Menschenleben. Auch das französische Satiremagazin *Charlie Hebdo* druckte 2006 Mohammed-Karikaturen und scheute sich nicht, immer wieder kontroverse Zeichnungen und Artikel zu veröffentlichen, die sich gegen Islamismus wendeten, aber auch generell Muslime beleidigten. 2011 wurde die Redaktion mit einer Bombe attackiert, und das jüngste Attentat auf das Büro am 7. Januar 2015 forderte 12 Menschenleben. Der Angriff auf die Redaktion hat weltweit Entsetzen ausgelöst und wird als Angriff auf die Redefreiheit in der westlichen Welt gewertet. Der französische Rat für muslimischen Glauben (Conseil Français du Culte Musulman (CFCM)) und die großen Moscheen von Paris und Lyon dagegen versuchten bereits 2006, die Veröffentlichung der Mohammed-Karikaturen zu verhindern, da sie in ihren Augen eine Beleidigung der muslimischen Bevölkerung Frankreichs darstellten. Wie immer man die Frage beantworten mag, ob das Recht des Karikaturisten und vermeintlichen Tabubrechers auf freie Meinungsäußerung über dem Respekt vor einer Religion und vor den Menschen, die ihr folgen, steht: Zur besseren Verständigung hat der wiederholte Tabubruch bislang nicht geführt. Das liegt vor allem an der fehlenden Differenzierung zwischen Muslimen und islamischen Fundamentalisten. Es bleibt offen, ob die Autoren, die hier bewusst Tabus brechen, Märtyrer und Helden der Aufklärung sind oder ob sie sich mit dem Tabubruch verkalkuliert und das Tabu, das sie brechen wollten, eher verstärkt haben. Ein Tabu zu brechen bedeutet, Schweigen zu brechen, Missstände aufzuzeigen, Würde zu verleihen und Wissen zu verbreiten. Es kann aber auch bedeuten, Schweigen zu brechen, Würde zu verletzen und das Tabu zum Wissen zu erheben, das nur dem nützt, der enthüllt und der dadurch Macht erfährt.

Der Spiegel schreibt in seinem Artikel über die Protestaktion von Aliaa Mahdi, die ihr Nacktfoto ins Internet gestellt hat:

Ein Tabu erfüllt eine Funktion, es beruht auf einem Einverständnis, das von Menschen stillschweigend hingenommen wird, und bindet eine Gesellschaft zusammen. Ein Tabu kann schlecht sein, aber auch gut. In Kairo, Göteborg oder Berlin ist es ein Tabu, sich auf der Straße nackt auszuziehen. Frauen werden dadurch nicht unterdrückt, Männer auch nicht.[109]

Nacktheit wird über das Schamgefühl reguliert. Welche Stellen des Körpers in bestimmten Situationen unbedeckt sein dürfen, hängt von Zeit und Ort, Kontext und Intention ab. Je nach Kulturkreis kann ein Bauchnabel so erotisch anmuten wie ein Knie oder eine Brust. Auch Kleidungsstücke können als anstößig gelten, so war die Einführung der Hose für Frauen in Europa und Amerika zum Ende des 19. Jahrhunderts ein Tabubruch, und ein ärmelloses Kleid zeigt auch heute im islamisch geprägten

Indonesien zu viel nackte Haut. Eine entblößte weibliche Brust im Internet ist nun wahrlich nichts Besonderes. Wenn es sich allerdings um das Bild einer Schülerin auf Facebook handelt, das womöglich mit sexuell konnotierten Einladungen verbunden ist, kann dies ernste Folgen für die Beendigung der Schulzeit und zukünftige Berufsaussichten haben. Wenn es das Bild einer Ägypterin ist, die damit gegen die ägyptische Verfassung demonstrieren will, wird es für die einen überinterpretierter Aktionismus, für die anderen ein Tabubruch und Befreiungsschlag sein. Der Spiegelartikel über die Aktion von Aliaa Mahdi trägt den Titel *Das satanische Foto*. Die Protestaktion erinnert allerdings eher an *Pussy Riot* oder an *Femen* als an Rushdies Buch: Drei Mitglieder der russischen Punk-Protestgruppe kamen nach einem expressiven Auftritt (immerhin bekleidet) in einer Moskauer Kirche (2012) wegen Hooliganismus für zwei Jahre in Haft. Auch die Mitglieder der Frauenorganisation stehen wegen Erregung öffentlichen Ärgernisses in mehreren Ländern vor Gericht.

MAN SCHÄMT SICH NICHT SEINES KÖRPERS, SONDERN SEINER GEDANKEN DARAN. (Erhard Blanck)

In einer Schmerztablettenwerbung in Deutschland gab es den vielen im Gedächtnis gebliebenen Satz: „Wir wissen nicht, was der freundliche Apotheker empfiehlt …", und so sollte es auch sein, wenn die Kundschaft mit bestimmten Problemen und Fragen zur Beratung in die Apotheke kommt. Schließlich gehen

Inkontinenz, Hämorrhoiden oder Potenzstörungen ja nicht jeden etwas an – oder? Der Präsident der Apothekerkammer Niedersachsen erklärt die Vorschrift, nach der jede öffentliche Apotheke laut Apothekenbetriebsordnung von 1987 eine Beratungsecke anbieten muss, so:

> *Diese Bestimmung ist die unmittelbare Folgerung aus § 20 der Apothekenbetriebsordnung, wonach Apothekerinnen und Apotheker zur Information und Beratung der Patienten zu Arzneimitteln verpflichtet sind. Dass diese nicht coram publico stattfinden kann, dürfte jedermann klar sein, sind doch bisweilen mehr oder weniger intime Dinge zu besprechen, welche die übrigen Kunden in der Offizin nichts angehen oder, die öffentlich zu machen, dem Betroffenen peinlich sind. So ist auch immer wieder beanstandet worden, dass die Situation in den Apotheken dem Anspruch, der an eine vertrauliche Beratung gestellt werden muss, nicht gerecht wird.*[110]

Die Übergangsfrist zur Bereitstellung einer diesen Anforderungen entsprechenden Beratungsecke lief bis Januar 1999. Das australische Gesundheitsministerium hat eine ähnliche Klausel in seinen Apothekenregeln:

> *Sie haben das Recht auf Privatsphäre und Geheimhaltung Ihrer persönlichen Informationen. Außer wenn Sie anders einwilligen, wird ihre persönliche Privatsphäre gewahrt, und ihre persönlichen Gesundheits- und andere Informationen werden angemessen behandelt. Ein privater Bereich wird verfügbar sein, um ihre Bedürfnisse zu besprechen.*[111]

Der Kauf bestimmter Produkte ist vielen Menschen eher peinlich, weil sie sich auf Dinge beziehen, über die man eben nicht offen spricht. So konnte Mann vor 50 Jahren in England von seinem Frisör gefragt werden, ob man noch eine Kleinigkeit für das Wochenende wünsche („A little something for the weekend, Sir?"), und bekam dann Kondome. Die Werbung ist generell unverblümter und nutzt den Effekt des Peinlichen oder Verbotenen. Allerdings ästhetisiert sie, wo es vermeintlich nicht anders geht. So beweisen „wissenschaftliche Tests" mit Babywindeln anhand von klarem Wasser, wie trocken ein Babypopo bleibt, und eine blaue Flüssigkeit beweist die Saugfähigkeit der hochentwickelten Damenbinde.

Eine australische Werbung (2012) beginnt mit einer typischen Supermarktszene: Ein Kassierer versucht mehrmals vergeblich, ein Produkt zu scannen. Schließlich greift die Kundin beherzt zum Mikrofon hinter der Kasse und sagt durch: „Kann jemand den Preis für *Tena leichte Blasenschwäche* checken?" Daraufhin steht alles still, die Kunden stehen bewegungslos und blicken ungläubig in die Kamera. Die Kundin greift erneut zum Mikro und ergänzt: „Es ist nur eine leichte Schwäche der Beckenbodenmuskulatur, nichts Besonderes. Eine von drei Frauen hat es, also vielleicht eine von Ihnen dort." Die Angesprochenen blicken peinlich berührt. „Für mich ist das okay", sagt die Kundin lässig. Der Kassierer fragt: „Haben Sie eine Kundenkarte?" Diese Fernsehwerbung erinnert an eine deutsche Werbung für Kondome aus den 1990er Jahren, in der Hella von Sinnen an der Kasse sitzt und durch den Laden schreit: „Tina, wat kosten die Kondome?" Der junge Mann (gespielt von Ingolf Lück), der die Kondome verschämt unter sein Baguette auf dem Band geschoben hat, schluckt. Wie in der *Tena*-Werbung steht die Welt im Supermarkt einen Moment lang still. Schließlich hilft eine hübsche junge Frau mit dem Preis aus und eine ältere Dame weiß, dass die Kondome im Sonderangebot sind und nur 2,99 kosten. Alles atmet auf, und somit wird das Produkt salonfähig.

Eine andere australische Werbung, für *Carefree Acti-fresh*-Slipeinlagen, löste 2012 eine kleine Sensation aus. Eine nackte junge Frau, deren Körper allerdings, während sie spricht, von Blumen im Vordergrund verdeckt wird, erklärt, wie man mit der Minibinde zwischen den Tagen frisch bleibe und dass Ausfluss die Vagina gesund halte. Und da ist es, das Tabuwort: Zum ersten Mal wird das Wort „Vagina" in einer Werbung benutzt, und schon wenige Stunden später zählt die australische Aufsichtsbehörde 30 Beschwerden, die meisten wegen des Wortes „Vagina". Die Verantwortlichen sehen dies als Beweis für die Verbindung des anatomischen Begriffs mit Scham und Geheimniskrämerei, die Werbung verstecke sich eben nicht hinter Slang und Euphemismen.[112]

Körperausscheidungen haben meist die wichtige Funktion, den Körper gesund zu halten oder Schadstoffe aus ihm herauszubekommen. Wer kennt nicht die unangenehme Situation, dass die Nase zu laufen beginnt und man weder ein Taschentuch noch sonst etwas bei sich hat, das man als solches verwenden könnte? Hinzu kommt, dass man überlegen muss, ob Naseputzen überhaupt infrage kommt. In Dänemark geht das zum Beispiel gar nicht. Wenn man gerade in Vietnam ohne Taschentuch unterwegs ist, hat man Glück, die Nase hochzuziehen ist vollkommen okay, das Putzen in der Öffentlichkeit eher nicht. Niesen ist so eine Sache, in Südkorea eine Unsitte. Und Spucken geht allenfalls auf dem Sportplatz oder in Ländern wie China oder Indien, wo es viel gemacht wird. Körpergeräusche wie Rülpsen oder Furzen sind im Zweifelsfall eher zu unterdrücken, Gähnen wird vor allem in Indonesien nicht gern gesehen. Auch Popeln und Ohrenauslöffeln sieht man höchstens in Autos, da die Fahrer oft vergessen, das man durch Fenster nicht nur hinaus-, sondern auch hineinschauen kann. Obschon Pflanzen, Bauzäune, Brücken, Meeresfelsen und Telefonzellen vor allem auf männliche Stehpinkler einladend wirken, ist Urinieren in der Öffentlichkeit in einigen Gegenden gar gegen das Gesetz. Was darf ein Körper eigentlich? Eigentlich darf er alles, nur nicht in der Öffentlichkeit. Am Ende werden Körper unter variierenden ästhetischen Gesichtspunkten beurteilt, die kulturell unterschiedlich sind. In vielen Ländern soll man den Körper nicht hören und nicht riechen, nur bestimmte Teile von ihm sehen, ihn sehr eingeschränkt berühren und noch eingeschränkter schmecken – die fünf Sinne sind gegen ihn.

Das ist manchmal ganz angenehm, doch auf der anderen Seite können Menschen durch ihre Körper sehr eingeschränkt werden und den Blick für das Wesentliche verlieren.

Aus europäischer Sicht gehört das Unterdrücken von Körpergeräuschen sicherlich zu den Tabus, die uns das Leben angenehmer machen. Die Zeiten, in denen Rülpsen und Furzen bei Tisch ein Kompliment für den Gastgeber waren, sind in vielen Ländern vorbei. Toiletten und wie man sie korrekt benutzt, sind dagegen überall ein klassisches Tabuthema. Es gibt ganze Bücher darüber, wie eine Toilette in der englischen Sprache umschrieben wird, und auch im Deutschen fallen uns gleich euphemistische Sätze wie „Ich muss mal für kleine Mädchen" oder „Wo ist das Bad/der Waschraum?" ein. Wenn das stille Örtchen dann gefunden ist, füllen manche Menschen die Kloschüssel zunächst einmal mit Toilettenpapier, damit das Uriniergeräusch gedämpft wird. Andere gehen, wenn sie die Wahl haben, auf die Behindertentoilette, weil sie sich dort ungestörter fühlen. Das sind allerdings Erste-Welt-Probleme, denn ein Drittel der Menschheit hat gar keinen Zugang zu Toiletten. Öffentliches Urinieren und Darmentleeren mag in westlichen Ländern ein Tabu sein, doch in vielen Ländern ist es vor allem ein hygienisches, gesundheitsgefährdendes Problem. Auf anderen Kontinenten sterben Kinder an Durchfallerkrankungen, Frauen sind sexueller Gewalt ausgesetzt und dürfen Blase und Darm oft nur im Schutz der Nacht entleeren und Mädchen gehen ab der Pubertät nicht mehr zur Schule. Auch ökonomisch gesehen kosten nicht vorhandene sanitäre Anlagen in Entwicklungsländern etwa 1,5 % des Bruttosozialprodukts, jeder investierte Dollar könnte das Fünffache einbringen, indem die Menschen gesund und produktiv bleiben.[113] Die UN hat daher den 19. November zum Welt-Toilettentag ernannt. Durch die offene Diskussion um die Priorität der Sanitärhygiene in allen Teilen der Welt soll das Toilettentabu endlich gebrochen werden.

Derweil streiten sich die Menschen in den entwickelten Ländern um korrekte Bezeichnungen, zum Beispiel für „Behindertentoilette", auf Englisch „disabled toilet" oder „toilet for the disabled". Im politisch korrekten amerikanischen Englisch lautet die Übersetzung „accessible toilet", was so viel heißt wie „zugängliche Toilette". In China gibt es die fast lustige Übersetzung „crippled toilet", und in englischsprachigen Ländern findet man auch „handicapped toilet" oder, politisch korrekt, „wheelchair accessible toilet".

Ein australischer Angestellter, der in einer Ausstellung Tickets verkaufte, wurde gefragt, ob es im Gebäude „accessible toilets" gebe. Da ihm der Begriff nicht bekannt war, sagte er nur: „Ja, klar, die sind sehr gut erreichbar, gleich dort um die Ecke." Die amerikanische Besucherin wurde sichtlich ungeduldig und sagte: „Ja, aber sind sie auch *accessible*?" Der Mitarbeiter wiederholte: „Ja sicher, einfach die Tür öffnen und reingehen." Schließlich zeigte die Amerikanerin mit Tränen in den Augen auf ihren Mann, der im Rollstuhl hinter ihr stand.

Der britische Arzt und Psychologe Havelock Ellis hat gesagt, dass das Leben lebbar sei, weil wir wüssten, dass, „wohin wir auch gehen, die meisten Leute, die wir treffen, in ihrem Benehmen durch ein fast instinktives Netzwerk von Tabus im Zaum gehalten werden". Das bezieht sich sicherlich auch auf den rücksichtsvollen Umgang miteinander. Man kann zum Beispiel bei einer Einladung zum Abendessen in der Regel davon ausgehen, dass man nicht nach seinem Alter, seinem Gehalt oder seiner Religion gefragt wird. Wenigstens wäre dies in Deutschland so, ebenso in Frankreich oder in Großbritannien. In Thailand dagegen ist die Frage nach dem Alter kein Tabubruch, denn wenn man das Alter kennt, weiß man, wie viel Ehrerbietung angesagt ist. Man wird an einem solchen Abend in der Regel auch nicht nach seinem Gewicht, seiner Sexualität oder seinem Haarausfall gefragt. Das wären sehr anstrengende Gespräche. Sascha Baron Cohen treibt diese Idee in seinem Film *Borat* auf die Spitze. Die Hauptfigur aus Kasachstan, die sich nicht mit den Gepflogenheiten in den

USA auskennt, stellt auf ihrer Reise direkte Fragen und erklärt Dinge, über die man in den dargestellten Situationen sicherlich nicht sprechen würde. Das Kinopublikum kann über diese grotesken Situationen lachen, es erkennt auch sich selbst in diesem Klamauk. Die Zuschauer verstehen schnell, welche Tabus Borat verletzt, und das augenscheinlich nur, weil er die Kultur nicht kennt. Borat scheint das Wort „Privatsphäre" nie gehört zu haben und zeichnet sich durch die komplette Unkenntnis des von Ellis beschriebenen instinktiven Tabunetzwerkes aus. Es darf gelacht werden, doch gleichzeitig ergibt sich eine unangenehme Atmosphäre, etwas Ungemütliches.

Das Gebot des nicht Bloßstellens, des geflissentlichen Übersehens von Zeichen, die entweder auf Dinge hindeuten, über die man nicht sprechen will oder kann, oder auf solche, die dem Betroffenen bei Erwähnung peinlich wären, gehört zum internalisierten Tabunetzwerk. Wenn Tabus etwas sind, das unser Verhalten anderen gegenüber instinktiv begrenzt und dadurch unsere Mitmenschen schützt, dann sollten wir wohl an ihnen festhalten. Wie entscheiden wir aber, an welchen wir festhalten sollten und welche wir brechen und entsorgen müssen? Und was tun wir, wenn unser Tabunetzwerk in einer anderen Gesellschaft total auf den Kopf gestellt wird?

Tabus sind durchaus nicht nur Dinge, über die nicht gesprochen wird. Wer reist und die fremde Sprache nicht spricht, kann mit der anders interpretierten Geste genauso im Fettnapf landen. Daher lieben Reisende Bücher, die erklären, dass ein mit Daumen und Zeigefinger gebildeter Kreis zwar in vielen Ländern (USA, Europa) „okay, gut" bedeutet, in anderen aber auf ein anatomisches Detail hinweisen kann, das man gerade nicht zeigen wollte.

Richard Nixon soll sich damit in den 60er Jahren des letzten Jahrhunderts in Brasilien blamiert haben. Nicht besser ging es George W. Bush sen., der 1992 bei einem Australienbesuch Mittel- und Zeigefinger in die Luft streckte, wie Winston Churchill es nach dem zweiten Weltkrieg als Siegeszeichen getan hatte und wie man es in den USA für „Peace", „Frieden", verwendet – allerdings hielt er die Hand mit der Innenseite zu sich selbst und sagte den Australiern damit „Fuck You". Geschäftsreisende nehmen daher oft einen Crashkurs in Benimmregeln und Körpersprache, denn solche Situationen vermeidet man lieber. Sie schaden letztendlich nicht nur dem Ego, sondern auch dem Geschäft.

Man kann sich nicht auf alle eventuellen Tabubrüche vorbereiten, daher gilt es die richtige Einstellung zu haben, wenn man in einer anderen Kultur arbeitet. In den USA ist es zum Beispiel tabu, einen Mitarbeiter auf Übergewicht anzusprechen. Bei einer Bewerbung etwa darf ein Kandidat nicht aufgrund seines Aussehens oder seines Gewichts diskriminiert werden. In Japan dagegen kann ein Vorgesetzter durchaus seine Mitarbeiter auffordern, abzunehmen. Wenn der japanische Chef von diesem Tabu in den USA weiß, wird er seinen amerikanischen Untergebenen nicht ansprechen. Tut er es doch, kann der Amerikaner dies als Tabubruch wahrnehmen und gekränkt sein, oder er kann erkennen, dass die Aufforderung nicht als Kränkung gemeint und in Japan durchaus üblich ist. Wie steht es aber, wenn die Frage nach dem Körpergewicht über einen gutgemeinten Rat hinausgeht und der Betroffenen über die Kränkung hinaus berufliche Nachteile entstehen? Der Spiegel berichtet von einer Bewerberin für eine Arbeitsstelle, die sich mit Foto beworben und bereits mehrere Bewerbungshürden erfolgreich gemeistert hatte, bis sie schließlich per E-Mail auf ihr Gewicht angesprochen wurde. Im Vorstellungsgespräch erschien die Kandidatin wohl als zu dick, so wurde sie in der E-Mail gefragt, was denn dazu geführt habe, dass sie „kein Normalgewicht" habe. Man mag sich fragen, ob eine E-Mail in diesem Fall überhaupt ein guter Weg ist, um so persönliche Fragen zu stellen. Im Spiegel-Artikel geht es aber um die Bedeutung des Vorfalls im Arbeitsrecht: Darf ein Arbeitgeber einen Bewerber ablehnen, weil dieser ihm zu dick erscheint, oder stellt dies eine verbotene Diskriminierung und eine Verletzung des Persönlichkeitsrechts dar? Es lohnt sich auch, darüber nachzudenken, was eigentlich Normalgewicht ist und wer festlegt, wann ein Körper zu dick, zu dünn, zu groß oder zu klein ist, denn die Antwort darauf ist in verschiedenen Teilen der Erde durchaus unterschiedlich.

Schon das Aussehen eines Körpers kann tabu sein, etwas, wo man wegschaut oder auch auf das man zeigt. So haben Menschen mit Psoriasis, einer nicht ansteckenden Hautkrankheit, bei der die Haut gerötet und schuppig wird, oft keine Lust mehr auf Pool oder Strand. Ein „entstellendes" Feuermal im Gesicht, ein fehlender Finger oder einer zu viel, ein Kind mit Down-Syndrom an der Hand, alles, was anders aussieht, wird sicherlich sofort registriert, wenn auch nicht öffentlich hinterfragt. Ostentatives Wegschauen und Getuschel hinter vorgehaltener Hand kann allerdings ebenso nerven oder gar beleidigen wie ein allzu aufdringlicher Blick.

Wie geht man mit Berührungsängsten um? Es wäre in vielen Situationen wünschenswert, sich vom Tabu und vom Gesagten distanzieren zu können, und das Mittel dazu ist Humor. Über etwas, aber vor allem mit jemandem lachen zu können, bedeutet Distanz aufzunehmen, Angst und Gefahr wegzuspielen. Martin Fromme, Autor des Buches *Besser Arm ab als arm dran*, darf politisch unkorrekt über Behinderungen Witze machen, aber nur, weil er selbst eine Behinderung hat. Wenn der Körper nicht perfekt ist, entstehen leicht Unsicherheiten, und zwar bei den Nicht-Betroffenen. Wann bietet man Leuten, die im Rollstuhl sitzen oder blind sind, Hilfe an, und wann wird es eine Bevormundung? Viele Menschen wissen nicht recht, wie sie sich verhalten sollen. Bücher wie das von Fromme können erreichen, dass Menschen hinschauen und offener werden und fragen, anstatt wegzuschauen. Er vergleicht seinen Ansatz mit den Türkenwitzen, die vor zehn Jahren in Deutschland salonfähig wurden, als türkische Komödianten sich in schönstem Türkendeutsch über ihr eigenes Stereotyp ausließen. Die Entstehung der Ethno Comedy fand auch in anderen Ländern statt. So kann Nazeem Hussain in seiner australischen Comedyshow *Legally Brown* Witze über islamische Stereotypen, australische Bogans (Prolls) und Rassisten machen. Wer (mit)lachen kann und seine eigenen und die Vorurteile der anderen unverkrampfter sieht, hat den ersten Schritt zur Veränderung geschafft.

Bei kleineren Alltagsmissgeschicken wäre es manchmal gut, wenn Leute auf Dinge aufmerksam gemacht würden. Man denke an den offenen Reißverschluss einer Hose, den man erst nach stundenlangen Geschäftsessen und Stehempfängen bemerkt, oder an den Rock, der hinten in der Strumpfhose steckt. Kann man aber andere auf Mund- oder Körpergeruch aufmerksam machen?

PEINLICHE KÖRPER

Das Thema kann in einem geteilten Büro durchaus zum Problem werden. Subtile Geschenke wie Deo oder Parfum sind nicht immer erfolgreich (manchmal auch keine gute Idee), und ein persönliches Gespräch scheint oft schwierig. Mit ein bisschen Empathie kann man so ein Problem eigentlich leicht lösen und damit allen Beteiligten nützen. Wenn zum Beispiel ein Vorgesetzter oder eine Vorgesetzte ein privates Gespräch mit der Person führt, sobald das Problem bekannt ist, dann kann er oder sie damit Anspielungen oder gar Bullying durch Kolleginnen und Kollegen vorbeugen. Ein freundlich eingeführtes, direktes Gespräch, in dem es um die Produktivität des Teams geht und das Rücksicht auf verschiedene (Ess-)Gewohnheiten in verschiedenen Ländern nimmt, wird oft dankbar angenommen. Der Geruchssinn ist in der westlichen Welt sicherlich der am wenigsten beachtete, aber sicher nicht der unwichtigste. Am Ende riechen Menschen nach dem, was sie essen. Riechen Fleischesser für Vegetarier eklig? Riechen Asiaten besser als Europäer? Sind nach Schweiß riechende Männer wirklich sexy? In westlichen Ländern soll ein Körper möglichst neutral riechen, abgesehen von Deos oder Parfums, die ihm einen angenehmen, anziehenden Duft verleihen sollen. In anderen Ländern, und insbesondere bei sogenannten Naturvölkern, ist der körpereigene Geruch ein wichtiges Kommunikationsmittel und gilt nicht als negativ. So pressen die Maori beim Hongi (Riechen, Schnüffeln) sanft ihre Nasen aneinander, während sie sich zur Begrüßung die Hand geben, um den Atem des anderen zu spüren und seinen Duft aufzunehmen.

NACHWORT

Die fünf afrikanischen Tiere, die am schwierigsten zu Fuß zu jagen sind, sind der Löwe, der afrikanische Elefant, der Büffel, der afrikanische Leopard und das Spitzmaulnashorn. Sie werden nicht wegen ihrer Größe die Großen Fünf genannt, sondern weil die Jagd auf sie so schwierig und gefährlich ist. Trotz oder vielleicht wegen der Gefahr sind sie die liebsten Objekte der Safari-Touristen und Jäger.

„Tabusafaris" funktionieren eigentlich ähnlich, denn eine gewisse Mischung aus Gefahr und Anziehungskraft haben die Großen fünf unter ihnen auch. Wenn man sich die Tabugespräche in diesem Buch anschaut, sind diese Großen Fünf unter den Tabus Sexualität/Homosexualität, Themen um den Tod, (psychische) Krankheiten, soziale Ungleichheiten und Religion, und zwar in allen möglichen Kombinationen und Details.

NACHWORT

Eine Jagd durch Tabuwelten hat keinen Anfang und kein Ende, manche Tabus sind gut und erleichtern das Leben, andere sind schlecht und schaden einer Gesellschaft. Ohne Tabus wäre das Leben schwer, aber so richtig einfach ist es mit ihnen auch nicht. Wie die Begegnungen mit Menschen aus verschiedenen Ländern gezeigt haben, sind die meisten Tabus in irgendeiner Form überall zu Hause, aber der Grad, zu dem ein Thema tabu ist, kann sehr variieren. Es ist zwar ein Unterschied, ob Homosexualität generell verboten und gegen das Gesetz ist, ob sie toleriert wird oder ob gleichgeschlechtliche Ehen erlaubt sind, doch in den meisten Gesellschaften ist Homosexualität in bestimmten Zusammenhängen tabu. Anders sieht es mit dem Thema Tod aus, denn es ist nicht generell ein Tabuthema. Es sind eher bestimmte Facetten, die mit dem Tod zu tun haben, die in verschiedenen Teilen der Erde tabu sind. Auf den pazifischen Inseln ist Tod kein Thema, das man nicht ansprechen könnte, und das Tabu um die Gräber der Chiefs ist eher eine Sache der Ehrerbietung als eine Angst vor der Begegnung mit dem Tod. In China dagegen ist alles, was mit dem Thema zu tun hat, tabu, und in westlichen Ländern ist es wieder ein anderer Aspekt, der Probleme bereitet: Hier ist es ist eher die Ratlosigkeit, wie man mit Hinterbliebenen umgehen soll. Bei diesem speziellen Thema geht es also nicht oder nicht nur um den Grad der Tabuisierung, sondern auch um mit ihm zusammenhängende Aspekte, die an einem Ort problematisch sind, an einem anderen aber nicht.

Hinzu kommen unzählige kulturell geprägte Verhaltensregeln, Aberglauben und Befindlichkeiten, die man nicht alle kennen kann oder kennen muss. Die in diesem Buch aufgeführten

Beispiele aus aller Welt zeigen, dass Achtsamkeit für ein positives Miteinander in einer zunehmend multikulturellen Welt unabdingbar ist. Das Bewusstsein, dass es zu einem Problem immer verschiedene Ansichten und Lösungen gibt, die vielleicht gleichermaßen gut funktionieren, kann das Verhalten jedes Einzelnen konstruktiv verändern. Offene Augen und die Fähigkeit, sich in den jeweils anderen hineinzuversetzen, verhindern so manchen direkten Tritt ins Fettnäpfchen. Offene Herzen und ein großes Stück Humor helfen, wenn man selbst oder ein anderer doch einmal im Fettnapf landet.

NACHWORT VON CARMEN THOMAS

CARMEN THOMAS
ZUR VORGESCHICHTE DIESES BUCHES
oder: Wie aus einem Tabubruch unerwartet die Idee zum Buch entstand

Beratung mit einem Top-Manager. Thema: solide Optimierungschancen im Gesundheitswesen schaffen. Eine Facette dazu: „sich-selbst-moderierende Gruppen" mit Profi-Formen als stabilisierende Vernetzungsmethoden einsetzen. Als ein mögliches Beispiel fallen mir Selbsthilfegruppen zum Thema *Ein ganz besonderer Saft – Urin* ein. Sie benutzen zwar noch keine optimierenden Profi-Formen, doch zeichnen sie sich durch ihren für Mitglieder stärkenden Charakter und einen langen Atem aus. Mein Gegenüber erstarrt. Fast hektisch wechselt er zu anderen Aspekten.

Es war mit den Händen zu greifen. Manometer, wie groß die Berührungsängste mit diesem Thema bei ihm waren. War das anno domini 2012 nicht überraschend? Zum einen hat er doch – wie der Rest der Menschheit – täglich mehrfach Kontakt mit dieser „klugen", ebenso sterilen wie lebensnotwendigen Flüssigkeit. Zum anderen lebte ich bislang in der Illusion, das Tabu „Urin" sei inzwischen zwar nicht ganz weg, jedoch allenthalben – nicht nur in Deutschland – erheblich versickert.

Ja doch, als 1988 die erste Sendung „Hallo Ü-Wagen" zum Thema *Ein ganz besonderer Saft – Urin* im WDR lief, da war das noch richtig heikel. Schon das Wort „Urin" auszusprechen, galt als Tabubruch. Aber inzwischen – nach dem Millionenerfolg des ersten der vier Bände und nach mittlerweile zahlreichen deutschsprachigen Publikationen, die hinzugekommen sind – war doch alles so viel lockerer geworden. Zeigten das nicht auch die zig1000ende Briefe und später Mails aus allen Kontinenten? Und dann erst die zahllosen freiwilligen Berichte, die ich seither in über 25 Jahren auf Straßen, in Bahnen, Flugzeugen oder Restaurants anhörte. Bewiesen die nicht, wie sehr sich das Ausmaß zu diesem Schauder-Tabu veränderte?

Mein zuvor offener und interessierter Gesprächspartner verabschiedete sich danach zügig. Gesundheitswesen und Urin? – Na ja, das ist vielleicht immer noch ein brisantes Tabu.

Dieses Gespräch hinterließ bei mir ein so starkes Gespür ein Tabu berührt zu haben, dass ich sofort auf dem Rückweg meinen Verleger anrief: Zeigte die gerade erlebte Reaktion nicht wie ein Seismograf, dass sich die Eisdecke des Tabus doch wieder massiver über das Thema gelegt hatte? Konnte es sein, dass die

NACHWORT VON CARMEN THOMAS

Neuerscheinung vielleicht nicht zum „besten Zeitpunkt – dem Kairos", der schon im antiken Griechenland erforscht wurde, geplant war? Hatte der anerzogene Ekel gesiegt – ungeachtet der Beweise und der spektakulären, neuen Erfahrungen mit diesem besonderen Tabu?

„Wäre es vielleicht ‚bekömmlicher', das Thema ‚Urin' in das bürgerlich akzeptablere Thema ‚Tabu' einzubetten?", fragte ich Joachim Kamphausen. Es entstand sofort Einigkeit, dass das Thema „Tabu" auch netto insgesamt lohnend sei. „Na, als langjährig berüchtigte Tabubrecherin weiß man das ja gut", frotzelte er und lachte.

Stimmt: 20 Jahre Arbeit mit „Hallo Ü-Wagen", der ersten Mitmachsendung im Rundfunk, zeigten, dass durch das Prinzip Publikumsvorschläge aufzugreifen, „die Sendung mit den Tabu-Themen" – geradezu als Marke – entstanden war. Wichtig dabei: Sämtliche Themen von 1974 bis 1994 waren per Brief vom Publikum selbst initiiert. Und „der Einlader/ die Einladerin" begründete die gegebenen Anregungen stets selbst zu Beginn der Sendung.

Diese* und 970 weitere Themen lieferten bei „Hallo Ü-Wagen" – an Orten, die das Thema repräsentierten oder symbolisierten –

---

* Beispiele für Themen-Anregungen waren nicht nur Tabus. Alles, was Menschen – oftmals durch Scham verursacht – auf den Nägeln brannte (und brennt?) und auf keiner Pressekonferenz vorkam, wurde vorgeschlagen: *Warum darf man nicht »Scheiße« sagen* (ging 1982 noch gar nicht), *In der Regel schweigt man drüber – Menstruation, Wieso und wozu: Tabus in den Medien, Schamvoll verschwiegen – Kindesmissbrauch, Die Lust am Festhalten – Geiz, Wenn man nicht zu Potte kommt – Abführmittel, Einsargen oder Aufbahren – Wie trennen wir uns von den Toten, Das Fachgeschäft für Lust und Triebe – Sexshop, Ausgegraben – Kriegserinnerungen, Liebe, die Mann fordern darf – „eheliche Pflichten"* …

oftmals Stoff zu heißen Kontroversen. Denn zu der Zeit galt tatsächlich, Tabus nur zu berühren, geschweige denn zu brechen, noch als schweres Sakrileg (heutzutage unvorstellbar beim Angebot der Medien, die – wegen des Quotenwettbewerbs und aus Fantasielosigkeit – prinzipiell ohne Wirkungsverantwortung auf Tabubrüche aus sind). In den 70ern reichten bereits Sendungen über die Aufklärung von Kindern als Tabubruch aus, „so etwas" rief gleich den Rundfunkrat auf den Plan.

Mitten in den Überlegungen, ob nun „Urin" oder „Tabu", oder „Urin in Tabu" eingebettet werden solle, trat ein Glücksfall ein: Der Verleger, der auch für das Thema „Tabu" sofort Feuer und Flamme war, traf Sabine Krajewski, eine der führenden Forscherinnen auf diesem Gebiet. Tabus beschäftigen alle Menschen ihr Leben lang – auf die eine oder andere Weise. Niemand kommt an ihnen vorbei oder kann ohne sie leben. Doch woher kommen Tabus? Wie funktionieren sie? Und welche sind typisch für welchen Kulturkreis?

Die Kommunikationswissenschaftlerin beleuchtet in diesem Buch Do's und Dont's des gesellschaftlichen Zusammenlebens, wissenschaftlich fundiert, auf Basis zahlreicher Interviews – auch im internationalen Kontext. „Daraus ergeben sich Rückschlüsse und Lehren für das Miteinander und für die tägliche Kommunikation in unserer globalisierten und zusammenrückenden Welt."

Sich Tabus genauer anzuschauen, hat etwas mit Wertschätzung für andere Länder, für andere Sitten, für andere Kulturen und schließlich auch damit zu tun, Mitverantwortung zu übernehmen,

NACHWORT VON CARMEN THOMAS

wenn Tabus Menschen in ihrer Freiheit einschränken, oder sie sogar in Gefahr bringen. Denn das kann geschehen, wenn Tabus eine Gesellschaft oder ihre Individuen blockieren oder sogar bedrohen. In Europa dürfen erst seit dem 27.11.1990 tatsächlich alle Frauen wählen gehen. Heutzutage können hierzulande im Prinzip alle Menschen selbst gewählt studieren. Alle können eigenständig arbeiten. Die Gesetze gegen Kinderpornographie sollen verschärft werden. Klimaschutz und artgerechte Tierhaltung werden politisch ebenso diskutiert und hinterfragt wie militärische Einsätze in internationalen Krisengebieten. Das war vor 100, ja vor 50 Jahren alles noch unvorstellbar. Tabus ändern sich und mit ihnen die Welt. Tabus schaffen neue Sichtweisen und schärfen das Hinsehen.

Genau darin können echte Erweiterungschancen liegen: Im Verlag wurde nicht „Entweder-oder" sondern ganz klar „und" gedacht. Das wird beiden Tabuthemen gerecht. Staunenswerterweise haben sich nämlich während der Entscheidung zum vorliegenden Buch noch neue, komplett unbekannte Facetten zum Thema „Urin" ergeben. Sie haben das Potenzial, über kurz oder lang auch das Tabu um den „besonderen Saft" dauerhaft zu verändern. Nicht nur der große Rücklauf an Erfahrungen hat in den 25 Jahren vollständig enttabuisierende Erkenntnisse gebracht, vielmehr wurde in der EU die Scheu überwunden: Für die Forschung zum Thema „The value from urine" („Der Wert des Urins") sind 3 Millionen € eingesetzt. Weltweit wird, trotz Tabu, erfolgreich über Urin als Energieträger für Batterien, Generatoren und Strom für Handys, dem Einsatz in Kunstherzen, als effektiver Phosphorersatz und als CO_2-Bremser geforscht. Zähne und Hirnzellen werden in der

Nanotechnologie bereits aus Urin entwickelt. Die Astronauten auf der ISS nutzen ihren Urin inzwischen als Trinkwasser. Diese und andere weithin noch unbekannte Informationen, lassen das Urin-Tabu in der Neuerscheinung jetzt in einem gänzlich neuen Licht erscheinen.

Als ein Journalist kürzlich nach dem Grund für meine Affinität zu den unterschiedlichsten Tabus fragte, wurde mir selbst erst richtig klar: Wer als Journalistin, Publizistin, Coach und Veranstaltungsspezialistin im öffentlichen Raum so oft Dinge zum ersten Mal getan hat, wird in den Augen anderer unfreiwillig zum wandelnden Tabubruch. Erstmaligkeit erzeugt automatisch Grenzgängertum. Ohne besonderes Zutun gibt's schon fürs „Erste-Mal-Sein" den Stempel „frech", ein bis dahin ja gültiges Tabu überwunden zu haben*.

Sabine Krajewski zeigt in diesem Buch entsprechend, dass jeder Mensch unterschiedliche Tabubrüche kennt. Jede/r ist ihnen in der einen oder anderen Form bereits begegnet. Alle haben eigene Erfahrungen damit gemacht und eigene Rückschlüsse daraus gezogen. Ihre weltweite Forschung zeigt, dass vielerorts auch jetzt noch das Ansprechen von Tabus einem gravierenden Tabubruch

---

* Beispiele: ab 1968 zum ersten Team von manuskriptfrei redenden Moderatorinnen gehören, als erste Frau 1972 den Vorläufer der Tagesthemen präsentieren, als erste Deutsche und erste Frau einen Jahresvertrag für das BBC-Fernsehen bekommen, als erste Frau eine Sportsendung im deutschen Fernsehen moderieren, erstmals zur Hauptsendezeit im Massenprogramm Sendungen über Tabu-Themen gemeinsam mit dem Publikum zu gestalten, 15 Bücher über mehr oder weniger offenkundige Tabu-Themen schreiben.

NACHWORT VON CARMEN THOMAS

gleichkommen kann. Ihr ausgefeilter Fahrplan mit spannenden Lebensgeschichten und überraschenden Beispielen von fehlgeleiteter Kommunikation belegt die weltweite Präsenz des Themas.

Dieses Nachwort ist also die Einladung zu einer anregenden Reise rund um den Globus. Schön wäre, wenn diese dann zu Diskussionen, zu neuen Einsichten und zu innerer und äußerer Einmischung beitragen könnte – auch um gegenseitige Achtung und Respekt zu erweitern. Zugleich gilt ebenso, das Beschützende von Tabus an Toleranzgrenzen frühzeitig erkennen und nutzen zu lernen.

Dazu wünscht Ihnen, liebe Leserin, lieber Leser, Elan und Vergnügen mit vielen Einsichten und viel Erfolg

Carmen Thomas

[die sich über die weise Entscheidung des Verlags freut, dass aus dem „Oder" ein „Und" wurde. Deshalb existieren heute beide Bücher. Zu Recht. Denn es geht für die Leserschaft um zwei für alle Menschen bedeutsame Themen: um Urin und um Tabus, die einander so brisant ergänzen und das Verhältnis zu sich selbst und die Beziehung zu Anderen und Anderem nachhaltig befruchten können.]

ANHANG

FUSSNOTEN

VORWORT UND DANKSAGUNG

[1] Der *strassenfeger* ist eine vor 20 Jahren gegründete Berliner Obdachlosenzeitung, die von Wohnungslosen und Hartz-IV-Empfängern in der U-Bahn, auf öffentlichen Plätzen, vor Kaufhäusern und Supermärkten usw. verkauft wird. Ein Teil des Erlöses geht in die Produktion der Zeitung, ein Teil bleibt bei den Verkäuferinnen und Verkäufern.

ANLEITUNG ZUM LESEN

[2] Wer mehr über die U-Bahn in Pjöngjang wissen möchte, findet Informationen auf der inoffiziellen Website von Simon Bone, http://www.pyongyang-metro.com/ (letzter Abruf: 05.01.2014)

[3] Die Karte befindet sich auf der inoffiziellen Website von Simon Bone (s.o.)

KEALAKEKUA BAY, HAWAII

[4] Denniston, George C., MD: Vasectomy. Trafford Publishing, 2002:
„When I was a child, I read books about the ancient Hawaiians and their taboos. There were many things they could not do or talk about. If they violated these taboos, they would be punished, sometimes killed. I thought, how primitive. Then I grew up and realized sadly that we, too, in America, have our own taboos. Some of these taboos may serve organized religion, but they do not serve the individual." (Übersetzung: Sabine Krajewski)

[5] Innes, Hammond: The Last Voyage. Captain Cook's lost Diary. London: Collins, 1978. S. 246 f:
„We found in it the following bones with some flesh upon them which had the marks of fire. The Thights & Legs joined together but not the feet, both Arms with the Hands seperated from them, the Skull with all the bones that form the face wanting with the Scalp seperated from it, which was also in the bundle with the hair on it cut short, both Hands whole with the Skin of the fore Arms joined to them, the hands had not been in the fire, but were salted, several Gashes being cut in them to take the Salt in. Tho we had no doubt concerning the Identity of any of the parts contained in the bundle, every one must be perfectly satisfied as to that of the hands, for we all knew the right by a large Scar on it seperating for about an inch the Thumb from the forefinger. The Ears adhered to the Scalp, which had a cut in it about an inch long, probably from the first blow he received with the Club, but the Skull was not fractured so that it is likely that the Stroke was not mortal." (Übersetzung: Sabine Krajewski)

[6] Cook, James/King, James: A Voyage to the Pacific Ocean, 1777:
„Taboo has a very comprehensive meaning; but, in general, signifies that a thing is forbidden." (Übersetzung: Sabine Krajewski)

[7] Gilmore, Helen/Schafer, Cyril/Halcrow, Sian: „Tapu and the invention of the ‚death taboo': An analysis of the transformation of a Polynesian cultural concept". In: Journal of Social Archaeology, 2013, 13:331.

[8] Mehr über diese Werbung im Kapitel *Störungsstelle Gehirn*.

[9] La Rochefoucauld, François VI. Duc de: The Moral Maxims and Reflections of the Duke De La Rochefoucauld (with an introduction and notes by George H. Powell, with a Front by N. Monsiau). 2nd edition, London: Methuen & Co. Online-Version: https://archive.org/stream/moralmaximsrefle00larouoft/moralmaximsrefle00larouoft_djvu.txt (letzter Abruf: 05.01.2015)

[10] Link, Matthew: „When Captain Cook met Kalani'ōpu'u" (Essay). In: The Gay & Lesbian Review Worldwide, vol. 11 (3) (1. Mai 2004). http://www.glreview.org/article/article-1379/ (letzter Abruf: 05.01.2015)

[11] Im alten Hawaii war ein Aikane ein Mann niederen Ranges, der mit einem Mann hohen Ranges intime Beziehungen hatte.

[12] Link, Matthew: „When Captain Cook met Kalani'ōpu'u". In: The Gay & Lesbian Review Worldwide, vol. 11 (3) (1. Mai 2004)

REISE NACH ULURU, AUSTRALIEN

[13] Alexis Wright at the Tasmanian Readers' and Writers' Festival, September 1998. http://www.australianhumanitiesreview.org/archive/Issue-September-1998/wright.html (letzter Abruf: 05.01.2015):
„What one is left with at the end of the day from an event such as this is the reinforcement of culture and your place in it. The feeling of what is the right way to conduct yourself. There are taboos about breaking the codes of conduct. This includes the relationships to one's elders, to other people and their land, and what is considered good manners. So, in the context of my culture, I do not break taboos. The taboos I do break are to do with the way this country generally views itself in its relationship with Aboriginal people. I do not like the way we are being treated by successive governments, or the way our histories have been smudged, distorted and hidden, or written for us.

I want our people to have books, their own books, in their own communities, and written by our own people. I want the truth to be told, our truths, so, first and foremost, I hold my pen for the suffering in our communities. Let it not be mistaken: suffering is widespread in our communities. I do not write stories of 'getting on and getting by'."
(Übersetzung: Sabine Krajewski)

[14] Alexis Wright (s. o.):
„Our people die young, too frequently, and many die badly. The majority of Aboriginal deaths are associated with poverty and neglect, while governments abuse us for their lack of decency and responsibility. Our story is about unfulfilled lives, unfulfilled histories — stretching over 200 years."
(Übersetzung: Sabine Krajewski)

[15] Stanner, W.E.H.: After the Dreaming, Sydney: ABC, 1991. S. 44. Online: Gammage, Bill: The Biggest Estate on Earth. http://www.nla.gov.au/content/the-biggest-estate-on-earth (letzter Abruf: 08.01.2015):
„No English words are good enough to give a sense of the links between an Aboriginal group and its homeland. Our word 'home', warm and suggestive though it be, does not match the Aboriginal word that may mean 'camp', 'heart', 'country', 'everlasting home', 'totem place', 'life source', 'spirit centre', and much else all in one. Our word 'land' is too spare and meagre. We can now scarcely use it except with economic overtones unless we happen to be poets. The Aboriginal would speak of 'earth' and use the word in a richly symbolic way to mean his 'shoulder' or his 'side'. I have seen an Aboriginal embrace the earth he walked on. To put our words 'home' and 'land' together into 'homeland' is a little better but not much. A different tradition leaves us tongueless and earless towards this other world of meaning and significance. When we took what we call 'land' we took what to them meant home, the source and locus of life, and everlastingness of spirit."
(Übersetzung: Sabine Krajewski)

[16] Ein *Corroboree* ist ein Stammestreffen, auf das sich die Teilnehmer physisch (traditionelle Bemalung) und psychisch (Gedanken und Kraft sammeln, dreaming) vorbereiten.

[17] *Skin names* sind Namen, die angenommen werden, um Verwandtschaftsbeziehungen sichtbar zu machen. Sie sollen vermeiden, dass Angehörige gleicher Linie heiraten und Kinder bekommen.

[18] Stewart, Cameron: „Naming taboo often ignored in breaking news". In: The Australian, 13.07.2013. http://www.theaustralian.com.au/media/naming-taboo-often-ignored-in-breaking-news/story-e6frg996-1226678684683 (letzter Abruf: 05.01.2015)

ANHANG

[19] Der Grim Reaper ist der Tod. Es gab 1987 eine Werbung, die die Öffentlichkeit in Australien sehr verunsichert hat. Sie sollte vor AIDS warnen und zeigen, dass jeder die Krankheit bekommen kann, deshalb solle man monogam leben und sich immer mit Kondomen schützen.

[20] Siehe auch Cavans Meinung zu Tabuthemen im Kapitel über Indonesien.

[21] Cavan ist seit über 50 Jahren mit einer Philipinerin verheiratet.

[22] Mitte des 19.Jahrhunderts wurden Restriktionen gegen chinesische Immigranten eingeführt, später gegen Arbeiter von den pazifischen Inseln, die den Weißen eventuell Jobs wegnehmen könnten. Politiker warnten offiziell vor der Einwanderung von Asiaten oder Nicht-Weißen nach Australien. Die Abschaffung des Gesetzes gegen die Einwanderung von Nicht-Europäern kam erst in den sechziger Jahren in Gang und wurde schließlich 1975 durchgesetzt.

TONGATAPU UND FIDSCHI

[23] Niedriger stehende Verwandte, vor allem Brüder und ihre Kinder.

[24] Der *Special Broadcasting Service* (SBS) ist neben der *Australian Broadcasting Corporation* und *National Indigenous Television* eine der drei öffentlich-rechtlichen Rundfunkanstalten in Australien.

[25] Kurz für *Non-governmental Organization*. Im Deutschen wird meistens von einer *Nichtregierungsorganisation* gesprochen, manchmal auch von einer *nicht-staatlichen Organisation*.

JAVA, INDONESIEN

[26] Siehe auch Cavans Ansichten zu Tabu im Australienkapitel.

[27] In den 1980er Jahren hatten sich Bluterkranke durch infizierte Blutkonserven mit HIV angesteckt. Die Pharmaindustrie, allen voran Bayer, Baxter und Behring zahlen nun Millionen-Entschädigungen an Betroffene. http://www.cbgnetwork.org/3681.html (letzter Abruf: 06.01.2015)

[28] *Die Banalität des Tötens*, 2012, Regie: Joshua Oppenheimer. Der Film handelt vom Massenmord an Mitgliedern der kommunistischen Partei in den 1960er Jahren in Indonesien.

VERBOTENE STADT, CHINA

[29] „In China büffeln Wohlhabende westliche Etikette". In: Die Welt, 27. September 2013. http://www.welt.de/vermischtes/weltgeschehen/article120438123/In-China-bueffeln-Wohlhabende-westliche-Etikette.html (letzter Abruf: 06.01.2015).

[30] Das chinesische Totengedenkfest (auch *Tomb Sweeping Day*).

[31] Ein Lunarmonat ist ein Mondmonat. Der Mondkalender bezieht sich auf die Mondphasen, die Einfluss auf die Aktivitäten der Menschen haben. Schwangerschaften werden nach ihm berechnet (10 Mondmonate von jeweils 28 Tagen), und es gibt nach dem Mondkalender gute und weniger gute Tage zum Haareschneiden, Planzengießen uvm.

[32] Pinyin ist die phonetische Umsetzung chinesischer Zeichen in das lateinische Alphabet. Man kann mit Hilfe von Pinyin Chinesisch schreiben, ohne sich mit den Zeichen auszukennen, und es ist eine große Hilfe, um die Aussprache von Mandarin zu lernen.

[33] Chinesische Version von Twitter.

[34] In chinesischen Zügen werden getrocknete Fertignudelsuppen verkauft, dazu wird heißes Wasser gereicht. So riecht bald der ganze Zug nach Suppe.

VRINDAVAN, INDIEN

[35] Vor allem in Südindien gibt es den Brauch, täglich bei Sonnenaufgang vor dem Haus ein geometrisches Muster, ein Kolam, herzustellen, oft mit Reismehl, sodass kleine Tiere sich daran satt essen können. Dadurch sollen die Göttin Lakshmi eingeladen und die bösen Geister vertrieben werden. Das Foto zeigt ein typisches, alltägliches Muster in einem Hauseingang in Tamil Nadu. Es gibt jährliche Kolam-Wettbewerbe, bei denen die detailliertesten und farbenfrohesten Muster prämiert werden.

[36] *Devadasi* heißt so viel wie „weibliche Diener Gottes". Mädchen werden, vor allem im Süden Indiens, vor Eintritt in die Pubertät an einen Tempel oder eine Gottheit „verheiratet". Auf der einen Seite wird Devadasi als Ehre angesehen, auf der anderen als Missbrauch: Die Aufgabe der Mädchen ist es, zweimal am Tag zu tanzen und Mitgliedern der oberen Kasten sexuelle Dienste zu leisten.

ANHANG

[37] Study on Child Abuse: India 2007. Ministry of Women and Child Development, Government of India, 2007. http://wcd.nic.in/childabuse.pdf (letzter Abruf: 06.01.2015):
„Harmful traditional practices like child marriage, caste system, discrimination against the girl child, child labour and Devadasi tradition impact negatively on children and increase their vulnerability to abuse and neglect. Lack of adequate nutrition, poor access to medical and educational facilities, migration from rural to urban areas leading to rise in urban poverty, children on the streets and child beggars, all result in break down of families. These increase the vulnerabilities of children and exposes them to situations of abuse and exploitation." (Übersetzung: Sabine Krajewski)

RIYADH, SAUDI-ARABIEN

[38] http://www.brainyquote.com/quotes/authors/a/abdullah_of_saudi_arabia.html (letzter Abruf: 13.01.2014):
„As to women, the Islamic faith has given women rights that are equal to or more than the rights given them in the Old Testament and the Bible." (Übersetzung Sabine Krajewski)

[39] Die Fünf Säulen des Islam bilden die wichtigsten Grundregeln, an die sich alle Gläubige halten sollen: 1. Es gibt nur einen Gott und Mohammed ist sein Prophet. 2. Fünfmal am Tag beten. 3. Spenden für die Armen. 4. Ramadan beachten und fasten. 5. Wenn möglich, einmal im Leben nach Mekka fahren.

[40] „Saudisches Gutachten: ,Wenn Frauen Auto fahren, gibt es mehr Homosexualität'". Spiegel Online, 3. Dezember 2012. http://www.spiegel.de/panorama/justiz/saudisches-gutachten-wenn-frauen-auto-fahren-gibt-es-mehr-homosexualitaet-a-801461.html (letzter Abruf: 06.01.2015)

[41] Kurz für Kentucky Fried Chicken, ein amerikanisches Franchise-Unternehmen, das Fast-Food anbietet.

[42] Kurz für den 9. September 2001, den Tag, an dem in den USA mithilfe von drei entführten Flugzeugen Terroranschläge auf das World Trade Center in New York City und das Pentagon in Arlington (Virginia) verübt wurden. Ein viertes Flugzeug, das vermutlich Regierungsgebäude in Washington D.C. treffen sollte, stürzte nach Kämpfen an Bord ab.

[43] Günter Grass ist durch sein literarisches Werk und seine politischen Aktivitäten zu einer Art moralischer Instanz in Deutschland geworden, insbesondere in Bezug auf die Nazizeit. Als der Nobelpreisträger 2012 sein Gedicht „Was gesagt werden muss" mit kritischen Bemerkungen über Israel veröffentlichte, erteilte ihm das Land Einreiseverbot. In Deutschland brach daraufhin eine Debatte los, angeführt von Schriftstellern und Politikern, ob Grass' Äusserungen nun antisemitisch seien oder nicht. In diesem Zusammenhang wurde auch diskutiert, ob es für Deutsche generell tabu sei, israelische Politik zu kritisieren.

[44] „$ 2.1m in ‚blood money' saves maid from Saudi death". In: Sydney Morning Herald, 4. April 2014. http://www.smh.com.au/world/21m-in-blood-money-saves-maid-from-saudi-death-20140404-zqqlg.html (letzter Abruf: 06.01.2015)

[45] „Malaysians to hang for starving Indonesian maid". In: Gulf News, 7. März 2014. http://gulfnews.com/news/world/other-world/malaysians-to-hang-for-starving-indonesian-maid-1.1300669 (letzter Abruf: 06.01.2015)

[46] Traditionelles islamisches Kleidungsstück in Form eines mantelartigen Übergewands, das vom Hals bis zu den Füßen reicht.

EINE REISE NACH ISTANBUL, TÜRKEI

[47] Kadıolu, Aye: „Wie türkische Tabus Unmündigkeit zementieren". http://freespeechdebate.com/de/diskutieren-sie/wie-turkische-tabus-unmundigkeit-fordern/ (letzter Abruf: 06.01.2015). Aye Kadıolu, Professorin an der Sabancı University, beschreibt in ihrem Beitrag, wie es ist, in der Türkei aufzuwachsen, wo Tabus, von denen viele durch Gesetze festgeschrieben sind, die Bürger „in einem Zustand der Unreife" gefangen halten.

[48] Dem Englischen entstammende Abkürzung für *Lesbian, Gay, Bisexual and Transgender/Transsexual*, also Lesben, Schwule, Bisexuelle, Transgender und Transsexualität.

[49] Çakir, Seher: Tabu. https://jelinektabu.univie.ac.at/tabu/tabu-geschlechtkunst/seher-cakir/ (letzter Abruf: 06.01.2015) (= TABU: Bruch. Überschreitungen von Künstlerinnen. Interkulturelles Wissenschaftsportal der Forschungsplattform Elfriede Jelinek).

ANHANG

⁵⁰ *Die Fremde*, 2010, Regie: Feo Aladag.

⁵¹ Der politische Islam, auch Islamismus oder islamischer Fundamentalismus genannt, sieht das Kopftuch nicht nur als religiösen Ausdruck, sondern als politisches Statement an. Dabei geht es nicht darum, wie die Kopftuchträgerin selbst zum Kopftuch steht, sondern darum, wie es in ihrer Umgebung interpretiert wird. In Deutschland und anderen westlichen Ländern wird es als Symbol für die Ungleichheit von Mann und Frau gesehen.

⁵² Julia Eileen Gillard gehört der Australian Labor Party an und war von 2010 bis 2013 Premierministerin Australiens. Sie war nicht nur die erste unverheiratete Frau im Amt des Premierministers, sondern die erste Frau überhaupt. Zudem ist sie keine gebürtige Australierin: Sie wurde in Wales geboren und kam als Fünfjährige mit ihrer Familie nach Australien.

⁵³ Die Australierin Schapelle Corby wurde 2005 zu 20 Jahren Haft verurteilt, weil sie mit 4,2 kg Cannabis am Flughafen in Bali erwischt wurde. Die Haftzeit wurde später um 5 Jahre reduziert. Nach 9 Jahren wurde sie im Mai 2014 auf Bewährung freigelassen, muss aber bis zum Ablauf ihrer Strafe in 2017 in Indonesien bleiben und bestimmte Auflagen erfüllen. Als Corby freigelassen wurde, gab es ein ungwöhnlich großes Medienspektakel. Interviews mit ihrer Familie gefährdeten Colbys neugewonnene Freiheit, da sie einen Verstoß gegen die Auflage darstellten, ihren Fall nicht zu vermarkten.

⁵⁴ *Fox Broadcasting Company* ist ein kommerzieller amerikanischer Sender, der zu 21st Century Fox gehört. Er ist weltweit vertreten und wurde zu einem der meistgenutzten Sender für Nachrichten und Unterhaltung, was dort oftmals schwer voneinander zu trennen ist.

⁵⁵ Ein Geist, der Krankheit und geistige Verwirrung auslösen kann. Diese Geister werden u. a. für Epilepsie bei Kindern verantwortlich gemacht. Sie sind in der Regel unsichtbar, können aber erscheinen, wann immer und in welcher Form sie wollen. Sie leben in alten Ruinen, auf Bäumen, auf Müllkippen und an verschiedenen anderen Plätzen.

ENDSTATION

[56] Rubens, Bernice: The Waiting Game. Little, Brown Book Group 1998

[57] Klee, Ernst: „Bitte zeitsparend und absatzfördernd sterben – Bücher über Alter und Tod, Euthanasie und Sterbehilfe: Tabu Tod – Die Opposition gegen die Brutalität des organisierten Sterbens wächst". In: Die Zeit, Nr. 40 (24.09.1976). http://www.zeit.de/1976/40/tabu-tod/seite-9 (letzter Abruf: 07.01.2015)

[58] „Chinese social media celebrity, Lu Chao, 24, dies of leukaemia". In: South China Morning Post, 20. September 2013. http://www.scmp.com/news/china-insider/article/1313577/social-media-celebrity-lu-chao-dies-eve-mid-autumn-festival (letzter Abruf: 07.01.2015)

[59] „Doctor who is determined to fight the last taboo by sharing her own death". In: Yorkshire Post, 21. Juni 2013. www.yorkshirepost.co.uk/news/features/doctor-who-is-determined-to-fight-the-last-taboo-by-sharing-her-own-death-1-5787767 (letzter Abruf: 07.01.2015)

[60] Am 5. November 1994 schrieb Ronald Reagan u. a.: „I now begin the journey that will lead me into the sunset of my life." www.pbs.org/wgbh/americanexperience/features/primary-resources/reagan-alzheimers/ (letzter Abruf: 07.01.2015)

[61] Sontag, Susan: „It is not suffering as such that is most deeply feared but suffering that degrades." http://www.brainyquote.com/quotes/quotes/s/susansonta385248.html (letzter Abruf: 07.01.2015)

[62] Schmids, D. Johann Wilhelm: Der Theologie ordentlichen öffentlichen Lehrers zu Jena theologische Moral. Frankfurt [u.a.] 1794. S. 429.

[63] Grill, Markus: „Ich hänge nicht an diesem Leben". Interview mit Hans Küng. In: Der Spiegel 50 (2013), S. 121

[64] ebd.

[65] https://fightdementia.org.au/about-dementia-and-memory-loss/statistics (letzter Abruf: 07.01.2015)

ANHANG

[66] In einer vierstündigen Bundestagsdebatte am 13. November 2014 berieten Politiker über Handlungsbedarf und Möglichkeiten gesetzlicher Regelungen zur Begleitung Sterbender in Deutschland. „Hilfe ausweiten und Missbrauch stoppen" war das Hauptanliegen der an der Debatte Beteiligten. http://www.bundestag.de/dokumente/textarchiv/2014/kw46_de_sterbebegleitung/339436

[67] „Belgian parliament debates euthanasia for children". In: RTÉ News, 12. Februar 2014. http://www.rte.ie/news/2014/0212/503776-belgium-euthanasia/ (letzter Abruf: 07.01.2015)

[68] Toscano, Nick: „Police probe Dr Philip Nitschke over supplying equipment to two Melburnians [sic] for suicide pact". In: The Age Victoria, 6. Juni 2014. http://www.theage.com.au/victoria/police-probe-dr-philip-nitschke-over-supplying-equipment-to-two-melburnians-for-suicide-pact-20140605-39me9.html (letzter Abruf: 07.01.2015)

[69] „Euthanasia advocate Philip Nitschke suspended by the Medical Board of Australia". ABC News, 24. Juli 2014. http://www.abc.net.au/news/2014-07-24/euthanasia-advocate-philip-nitschke-suspended-by-medical-board/5615268 (letzter Abruf: 07.01.2015)

[70] Vatikan verurteilt Selbstmord von Brittany Maynard. http://www.welt.de/vermischtes/article134008637/Vatikan-verurteilt-Selbstmord-von-Brittany-Maynard.html (letzter Abruf: 10.01.2015)

KOTTBUSSER TOR, DEUTSCHLAND

[71] http://failedarchitecture.com/an-artists-impression-larissa-fassler-on-berlins-kottbusser-tor/ (letzter Abruf: 07.01.2015)

[72] Conen, David/Baigorry, Pierre (Peter Fox)/ Schlippenbach, Vincent von: „Schwarz zu Blau". In: Stadtaffe. Audio CD. 26.09.2008. Downbeat Records (Warner). Copyright: Hanseatic Musikverlag Gmbh & Co. Kg, Fixx & Foxy Publishing

[73] K.I.Z.: „Was Willst Du Machen?!" In: Böhse Enkelz. Audio-CD. 17.02.2006. Royal Bunker (Groove Attack)

[74] Eine Art Mütze.

⁷⁵ US-amerikanische Zeichentrickserie, die aufgrund ihres gesellschaftskritischen Inhalts und ihres z. T. derben Humors einerseits weltweit erfolgreich ist – in den USA lief im September 2014 die 18. Staffel an –, andererseits aber auch schon heftige Kontroversen ausgelöst hat.

⁷⁶ Ein sogenanntes Massen-Multiplayer-Online-Rollenspiel (engl. Massive Multiplayer Online Roleplaying Game = MMORPG), d.h. ein Computer-Rollenspiel, das ausschließlich über das Internet gespielt werden kann und bei dem gleichzeitig mehrere tausend Spieler eine virtuelle Welt bevölkern können.

⁷⁷ Siehe auch Telmas Ansichten zum Thema Tabu im Kapitel über Saudi-Arabien.

⁷⁸ Siehe auch Warunos Ansichten zum Thema Tabu im Kapitel über Indonesien.

EIN NACHTZUG AUS FRANKREICH

⁷⁹ Hall, Louise: „Judge compares incest and paedophilia to past attitudes towards homosexuality, claiming they might not be taboo anymore". In: The Sydney Morning Herald New South Wales, 12. Juli 2014.
http://www.smh.com.au/nsw/judge-compares-incest-and-paedophilia-to-past-attitudes-towards-homosexuality-claiming-they-might-not-be-taboo-anymore-20140710-zt0v2.html (letzter Abruf: 07.01.2014)

⁸⁰ Diese Kommission wurde im Januar 2013 zur Offenlegung und Verhandlung von Fällen sexuellen Mißbrauchs in Institutionen eingerichtet. Sie untersucht, wie Schulen, Kirchen und Sportgruppen auf Anschuldigungen wegen sexuellen Kindesmissbrauchs reagieren. Ihre Arbeit reicht von öffentlichen Anhörungen bis zum Verfassen von Forschungsberichten.

⁸¹ *Soylent Green*, 1973, Regie: Richard Fleischer.

⁸² Streck, Ralf: „Gewalt gegen Frauen auf dem Vormarsch". Telepolis, 22. März 2006. Der Artikel bezieht sich auf Zahlen von Amnesty International. http://www.heise.de/tp/artikel/22/22297/1.html (letzter Abruf: 07.01.2015)

⁸³ Eine von Männern geleitete Organisation, die sich für die Beendigung und Verhinderung von Gewalt gegen Frauen einsetzt. Sie entstand 1991 in Kanada und ist inzwischen in mehr als 60 Ländern tätig.

ANHANG

MÄNNERSALON

[84] Sportsoziologe Gunter A. Pilz in „Das letzte Geheimnis". In: Der Spiegel Nr. 3 (13. Januar 2014), S. 134.

[85] Greenfield, Beth: „The girl who fought her school's anti-gay actions (and won)". http://shine.yahoo.com/parenting/the-girl-who-fought-her-school-s-anti-gay-actions—and-won—202756408.html (letzter Abruf: 07.01.2015)

[86] Nach Paul Castillo, Anwalt der nationalen Organisation *Lambda Legal*, der ältesten und größten Organisation für die Anerkennung der Rechte von Lesben, Schwulen, Bisexuellen, Transsexuellen und Menschen mit HIV. Seine Arbeit dreht sich um die rechtliche Anerkennung gleichgeschlechtlicher Partnerschaften, Diskriminierung am Arbeitsplatz, Familienrecht, Schutz für Schüler und Studenten und Transsexuelle. http://www.alldeaf.com/showthread.php?t=117102 (letzter Abruf: 07.01.2015)

[87] „Homosexualität in Indien doch illegal". Zeit Online, 11. Dezember 2013. http://www.zeit.de/gesellschaft/zeitgeschehen/2013-12/indien-homosexualitaet-strafbar (letzter Abruf: 07.01.2015)

[88] Zimmermann, Michael: „Rechtliche Situation: Wo Homosexuellen die Todesstrafe droht". Die Tagesschau, Hintergrund, 20. Dezember 2013. http://www.tagesschau.de/ausland/hintergrund-verbot-homosexualitaet100.html (letzter Abruf: 07.01.2015)

[89] Siehe auch Cavans Ansichten zum Thema Tabu in den Kapiteln über Australien und Indonesien.

[90] Jährliches Festival der Lesben- und Schwulenbewegung in Sydney

[91] Die chinesische Flagge zeigt fünf Sterne auf kommunistischem Rot. Der große Stern steht für die kommunistische Partei, die kleineren Sterne stehen für die vier Klassen: Arbeiter, Bauern, Kleinbürger und die nationale, auf der Seite der Kommunisten stehende Bourgeoisie. Ein roter Stern steht generell für eine kommunistische Weltanschauung. Die Taiwanesische Flagge zeigt eine Art weiße Sonne auf blauem Grund mit rotem Hintergrund. Die drei Farben symbolisieren die drei Grundprinzipien der Bevölkerung Taiwans: Blau steht für Nationalismus und Freiheit, Weiß für Demokratie und Gleichheit, Rot für Brüderlichkeit und die Lebensgrundlage.

[92] Bezirk in Sydney, der für Bars, Partyszene, Drogen und Sex bekannt ist.

STÖRUNGSSTELLE GEHIRN

⁹³ O Hara, Mary: „Mental health is strongest taboo, says research". In: The Guardian, 20. Februar 2009. http://www.theguardian.com/society/2009/feb/20/mental-health-taboo (letzter Abruf: 08.01.2014)

⁹⁴ Cotroneo, Christian: „Mental illness still a taboo in India". In: The National, 3. November 2008. www.thenational.ae/news/world/south-asia/mental-illness-still-a-taboo-in-india (letzter Abruf: 08.01.2015)

⁹⁵ Siehe auch Etas Ansichten zum Thema Tabu im Kapitel zu Fidschi.

⁹⁶ Siehe auch das Gespräch mit Clarence im Australien-Kapitel.

⁹⁷ Bedlam war der Spitzname der Londoner psychiatrischen Klinik Bethlem Royal Hospital. Er bedeutet so viel wie „verrückt".

⁹⁸ Foucault, Michel: Die Irren. In: Wahnsinn und Gesellschaft. 11. Aufl., Frankfurt/ Main: Suhrkamp, 1995, S. 129-153.

⁹⁹ Witchetty grubs sind holzfressende Larven einer australischen Mottenart. Sie sind relativ groß und weiß und gelten in Aborigine-Stämmen als Delikatesse. Sie werden inzwischen auch in „Bushtucker Restaurants" angeboten. Bushtucker ist der Name für Essen aus der Natur.

¹⁰⁰ „Restricted exposure" („R18+"); entspricht „FSK 18" in Deutschland.

¹⁰¹ Luke Batty ist ein 11-Jähriger, der von seinem von der Mutter getrennt lebenden Vater mit einem Cricketschläger auf dem Cricketplatz erschlagen wurde. Die Familie hatte seit längerem Probleme, da der Vater gewalttätig wurde, vor allem gegen seine Frau.

¹⁰² Lukes Vater wurde wegen Schizophrenie behandelt. Er durfte seinen Sohn nur beaufsichtigt und in der Öffentlichkeit sehen, da er gegen seine Frau gewalttätig geworden war.

¹⁰³ Ian Thorpe ist ein ehemaliger australischer Profi-Schwimmer.

¹⁰⁴ Die WHO schätzt, dass global gesehen 20 Selbstmordversuche auf einen „erfolgreichen" Suizid kommen. Etwa zwei Drittel der Überlebenden geben an, dass sie sich nicht wirklich umbringen wollten.

ANHANG

PEINLICHE KÖRPER

[105] Much taboo about nothing blog: http://muchtabooaboutnothing.blogspot.de/ (letzter Abruf: 23.12.2014): „... preaching to the converted about race issues and genocide. But in a NICE way. Harmless, not shocking. Taboos about what? The obscurity of the artworks' messages, or lack of punch, means the message is more like middleclass reassurance. Much taboo about nothing." (Übersetzung: Sabine Krajewski)

[106] Martin, Lucy: „Perth art exhibition about death aims to challenge social taboo". ABC News, 20. Oktober 2014. http://www.abc.net.au/news/2014-10-19/death-exhibition-aims-to-challenge-perceptions/5824860 (letzter Abruf: 08.01.2015)

[107] In einer Rezension des Films zum Buch *Feuchtgebiete*. http://www.amazon.de/Feuchtgebiete-Blu-ray-Christoph-Letkowski-Milberg/dp/B00I9C5K06 (letzter Abruf: 08.01.2015)

[108] In: Plimpton, George (Hg.): Writers At Work. The Paris Review Interviews. 2nd Series, 1963, 2007: „Whenever a taboo is broken, something good happens, something vitalizing. Taboos after all are only hangovers, the product of diseased minds, you might say, of fearsome people who hadn't the courage to live and who under the guise of morality and religion have imposed these things upon us." (Übersetzung: Sabine Krajewski)

[109] Würger, Takis: „Das satanische Foto". In: Der Spiegel 51 (2013), S. 54. Auch online unter: http://www.spiegel.de/spiegel/print/d-123826481.html (letzter Abruf: 08.01.2015)

[110] Gebler, Dr. Herbert: „Die Beratungsecke". In: Pharmazeutische Zeitung 16 (1997). http://www.pharmazeutische-zeitung.de/index.php?id=18831 (letzter Abruf: 08.01.2015)

[111] Pharmacy information for consumers. http://www.health.gov.au/internet/main/publishing.nsf/Content/consumer-pharmacy (letzter Abruf: 08.01.2015): „You have the right to privacy and confidentiality of your personal information. Unless you otherwise consent, your personal privacy will be maintained, and your personal health and other information will be properly handled. A private area will be available to discuss your needs." (Übersetzung: Sabine Krajewski)

[112] Horton, Shelly: „The ad that dared to use the V-word". The Sydney Morning Herald, 22. Juli 2012. http://www.smh.com.au/national/the-ad-that-dared-to-use-the-vword-20120721-22gua.html (letzter Abruf: 08.01.2015)

[113] „Breaking Taboos on World Toilet Day". UN News, 20. November 2013. http://www.un.org/en/development/desa/news/sustainable/world-toilet-day.html (letzter Abruf: 08.01.2015)

INTERVIEWFRAGEN

1. Bitte stellen Sie sich kurz vor: Was machen Sie beruflich und wo arbeiten Sie? *Please introduce yourself. What are you doing and where do you work?*

2. Wie definieren Sie persönlich den Begriff „Tabu"? *What is your definition of taboo?*

3. Was sind Ihrer Meinung nach die wichtigsten Tabubereiche in ihrer Gesellschaft? *What do you consider the most important taboo areas in your society?*

4. Gibt es Tabus, die sie wertvoll und wichtig finden, die es sich lohnt beizubehalten? *Are there any taboos that you consider as valuable?*

5. Welche Tabus sind das? Was würde Ihrer Meinung nach passieren, wenn wir diese Tabus nicht mehr hätten? *What are they? What do you think would happen if we did not have those taboos?*

6. Welche Tabus finden Sie überflüssig oder gar schädlich? Welche sollten Ihrer Meinung nach abgeschafft werden? *Which ones do you consider as harmful? Which ones do you think your society should get rid of?*

7. Als Sie in (_____) gelebt haben, welche Tabus sind Ihnen dort begegnet? *When you lived in (_____), which taboos did you encounter?*

8. Wie erkennt man ein Tabu? *How can you recognise taboos?*

9. Wenn man versehentlich ein Tabu verletzt, lässt sich das reparieren? *What can you do when you touch a taboo involuntarily, are there repair mechanisms?*

10. Denken Sie an öffentliche Diskurse und Massenmedien: Welches sind Ihrer Meinung nach die „letzten Tabus" in modernen Gesellschaften? *When you think of public discourse or media coverage, which do you think are „the last taboos" in modern societies?*

11. Haben neue Medien (soziale Netzwerke u.Ä.) Ihrer Ansicht nach einen Einfluss darauf, wie sich Tabus entwickeln? *Do you think new media have an effect on how taboos develop, and, if so, what is their input?*

12. Gibt es unterschiedliche Arten, mit Tabus umzugehen? Können Sie Beispiele nennen? *Are there differences in taboo discourse? Can you give examples?*

13. Haben verschiedene Gesellschaften einen unterschiedlichen Bedarf an Tabus? Können Sie auch hier Beispiele nennen? *Do you think that different societies have different taboo needs, and can you give examples?*

14. Welche Tabus sind nach Ihrer Einschätzung in vielen Gesellschaften am mächtigsten? *Which taboos do you consider most powerful in many societies?*

Danke! *Thank you!*